如果种子不死

[法]安德烈·纪德 著
罗伟 译

版权专有 侵权必究

图书在版编目（CIP）数据

如果种子不死 / (法) 安德烈·纪德著 ; 罗伟译. -- 北京 : 北京理工大学出版社, 2022.10
ISBN 978-7-5763-1524-0

Ⅰ. ①如… Ⅱ. ①安… ②罗… Ⅲ. ①散文集—法国—现代 Ⅳ. ①K835.655.6

中国版本图书馆CIP数据核字（2022）第128430号

出版发行 /	北京理工大学出版社有限责任公司
社　　址 /	北京市海淀区中关村南大街5号
邮　　编 /	100081
电　　话 /	（010）68914775（总编室）
	（010）82562903（教材售后服务热线）
	（010）68944723（其他图书服务热线）
网　　址 /	http://www.bitpress.com.cn
经　　销 /	全国各地新华书店
印　　刷 /	三河市金元印装有限公司
开　　本 /	880毫米×1230毫米　1/32
印　　张 /	12
字　　数 /	265千字
版　　次 /	2022年10月第1版　2022年10月第1次印刷
定　　价 /	49.00元

责任编辑 / 时京京
文案编辑 / 时京京
责任校对 / 刘亚男
责任印制 / 施胜娟

图书出现印装质量问题，请拨打售后服务热线，本社负责调换一粒麦子不落在地里死了,仍旧是一粒;若是死了,就结出许多子粒来。

——《约翰福音》12章24节

序

法国是个盛产文学家的国度，18世纪和19世纪，法国文坛大师辈出，巨匠不断涌现。进入20世纪后，法国文学仍然风头不减，是世界文学丛林中的一棵参天大树。从1901年至今，法国共有15位文学家和哲学家摘得诺贝尔文学奖的桂冠（其中不包括2000年的诺贝尔文学奖得主高行健，他是来自江西赣州的剧作家与小说家，1997年加入法国国籍），其中就有本书的作者安德烈·纪德。

安德烈·纪德全名安德烈·保罗·纪尧姆·纪德（André Paul Guillaume Gide），1869年11月22日生于巴黎，1951年2月19日卒于巴黎。1947年，纪德以中篇小说《田园交响曲》获得诺贝尔文学奖，成为法国第七位荣膺此项殊荣的作家。诺贝尔文学奖评奖委员会的获奖评语是："其著作包罗万象且富有艺术美感，作者以一种无所畏惧的对真相的热爱和热忱的心理洞察力，在作品中展现了人类遇到的各种问题与状况。"这一评语比较准确地概括了纪德的写作风格，在《如果种子不死》中，这种写作风格得到了淋漓尽致的体现。这部作品虽为自传，却只记载了纪德的青少年时期，实际上是他结婚前二十多年的成长经历。妻子是他的表姐埃玛努埃莱（埃玛努埃莱是《如果种子不死》里纪德给她取的名字，本名叫玛德莱娜，生于1867年，卒于1938年。纪德喜欢在日记里称呼她为"埃玛努埃莱"，在纪德死后几个月出版的《玛德莱娜》中,才以本名称呼她),他于1895年迎娶了这位表姐。

《如果种子不死》的书名来自《圣经·约翰福音》12章24节:"我(耶稣)实实在在地告诉你们:一粒麦子不落在地里死了,仍旧是一粒;若是死了,就结出许多子粒来。"受家庭尤其是母亲的影响,纪德是个不太虔诚的新教徒。本书首次出版于1926年,大致创作于"一战"结束后的数年间,其写实色彩浓重,被认为是世界自白文学中的一部重要作品。

一般来说,自传这类自白文学是以时间为轴,但是本书是以空间为线索来组织行文的。原因正如纪德在书中多次坦言的那样,他对时间的敏感程度远不及空间,他经常记错甚至遗忘时间,但是对空间,他无疑有着更加精准且保鲜期更久的记忆。本书分为上卷和下卷,上卷主要记载了发生在法国的事情,下卷用大量篇幅记载了青年早期的纪德前往北非,尤其是阿尔及利亚的往事。在纪德早年的生活中,有几个地方对他的一生都产生了影响。

首先是巴黎,纪德在这个世界大都市里出生,也在这里死去。少年时期的纪德在巴黎接受初等教育,家境优越的他当时上的是贵族子弟才负担得起的阿尔萨斯学校。用现在的话来说,这是一所从小学到高中都有的"十二年制"学校。由于体弱多病和过分敏感,纪德在阿尔萨斯学校的求学并不是一帆风顺的,他经常退学,时断时续地度过了这一阶段的求学生涯。除了接受初等教育,巴黎还是纪德重要的创作与社交场所。纪德在本书中提到,公开出版的处女作《安德烈·瓦尔特笔记》就是在巴黎印刷的。在纪德生活的年代,巴黎已经是国际化的大都市，出身于上流社会的纪德虽然不善言辞，也绝非社交达人，但在巴黎接触到了很多文人与艺术家。其中有几个与纪德的关系较为密切，对他的影响较大：英国著名唯美主义剧作家奥斯卡·王尔德，纪德在阿尔萨斯学校的同学、法国小说家与诗人皮埃尔·路易，纪德的另一位同学、陪他一起首次游历阿尔及利亚的画家保罗·劳伦。

其次便是鲁昂。鲁昂是法国北部的一座重要城市，是上诺曼底大区的首府兼滨海塞纳省的省会。这座位于巴黎下游的塞纳河畔的城市，是著名作家福楼拜（纪德在自传中提到了这位文坛巨匠的故居，或许有向他致敬的意思）的家乡，也是纪德母亲的家族的故乡。纪德在本书中提到，1789年，也就是法国大革命爆发的那一年，时任鲁昂市市长就是自己的曾外祖父。事实上，纪德母亲的家族，也就是荣多克斯家族，是鲁昂当地的望族之一。在这部自传所覆盖的纪德结婚前二十多年的时间里，纪德从来没有为生计发过愁，他一直过着较为阔绰的生活，这是他能够从容地从事文学创作的基础。此外，鲁昂还是纪德的舅舅亨利·荣多克斯的家乡，他的舅舅在鲁昂郊区的勒胡尔姆拥有一座布厂，生产著名的鲁昂布（一种印花亚麻布）。舅舅育有两男三女，其中长女就是纪德的表姐，后来成为他妻子的埃玛努埃莱。因此，如果说巴黎对纪德的教育和创作生涯产生了最重要的影响，那么鲁昂便是纪德生活和爱情的寄托之地，是他母亲和妻子的故乡。

于泽斯是另一个对纪德影响较大的地方，与巴黎和鲁昂不同的是，于泽斯是一个默默无闻的小地方。此地位于法国东南部，隶属于朗格多克-鲁西永大区的加尔省，与法国南部大都市马赛相距不远。在纪德生活的年代，于泽斯是个非常落后且闭塞的小城，纪德父亲一家就生活在这里。他父亲出身于普通人家，凭借自己的努力考上巴黎的大学，毕业后在一所大学里谋得法学教授的差事。后来，纪德的父亲通过一位牧师的介绍，与朱丽叶特·荣多克斯小姐相识并相恋。1880年10月，纪德的父亲因为结核病去世，彼时的纪德小学尚未毕业。父亲去世后，母亲还常常带着纪德去于泽斯看望他的祖母——一位非常长寿且身体硬朗的老人。于泽斯是个风景美丽的地方，小城周围有着广阔的乡野，一条美丽的河流——加尔河流经其中，河谷中风景绮丽，是多种植物的天堂。小城附近的石灰质荒山加里格山也别有一番风情，山上看似荒凉的乱石中藏着很多昆虫的身影。纪德是个非常喜欢大自然的人，如果不是后来主攻文学，想必他能成为一个非常专业的博物学家。于泽斯无疑就是纪德进行博物学观察和研究的一个天然实验室。

在青少年纪德的成长地图上，还有一个地方也是不得不说的，那就是拉罗克。拉罗克是个很小的地方，比于泽斯还要小。此地位于下诺曼底大区的卡尔瓦多斯省，在鲁昂西南方向四五十公里的地方。纪德一家人习惯在于泽斯过冬，在拉罗克度过酷暑。纪德的外祖父母在拉罗克买下了一块地，并且在这块地上建造了一个带有壕沟的城堡式建筑群。在这个建筑群的四周，同样有着非常美丽的自然景色，只不过这里与南方的于泽斯有着迥异的风情。纪德的保姆安娜·夏克勒顿在拉罗克建有一座颇具规模的植物标本室，其中也有纪德的功劳。在拉罗克，纪德不仅可以像在于泽斯那样随心所欲地研究动植物，而且可以开展社交活动。因为拉罗克距离他主要的生活场所巴黎和鲁昂都不远,并且有自家的产业和足够很多访客入住的空闲房屋。同时,拉罗克还是纪德母亲去世的地方,在自传的末尾,纪德用饱含深情的笔触,描写了母亲最后的时光。

最后一个对纪德的人生产生过较大影响的地方便是阿尔及利亚了。纪德一共去过阿尔及利亚七次,自传中记载了他前两次去阿尔及利亚时的经历。第一次是在1893年10月,也就是在他高中毕业后不久去的,陪他一起旅行的是他的好友保罗·劳伦。当时的阿尔及利亚是法国在北非的殖民地,领土包括今天的阿尔及利亚和突尼斯。纪德从突尼斯进入阿尔及利亚内陆,当时他的身体很不好,在旅途中病倒了。第二次是在他写完《帕吕德》之后,那一次他从阿尔及尔[①]进入内陆。第二次在阿尔及利亚游历期间,纪德偶遇王尔德和道格拉斯这一对同性恋情侣,谈到了他俩之间的一段恩怨。阿尔及利亚这一片迥异于法国的土地,使得纪德有机会能够在成年初期,享有一段独自生活的经历。他在这样的生活中逐渐接受了另一个自己——具有同性恋倾向的自己,同时也对自己的宗教信仰进行了深刻的反思。

纪德在这本自传中多次强调,他想如实地记载下自己的往事。他从不讳言自己的同性恋倾向,不过由于纪德也真切地爱着自己的表姐,我们可以把他看成是个双性恋者。从当时闹得沸沸扬扬的王尔德被诉鸡奸案中,我们可以看出,同性恋在当时英法的主流社会中是不被容忍的。因此考虑到《如果种子不死》问世后,纪德又在这世上活了25年,并且是名气越来越大的25年,我们不由得佩服作者的勇气。

---

① 现为阿尔及利亚首都,港口城市。

纪德不仅是勇敢的，也是有趣的。他爱好广泛，从小接受过良好而全面的教育，除了文化课，母亲还给他请了多位钢琴老师，以至于他在旅行时，也习惯在住宿处有钢琴可弹。纪德是个非常喜欢与大自然亲近的人，他对动植物的兴趣之浓厚、观察之细致、研究之深入，丝毫不亚于一个博物学家。

纪德出生在一个起先信奉天主教，后转而皈依新教的家庭中，但他自己并没有盲目地笃信某一种宗教，而是在生活中不断反思自己的信仰。因而可以说，本书的作者纪德先生是一位勇敢、可爱、理性的文人。

罗伟

◆ 目录

上 卷

第一章 ⋯ 002

第二章 ⋯ 031

第三章 ⋯ 059

第四章 ⋯ 086

第五章 ⋯ 115

第六章 ⋯ 147

第七章 ⋯ 180

第八章 ⋯ 203

第九章 ⋯ 222

第十章 ⋯ 253

下 卷

第一章 ⋯ 282

第二章 ⋯ 326

上 卷

第一章

我出生于1869年11月22日。当时，我的父母住在美迪希思街上一套位于四楼的公寓里。没过几年他们就离开了那里，我对那里也没有留下什么印象。不过我好歹还是在那里待过一段时间的，我还记得那间公寓的阳台，或者毋宁说，我还记得当时在那个阳台上的所见所闻：在那里可以俯瞰我家楼下的那个广场，有一个带有喷泉的水池点缀其间。或者更确切地说，我还记得父亲经常给我剪一些纸龙，我俩就在阳台上把它们掷向空中，那些纸龙借着风势，从楼下广场的喷泉上飘过去，一直飘到卢森堡公园那么远的地方，有时它们最终挂在七叶树的梢头上。

我还记得那张老大的桌子，大概是张餐桌，铺在上面的桌布都快拖到地上了。儿时的我常常与看楼人家的小男孩一起在那张桌子底下爬来爬去，那个小男孩时常来找我玩。

"你们在桌子下面搞什么鬼呢？"看护我的保姆一看到我们钻桌子，就会这么嚷嚷。

"没搞什么鬼，我们在玩。"然后，我们就把手边的玩具弄得叮当作响，我们之所以带着玩具钻桌子，只是为了掩人耳目。其实我们另有自娱自乐的办法，我们就在彼此身边，却不和对方玩耍。我们那时候就已经养成了日后我才得知的所谓的"坏习惯"。

我们两个小孩当中，究竟是谁首先把这些坏习惯传染给对方的呢？对此我并不清楚。当然，有时候一个小孩子也可能会自然而然地养成这些坏习惯。就我自己来说，我说不准可曾有人传授给我一些如何令自己愉悦的门道，或是教过我如何去发现它们，我只记得，每次钻桌子我都感到愉悦。

而且我完全清楚地意识到，我将此事与后来发生的其他事情联系起来，无疑是对自己不利的。我预见到，这些事情日后会如何被人们加以利用，好往我身上泼脏水。但是我讲述自己人生故事的全部主旨就是要力求真实。我写自传，就仿佛是为了补过、救赎而写悔罪书。

人们可能愿意相信，在那个天真无邪的年纪，一个人的心灵全然是亲切、阳光、纯真的。可在我的记忆里，我儿时的心中却无处不显露出丑陋、阴暗、工于心计。

儿时的我常常被大人带出门去卢森堡公园游玩。可我却不与其他孩子一道玩耍，我总是闷闷不乐地站在一旁，和我的保姆待在一起，绷着脸看着他们玩游戏。我记得有一次，他们正在自己的桶里制作泥饼，突然之间，就在保姆走神的一刹那，我冲过去把所有的泥饼都踩烂了。

对这样的行为，我能想起来的唯一的解释就是，想必我曾上前去问过其中的一个孩子，我想征得他们的同意和他们一道玩耍，但他们拒绝了我的要求，我因此大怒，进而想搞砸他们的游戏。

我必须讲述的另一件事情更加离奇，不过毋庸置疑的是，也恰恰是因为此事太过离奇，我反而不太为之感到羞愧。此事发生之后，我常常听到母亲提起它，因而它在我的记忆中历久弥新。

这件事发生在于泽斯①，我们那时几乎每年都要去一趟于泽斯，去看看我的祖母和其他亲戚，其中有来自德·弗洛克斯家的那些兄弟姐妹，他们在于泽斯的市中心拥有一座带花园的古宅，这件事就发生在那座古宅中。我的表姐非常漂亮，她对此一清二楚。她有一头乌黑的长发，她把长发从中间分开，再顺着面颊平整地披散下来。在一头乌黑秀发的衬托之下，她的侧脸越发显得完美无瑕、宛如一尊玉石（自那事发生之后，我见过一张她的照片），洁白的皮肤光彩照人。我的印象尤其深刻，我之所以对此念念不忘，是因为母亲带我去看她的那一天，她穿着一件低领的连衣裙。

"去吧，去亲一下你的表姐。"当我走进客厅时，母亲如此吩咐我（那时的我多半还不到五岁，或者还不到六岁）。我听话地走上前去，表姐把我拉到她跟前，可是，我一看到她那裸露着的白得耀眼的肩膀，就控制不住地发起疯来，我被那晃眼的肩头弄得晕头转向，没有把嘴唇贴在她靠过来的脸颊上，而是用牙齿狠狠地咬了她的肩膀一口。表姐吃痛地尖叫起来，我也被吓得大喊大叫。她的肩膀开始出血，我则泛着恶心地吐起了口水。大人们赶紧把我带离了客厅，我真的相信，当时他们都很吃惊，甚至忘了责罚我。

我曾经发现过一张那时拍下的照片，照片中的我半个身子躲在母亲的裙子后面，居然穿着一件可笑的格子罩衫，面带病色、一脸怒

---

① 法国东南部小城，位于加尔省，距离马赛不是很远。

容，眼神中流露出一股邪气。

六岁时，我们家搬离了美迪希思街。我们的新家在图尔农街2号的二楼，这座楼房坐落在圣萨尔派斯街的街口，父亲的书房正朝着圣萨尔派斯街，我自己的房间连着一处宽敞的天井。我对那间公寓的前厅记忆犹新，我不上学或不在自己的卧室时，大多数时间都是在那里度过的。母亲嫌弃我时，就让我去和"我的小朋友皮埃尔"玩，换句话说，就是和我自己玩。那间前厅的地上铺着花哨的彩色地毯，地毯上绘有大幅的几何图案，我和"我的小朋友皮埃尔"一起在地毯上玩弹子游戏，真是好玩极了。

那时候，我有一个专门用来盛放那些最好、最漂亮的弹子的小网兜。我得到了一个又一个这样的弹子，我一直把它们另置一处，特意与其他普通弹子分开。其中有些弹子实在是太迷人了，每次我把玩它们时，都不可能不再一次地被它们的美丽深深吸引住，尤其令我着迷的是一颗小小的黑色玛瑙，它的中间有一道好似赤道的白线，还能看到赤道两边有两条回归线；我还有一颗色泽暗淡的光玉髓，是那种浅淡的玳瑁的颜色，我把它当成弹石把玩。此外，我还有一批其貌不扬的灰色弹子，我把它们放在一只粗亚麻布袋中，它们在我和自己玩的游戏中时有输赢。后来我有了真正的玩伴，它们便成了我和别人玩弹子游戏时的本钱。

我那时爱玩的另一个物件是一种叫作万花筒的奇妙之物。这是一种玩具望远镜，人们朝万花筒里观望时，会在望筒的另一头看到不断变化的玫瑰状图案，这些图案是由散开的彩色玻璃碎片组成的，这些碎片被封闭在两块透明的挡板当中。万花筒的内部嵌有窥镜，在这种窥镜的作用下，彩色玻璃碎片形成的那些变幻莫测的图案随着握住万花筒的手上的每一个微小动作而变化，被放大成一个个对称的图形。我从那些不断变化的玫瑰状图案中获得了难以言说的快乐。

我至今仍然清楚地记得，万花筒里的那些玻璃碎片是什么颜色、什么形状的。其中最大的一片是三角形的，看上去像是一颗浅色的红宝石。由于它最重，这片碎片总是率先动起来，把其他碎片挤来挤去，在它们上面翻滚着。在其他碎片中，有一片接近圆形的颜色非常深的碎片，看上去像是石榴石；一片翡翠色的碎片，像一把长柄大镰刀；一片黄玉似的碎片，我现在只记得它是什么颜色的；一片宛如蓝宝石的碎片和三小片金棕色碎片。把玩万花筒时，这些碎片不会同时出现在视野中，有一些始终游离在视野之外，还有一些被窥镜另一面的侧翼遮住一部分。那块宛如红宝石的碎片实在是太大了，因而从来不会完全消失在视野中。

亲戚家的姐妹们和我一样爱玩万花筒，但是她们不如我有耐心，她们每次玩万花筒时总要把它摇一摇，急着看到完全不一样的图案。我的玩法不一样：我的眼睛一刻都不离开望筒，同时非常缓慢地转动万花筒，然后看着玫瑰状的图案一点儿一点儿地发生变化。有时候一片碎片的位置发生了非常难以察觉的变化，却能产生令人吃惊的效果。我在感到好奇的同时也很想一探究竟，于是很快我就决定强行拆开这件玩具，看看里面藏着什么样的秘密。我拆下了万花筒的底盖，清点了里面的彩色玻璃碎片，又把三面窥镜从硬纸套中抽了出来。然后我把窥镜重新插入套中，不过这次只塞回去三四片彩色玻璃片。经过这样一番改造后，视野中的颜色单调多了，望筒中的图案变化也不再令人称奇，但这样一来，万花筒不同部件的运作原理就非常容易理解了。一个人居然可以如此透彻地认清自己的快乐之源！

接着我灵机一动，想用形形色色的其他物体替代万花筒中的那些玻璃碎片，钢笔尖、苍蝇翅膀、火柴头、草叶。这些替代物形成的图案是乏味的、缺乏吸引力的，一点儿也产生不出通透的、梦幻般的效果，不过它们经过了窥镜的反射，倒是颇有些几何图形的味道……简单来说，我就在这样的玩乐中消磨了一小时又一小时，度过了一天又一天。我觉得今天的孩子并不知道这种玩法，这就是为何我大费笔墨地讲述一番的原因。

我童年早期的其他娱乐活动，考验耐心的游戏、搬东西、搭积木，统统都是自娱自乐。我没有玩伴……是的，尽管我还记得我有一个身材矮小的朋友，可他却不是我的玩伴。玛丽带我去卢森堡公园时，我常常在那里遇到一个和我差不多大的孩子。他是个柔弱、温顺、安静的小家伙，脸色苍白，一副大眼镜将半张脸都盖住了，没有人能够透过那暗色的镜片看到他的真容。

我记不得他叫什么名字了，也许我压根儿就不知道他叫什么。我们总是叫他"牧童"，因为他喜欢穿一件小小的白色羊毛大衣。

"牧童，你为什么戴眼镜？"

"我眼睛不好。"

"让我看看你的眼睛。"

于是，他摘下那副吓人的眼镜。看到他那双呆滞无神的眼睛，我的心揪了起来。

不能说我俩曾在一起玩过，我记不得我们在一起干过什么了，我只记得我们手拉着手走来走去，一句话也不说。

我人生中的第一段友谊只持续了很短的一段时间。不久，牧童就不再去公园了。哦，那时的卢森堡公园在我看来是一个多么孤寂的地方啊！但是当我意识到牧童快要变成瞎子时，我才真正体会到绝望的滋味。玛丽在街上见到了牧童的保姆，她把她听到的消息告诉了我母亲。玛丽是悄悄跟我母亲说这件事的，她原本不想让我听到，可我偷听到了这句话："他吃东西时都找不到自己的嘴了！"我听了这话的第一反应就是，太荒谬了，因为把东西塞进嘴里无疑是无须动用眼睛的，可是这句话仍然令我难过。我跑进我的房间哭了起来。接下来的几天里，我练习闭着眼睛到处走，尝试着去体验牧童的感受。

父亲当时忙于准备法学院的授课，几乎抽不出空来陪我。一天中的大部分时间他都把自己关在一间宽敞但相当昏暗的书房里，只有他明确表示欢迎我进去时，我才能进入那间书房。我有一张承载着我对父亲的记忆的照片，照片中的父亲蓄着剃成方形的胡须，留着一头很长的卷曲黑发。若是没有这张照片，我恐怕就只能记得父亲特别温柔了。母亲后来告诉我，父亲的同事们都叫他"直"（正直之人），我听父亲的其中一位同事说，他们经常有求于他，总想听听他的意见。

我尊敬我的父亲，这份尊敬中掺杂着一点儿惧怕，那间气势威严的书房加重了我对父亲的惧怕。

我踏进书房时，有种进入神殿的感觉。书架从阴暗处凸显出来，仿佛是盛放圣物的橱柜；地上铺着色彩浓重的厚实地毯，我的脚步声完全被地毯吸收了。书房里有两扇窗户，其中一扇窗户旁边摆放着一张斜面书桌；书房中间立着一张巨大的桌子，上面堆满了书报。父亲走到这张大桌子跟前，取来一本厚厚的大部头，书名大概是《勃艮第或诺曼底地区的习俗》，然后把这本厚重的对开本大书摊放在安乐椅的扶手上，这样我们便可以像不停啃啮的书虫一样，逐页开展那锲而不舍的工作了。每当他查阅某些古籍时，这位学富五车的法学家都会对暗藏在书海中的这些小小知识陈列馆赞叹一番，还自言自语道："啊！我的小朋友也觉得这书很好看。"此时此刻，我的确觉得那些古书很是好看，父亲似乎也乐在其中。他一快乐，我便更加开心了。

我对那间书房印象最深刻的是父亲大声读书的样子。在应当读什么样的书给我听这一点上，父亲自有一套特别的想法，母亲并不认同他的那些想法。那时我经常听到父母一起讨论，什么样的精神食粮才适合滋养孩子的思想。有时他们围绕着小孩子是否应该听话这个话题展开讨论，母亲认为，孩子就是要无条件地听话，不要管为什么；父亲则总是喜欢给我讲道理。我非常清楚地记得，每当父母对此产生分歧时，母亲就会把我这样的孩子拿去与以色列人比较一番，然后宣称，活在恩典中之前，最好还是活在律法之下。今天的我觉得，母亲当时是对的。不过当时我对她的典型态度却总是不断地反唇相讥，甚至经常忤逆顽抗；而父亲哪怕只说一个字，我也会对他言听计从。我觉得，父亲之所以没有因为自己不喜欢、不欣赏某些事物，就不许我欣赏或把玩它们，是因为他愿意这么干，而不是因为按照规矩，他非这么干不可。那个年代的法国儿童文学几乎全部是些拙劣的作品，我觉得要是父亲能在日后看到我捧着其中一些糟糕的童书阅读，肯定会非常苦恼。比如说我当时就读过德·塞居尔夫人①的作品,不过我不得不承认,和那一代的几乎所有的孩子一样,我从那些童书中获得了巨大的乐趣。这种乐趣中固然透着傻气,但幸运的是,我在听父亲高声朗读时所获得的乐趣更大一些。

父亲当时读给我听的内容包括莫里哀剧本中的某些场景、《奥德赛》和《帕瑟林的闹剧》中的部分篇章、辛巴达或阿里巴巴的历险故事,还有日后毛莱斯·桑②的《面具》中出现的意大利喜剧中的某些滑稽角色的台词。《面具》这本书中也有一些我很欣赏的描述,在我聆听父亲用自己的声音演绎了他们的对话后,我对滑稽角色哈勒奎因、女角科隆拜因、丑角庞齐内罗以及小丑皮埃罗这几个人的桥段表示大为欣赏。

父亲见到我听他读书后居然有这么大的反响,便对我信心大增。一天,他大胆地给我读起了《圣经·约伯记》的第一章。母亲一直想对我展开这样的试探,因此这次父亲不是在他的书房里(读其他书给我听时,他都是在书房里读的),而是在一间小客厅里读给我听,那间小客厅明明是我母亲的地盘。当然我不敢肯定,父亲读完之后,我立刻领会了这章神圣经文的全部美意。但可以肯定的是,我至今还无比深刻地记得父亲给我阅读这一章经文时的场景,我之所以对此事有如此深刻的印象,不仅是因为这段经文讲述的那个故事很严肃,而且

---

① 19世纪的法国儿童文学作家,她的"苏菲"系列作品曾在19世纪50年代至60年代风靡一时,深受女孩子的喜爱。
② 毛莱斯·桑(1823—1889),名让-弗朗索瓦-毛莱斯-阿诺尔德·度德万,毛莱斯·桑为其笔名,法国作家、画家与昆虫学家。

还因为，父亲读它时声音庄重，母亲陪在一旁，表情严肃。当时母亲闭着眼睛坐着，这是为了表明她是个虔诚的教徒，同时也是为了掩盖她已经陷入虔信当中，她偶尔睁开眼，只是为了向我投来问询的目光，那目光中满是慈爱与希望。

在夏日某些晴朗的晚上，若是晚饭后时间还不太晚，父亲也不太忙，他常常会对我说："我的小朋友，你想出去走走吗？"

他从来都把我称作他的"小朋友"。

"你们都不是小孩子了，不是吗？"我母亲说道，"不要回来得太晚。"

我喜欢和父亲一起外出散步，由于他很少能抽出空来陪我，我们为数不多的在一起玩乐的时光因而便笼罩上了一种不太熟悉、严肃紧张、相当神秘的气氛，这种气氛令我开心。

我们一边走一边玩押韵或猜谜的游戏，我们会沿着图尔农街一路前行，然后要么穿过卢森堡公园，要么沿着卢森堡公园外围的一段圣日耳曼大道走下去，一直走到气象台附近的卢森堡第二公园。那时的药学院对面尚是一块荒地，药学院也还没有建起来。彼时，那里并没有什么六层楼房，只是用木头搭建着一些临时摊位，有人在那里售卖旧衣服，还有人在那里出售或出租二手脚踏车。

环绕着卢森堡第二公园的那一圈铺着沥青（也可能是碎石）的空地，被热衷于从事脚踏车运动的人们用作赛道。他们高高地端坐在那些外形古怪、设计自相矛盾、堪称是原始自行车的车子上，飞快地从我们身边掠过，消失在黑暗当中。我们既欣赏他们的勇敢，又佩服他们的潇洒。我们很难看清那种悬空脚踏车保持平衡所依赖的骨架结构与小巧的后轮，只见那纤细的前轮左右摇摆，骑车者仿佛是来自梦境的某种怪诞生物。

随着夜幕的降临，前方不远处的一家有歌舞表演的咖啡馆的灯光越发明亮了，咖啡馆的音乐吸引了我们。我们看不见汽灯罩，只能看到在汽灯的照射下，咖啡馆外栅栏上方的七叶树发出古怪的光芒。我们又走近了一些。栅栏的木板之间并不是严丝合缝的，有的地方可以供人窥探，如果紧贴着栅栏往里看，还是能够看到咖啡馆里面的场景的。我只能勉强看到在黑压压的一大群观众的前面，搭建着一个布置得令人啧啧称奇的舞台，一个音乐厅女歌星正在上面高声吟唱着一些荒诞的歌曲。

有时时间充裕，我们散步过后还能够穿过巨大的卢森堡公园走回来。但是没多久就传来一阵咚咚的鼓声，这是公园即将关门的信号。最后一批入园者不情愿地转身往出口处走去，公园管理者紧随其后，之后偌大的公园空无一人，此时，卢森堡公园慢慢地笼罩在一股神秘的气氛中。每逢这样的夜晚，我都陶醉于黑暗沉寂和奇幻诡异的陌生感之中，然后沉入梦乡。

我五岁那年，父母送我去上儿童教育课程，授课的是弗勒小姐和克莱鲍尔夫人。

弗勒小姐住在塞纳街上。在小孩子们（我就是其中的一个）还在费力地啃着字母表和抄写本时，大孩子们，更确切地说是大一点儿的女孩子们（因为上弗勒小姐课的绝大部分是女孩子，男孩子没几个）却已经无比激动地在排练戏剧了，她们的父母会应邀来看戏。

她们正在排练《讼棍》①，我看到那些姐姐纷纷试戴假胡子，羡慕她们可以化装。我当时觉得，没有什么能比化装更令人开心的了。

我已经记不起来在克莱鲍尔夫人那里上课时的情形了，只记得那里有一件令我好奇得发疯的老式电器，一台拉姆斯登机，那台机器有一个玻璃圆盘，圆盘上插着几块金属小片，可以用一个摇把令圆盘旋转起来。机器上写有警示，严禁人们"冒着被电死的痛苦"去触碰它，这和高压变电器柱子上的警示语如出一辙。一天，克莱鲍尔夫人试图开动那台机器。我们这些孩子都离得远远地围成一圈，因为这样做实在是让人提心吊胆。我们生怕看到老师被电死，而当克莱鲍尔夫人伸出食指去触碰那台机器末端的黄铜旋钮时，她的确有点儿发抖。不过那台机器却没有冒出哪怕一丁点儿火花来……哦，我们当时出了好长的一口气啊！

我七岁时，母亲觉得有必要在弗勒小姐和克莱鲍尔夫人的课程之外，添加由德·高克琳小姐教授的钢琴课。人们禁不住怀疑，这个天真的女孩子可能不会非常卖力地投身于艺术，因为她急需为了生计而努力挣钱。德·高克琳小姐矮小瘦弱、脸色苍白，看上去感觉随时都要昏倒。我觉得她从来就没有吃饱过。

我表现好的时候，德·高克琳小姐常常会给我看一幅画，那是她画的一个小暖手筒。那幅画本身实在不算出色，我压根儿就没有把它放在眼里，但它却散发着香味，香得离谱，让人联想到暖手筒的那种香味。那时我很少会看它一眼，我只是闻闻它，然后便把它和其他画

---

① 法国著名剧作家让·拉辛（1639—1699）的代表作之一。

作一道夹进一本画册中，其他画作都是大商店经常送给顾客的小孩的那种画，但是，它们没有香味。前不久我还打开过那本画册，好让我的一个小外甥开心一下。德·高克琳小姐的那些画仍然散发着香味，把整本画册都熏香了。

在我练习了音阶与琶音和弦，学了一点儿普通的乐理知识，再一遍又一遍地弹奏了《青年钢琴家》上的某些曲目之后，我就腾出座位给母亲坐，母亲挨着德·高克琳小姐坐下。我认为，母亲之所以从来不独自弹琴是因为谦虚。但是母亲在双人联弹时的表现非常出众！她俩联弹时总是演奏海顿的某部交响曲中的一个乐章，通常更喜欢弹奏末乐章，母亲认为，由于末乐章的持续时间较短，因而无须淋漓尽致地演奏出来，越是临近曲终，母亲就弹奏得越快。演奏曲目时，母亲还会从头到尾大声唱谱。

后来，我又长大了一点儿，德·高克琳小姐就不再上门授课了，改由我去她的住处上课。她和她姐姐一起住在一套局促的公寓里，她姐姐智力方面有障碍，或者说有点儿傻，非得有人照顾才行。进入那间公寓后，第一间屋子里有个笼子，笼子里满是梅花雀，这间屋子很可能是餐厅。再往里走，第二间屋子里放着钢琴，那架钢琴高音区的琴键走音非常严重，这大大打击了我在双人联弹时负责高音区的积极性。德·高克琳小姐一眼就看穿了我的这点儿小心思，她以一种心不在焉的方式，用哀伤的高音（像是给精灵下命令似的）说："我们真得请一位调音师来看看了。"但是精灵从未听过她的差遣。

那时父母常去卡尔瓦多斯①的拉罗克·拜戈纳德过暑假,我的外祖母荣多克斯去世之后,那里的一片乡间的产业归在我母亲名下。圣诞节期间,我们在鲁昂②与母亲那边的亲戚共度佳节。复活节来临时,我们又赶到于泽斯和祖母一家团聚。

很难找到比这两家人差异更大的人家了,也很难找到比法国的这两个省份对比更强烈的地方,正是这两个彼此之间判若云泥的家族和省份,对我产生了莫大的影响。我时常想,我之所以在自己意识的驱使下进入艺术领域,是因为我发现只有通过艺术的方式,我才能调和自己身上这些彼此不协调的元素,否则它们将永远陷入敌对,或一直对抗的状态中。当然,唯一能够有力地发挥作用的天性,就是那些始终不渝地迫切想遗传下去的天性。

另外,在我的想象中,在杂交的促进下,相互抵触的元素同时生长并最终中和时,就涌现出仲裁人与艺术家。如果人们找不到例证可以证明我此言不虚的话,那我就大错特错了。

但是迄今为止,我在这里大略介绍的这条法则,似乎至今没被历史学家当回事。我在库沃维尔③翻阅过很多传记作品(我就是在那里写这部自传的),我还翻阅过不少词典,可是我敢说,就我提到的这些传记与词典而言,它们当中没有一本(即便是那本洋洋洒洒长达52卷的《传记大全》也不例外)将注意力放在考察一个伟人或英雄的父系出身上。哪天有空了,我会再谈谈这个话题的。

---

① 法国西北部沿海的一个省,隶属于下诺曼底大区。
② 法国北部重镇,上诺曼底大区的首府。
③ 位于卡尔瓦多斯省。

我的曾外祖父荣多克斯·德·蒙布莱和他的父亲一样，在财政部任参事（他在城里的那幢上好的官邸至今仍然矗立在天主教堂对面的圣母广场上）。1789年，曾外祖父时任鲁昂市市长。1793年，他和德布维尔先生双双被投入圣伊翁①的监狱，被认为思想更加进步的德·冯特奈先生接替了他的职位。出狱后，曾外祖父退隐于卢维耶②。我想他就是在卢维耶再婚的。③曾外祖父在第一次婚姻中已经生养了两个孩子，直到他二婚之前，荣多克斯一家还全都信奉天主教。不过，他的第二任妻子杜福尔小姐是个新教徒，她又为他生下了三个孩子，其中的爱德华就是我的外祖父。这三个孩子都是按照天主教的规矩接受洗礼和抚养成人的。但是我的外祖父也娶了个新教徒——朱莉·布歇，这一回，他们生的五个孩子（我母亲是其中最小的一个）全是按新教徒养育的。

尽管如此，在我讲述这些往事时，换句话说，在我记忆的最深处，外祖父一家后来又都重新皈依了天主教，比以前更加虔诚，更加具有正统观念。我的舅舅亨利·荣多克斯在我外祖母死后，仍然和他的妻子以及两个孩子一起住在外祖父的那栋房子里，舅舅很小的时候就重新皈依了天主教，在那之后很久，他才想到要娶恰好同为天主教徒的鲁塞尔·K小姐为妻。

---

① 位于巴黎附近的埃松省。
② 法国西北部小城，位于上诺曼底大区的厄尔省，卢维耶距离鲁昂以及拉罗克拜戈纳德都不远。
③ 这里以及随后的内容，我要感谢舅妈荣多克斯夫人，在她最后一次逗留库沃维尔期间，我根据她的口述记载下了这些事情。——作者注

外祖父的那栋房子坐落在克罗斯涅街与丰特讷尔街交会的街角处。那栋房子的马车入口朝着克罗斯涅街，大部分窗户朝着丰特讷尔街。我记得那是一间非常宽敞的房子，上下共有好几层，楼下有门房，还有厨房、马厩、马车库以及一间库房，库房里堆放着我舅舅在他位于勒胡尔姆的工厂里制作的鲁昂布或印花亚麻布，勒胡尔姆就在鲁昂城外几公里的地方。库房旁边还有一间小办公室，我们这些小孩子是不许进那间办公室的。不过那间办公室本身足以让我们却步，里面散发着难闻的烟味，从外面看进去，只见里面黑乎乎的，让人提不起想进去的劲头儿。但是换个角度来看，那间房子又是多么吸引人啊。一旦有人跨过门槛，就能听到低沉而轻柔的钟声，像是在欢迎访客。左手边拱廊门道的下方，往上走三个台阶就是门房，门房的老婆透过玻璃门冲着下方的访客微笑。门房对面是庭院，庭院远端的墙根下摆放着花盆，花盆里栽种着各式各样装饰用的绿植。那些绿植在被送回勒胡尔姆的温室之前，享受着难得的新鲜空气，它们就是从勒胡尔姆被带来的，不久之后，为它们的健康着想，又要把它们送回去，同时，它们也可以借此机会在装点了室内环境后，轮流在院子里透口气、休息片刻。穿过庭院，就来到了室内！哦，屋里给人的感觉是多么温暖、安宁、低调啊！屋内的装饰也略显朴实无华，但是那样舒适、庄重与讨喜！楼梯井光线充足，下面有拱廊门道射出来的灯光，上面有玻璃屋顶洒下来的阳光。每一处楼梯平台上都摆放着几张长板凳，上面铺着绿色的天鹅绒，趴在上面读书肯定非常享受。不过要是能坐在第三层与顶层之间的那些楼梯上，想必更加舒服。那段楼梯上铺着地毯，地毯中间是黑白斑点，周围是红色的宽条。从玻璃屋顶上洒下来的阳光柔和而安宁。我坐在一阶楼梯上，胳膊肘支在上面那一阶楼梯上，后者慢慢抵住我的肋骨，正好可以当作书桌。

我回忆到哪里就写到哪里，不打算按照某种顺序写作。我顶多围绕着某些地点和人物集中记录一些事件。我很少记错地点，却经常搞混时间。倘若我试图按照时间顺序来写作，就会毫无头绪。

我在回想往事时，就像是一个目测不准距离的人，容易把不久之前才发生的事，错误地当成很久以前发生的了。这就是为何很长一段时间以来，我一直坚信自己记得普鲁士军队开进鲁昂时的情景。

当时已经入夜。一支铜管军乐队正在演奏，普鲁士军队经过城里时，人们可以在克罗斯涅街的沿街阳台上看到他们。在树枝火把发出的摇曳亮光的照射下，房屋的外墙幻化成了骇人的活物。

后来我向母亲提起此事，母亲的一番话说服了我，我才知道自己记错了。首先，我那时还太小，根本不可能记得任何事情[①]；其次，没有哪个鲁昂居民，或者至少说，我们家里没有哪个人会跑到阳台上去看普鲁士军队进城，就算是俾斯麦或普鲁士国王本人骑马路过也绝不会有人跑去观看，因为就算是普鲁士军队列队进城，他们也会从两旁都是关闭着的百叶窗的街道上通过。我记得的场景，想必是法国军队每周六晚持火把沿着克罗斯涅街来回巡逻的场景，那时候距离德国人离开鲁昂已经很久了。

那才是我们常常给你看的行军场景。你还记得吗？我们那时常常这么唱：

[①] 纪德出生于1869年，普法战争爆发于1870年，1871年结束。

嘿，哄人的日子又来啦！嘿，哄人的日子，
看啦，英勇的士兵走远啦！

突然之间我也想起了这首歌。每件事情都各归其位，都恢复了它们本来的面貌。但是我却感觉自己好像上当了。在我看来，似乎我起初产生的那种错觉才更加接近真相，似乎我年幼时非常看重的那些感觉才值得纪念，才配具有历史意义。因此我才下意识地觉得，有必要将我的错觉推回到遥不可及的过去，这样一来，由于时间久远，让它越发显得重要。

我对克罗斯涅街上那栋房子里举办的那场舞会也出现了同样的记忆偏差，我执拗地认为，那场舞会是在外祖母生前举办的。但是外祖母是1873年去世的，当时我还未满四岁，因此我记忆中的那场舞会，想必是在三年之后，亨利舅舅和舅妈为了庆祝他们的女儿成年举办的。

那天晚上本来我已经上床了，但是睡不着，总是有一些奇怪的喧嚣声传入我的耳朵，那是一股自上而下贯穿了整栋楼房的骚动，间或又传来一阵阵悦耳动听的声音。无疑，我在白天时曾经注意到，大人们忙前忙后地准备着什么。有人告诉我晚上家里将举办一场舞会。但是当时的我对舞会能有什么印象呢？我并没有细究一下什么是舞会，还是像往常一样到时间就上床睡觉。可就在我躺下的时候，那些奇怪的喧嚣声传来了……我侧耳倾听，试图捕捉到一些更加清晰的声音，弄明白发生了什么。我竖起耳朵全神贯注地聆听着。最后我再也抵挡不住那声音的诱惑，便从床上爬起来，摸索着走出房间，顺着黑暗的走道往前走，一直走到灯光明亮的楼梯上。我的房间在四楼，那一阵阵悦耳的声音是从二楼传上来的,我觉得必须要下去看个究竟。随着我蹑手蹑脚地一步步走下楼梯,离二楼越来越近,我听出了不同的声音,其中有衣服走动时发出的窸窸窣窣声,有窃窃私语声,还有笑声。我看到的一切都不是平常的模样,我感觉自己好像突然之间融入了另一种生活,这种生活神秘莫测、异样但真实,更加丰富多彩,更为激动人心,只有在小男孩们全都上床之后,人们才会开始这种生活。三楼的走道空无一人,聚会就在楼下。我该不该继续下楼?如果我继续下楼就会被发现,一旦被发现就会受到责罚,因为我没有按时睡觉,因为我胆敢偷看大人们的聚会。我把头轻轻靠在楼梯扶手的铁栏杆之间往下偷看。就在这时,几位客人正好到了,其中有一位身着制服的军官,还有一位全身都穿着丝绸衣服、缎带飘飘,手里拿着扇子的女士。我还看到我家的男仆,也就是我的朋友维克多,但是第一眼我居然没认出他来,他穿着及膝的马裤和白色的长袜,站在开着的客厅大门旁,通报着宾客的姓名。突然,有人扑上来揞住了我,原来是我的保姆玛丽,她当时和我一样也在偷看,她藏身于再往下一点儿的地方,在楼梯的第一个拐角处。玛丽的两条胳膊牢牢地箍住我,起初我以为她要把我抓回房间关起来,但是玛丽并没有那样做,恰恰相反,她把我带到她偷看的那个地方。之前我只能瞥见那场盛会的冰山一角,现在我能够非常清楚地听到舞会上的音乐了。我看到先生们随着音乐翩翩起舞,演奏音乐的那些乐器在我的视野之外,随着先生们舞来跳去的是盛装打扮的女士们,她们远比白天时更加美丽动人。随后音乐戛然而止,跳舞的人停下舞步,音乐消失了,取而代之的是各种嘈杂之声。就在保姆打算带我回去睡觉时,一位正倚门而立、摇着扇子的漂亮女士看到了我。她走上楼梯,走到我的藏身之处亲了亲我,她发觉我没有认出她来,便笑了起来。她显然是我母亲的朋友,那天早上我还见过她,但是我像往常一样,并不十分确定自己见过她。回去睡觉时,我的脑子全乱了,我胡乱地回想着,其中既有现实,也有梦境,此外还有第二种现实。

我曾经迷迷糊糊、不甚明了地相信,在众所周知的那种光天化日下的日常生活之外,还存在着别样的生活场景,许多年来我一直都是这么认为的。我甚至不确定,时至今日我是否还残留着这样的想法。这种念头与仙女、食尸鬼或女巫的故事并无共通之处,甚至也不同于霍夫曼①或汉斯·安徒生写的那些童话故事。不,我认为这种念头更像是一种不太活跃的欲望,一种想令生活更加丰富的欲望。只是到了后来,待我接触到宗教之后,这种欲望才更好地得到了满足。同时,这种欲望也像是一种习性,在这种习性的驱使下,我习惯去琢磨事物不为人知的那一面。比如说在我父亲死后,尽管我那时已是个大孩子了,却仍然起了这样一个念头,即他并没有真正地死去,或者说,我当时怎么会那样理解死亡呢?他只是从我们可见的日常生活中消失了,但是到了夜里我睡着的时候,他常常潜回家来看望我的母亲。白天,我的种种猜疑尚且是摇摆不定的,可是一到夜里,就在快要入睡时,我就觉得这些猜疑越来越有清晰的脉络可循,越来越像是确有其事。我当时并未尝试去解开这个谜团,我觉得我应该收手,不要试图

---

① 恩斯特·西奥多·威海尔姆·霍夫曼(1776—1822),出生于今俄罗斯境内加里宁格勒的德国作家,其作品风格怪诞。

去发现自己想揭开的一切秘密。无疑,当时的我认为自己还很年幼无知,再说母亲总是习惯在谈到的事情太多、应付不过来时,抛下一句"你再长大一些就明白了",但是在某些夜晚,当我准备入睡时,我真的感觉自己是在为父亲腾地方。

扯远了,我必须要继续回忆克罗斯涅街上的那栋旧宅了。在位于二楼的一条走廊的末端,我能看到那栋宅子的教室,二楼各个卧室的门都冲着这条走廊。那间教室比楼下的那些大客厅更加舒适、温馨,母亲因而喜欢坐在里面,还让我陪着她。教室顶头的墙壁前摆着一个当书架用的大壁橱。两扇窗户都朝着庭院,其中一扇是双层的,夹层中放着些瓶瓶罐罐,种着球茎类开花植物,番红花、风信子、"托尔公爵"郁金香。壁炉左右两边各有一张罩着织锦套子的大扶手椅,那织锦是母亲和姨妈的作品,母亲就坐在其中一张椅子上。夏克勒顿小姐坐在桌旁的一把铺着深红色棱纹平布的红木椅子上,忙着做她的方网眼花边刺绣。她正在绣一片绷在金属框架上的小小的网格花边,她一手持针,在一片蛛网似的布片上忙碌地上下翻飞着。夏克勒顿小姐有时会停下来查看一下图案,那些构图是用白线在蓝底上绣出来的。母亲朝窗户那边看了一下,说道:"番红花都开了,天气马上就会好起来了。"

夏克勒顿小姐柔声细语地纠正道:"哦,朱丽叶特,你怎么可以这么说?那是因为天气本来就很好,番红花才会开的。你当然知道,番红花开花并不会带来好天气。"

安娜·夏克勒顿!我还记得,你面容平静、额头光洁,嘴角透出一丝严厉,还有你那双会微笑的眼睛,曾给童年的我洒下过疼爱、友善的光芒。我希望自己能够造出一些新鲜的字眼儿来形容你，一些更加打动人心，更加饱含敬意，更加温柔亲切的字眼儿。我能否在某一天给别人讲讲你那低调内敛的一生？在我的故事中，我会让你的谦卑发出耀眼的光芒，就好比是强者身价一落千丈，低贱者却得尊贵的那一天来到时，弱者的谦卑在上帝面前大放光彩一样。我觉得，自己愿意去加以刻画的不是这世上的伟大与荣耀之人，不是他们，而是那些拥有更加实在的荣耀的人，不过，他们身上的这种荣耀从外表上是看不出来的。

我说不准，夏克勒顿家孩子们的命运究竟发生了什么样的挫折，使得她离开苏格兰腹地，来到欧洲大陆。罗伯蒂牧师认识夏克勒顿一家，他自己就娶了个苏格兰女人，就是他把夏克勒顿家的长女推荐给我外祖母的。

无须交代的是，我很久以后才了解到这些情况，要么是听我母亲亲口讲的，要么是从比我大的亲戚家的哥哥姐姐那里听说的。

当时是因为要给我母亲找个家庭教师，安娜·夏克勒顿才来到我家的。我母亲那时已经到了快要嫁人的年龄，不少人认为，夏克勒顿小姐本身也很年轻，而且极其漂亮，在她的这位学生面前可能不太占上风。必须要承认，年轻时的朱丽叶特·荣多克斯可不是个好对付的人。我母亲不仅在本该引人注目的时候退居幕后、自动隐身，而且一有机会她就把安娜推上前台，她一见到安娜就被她迷住了，离不开她了。朱丽叶特见不得自己比她的这位朋友穿得更好，任何表明其身份、地位或财富的事物都令她反感，她和母亲以及姐姐克莱尔之间一直就优先权问题争论不休。

外祖母当然绝非心肠冷硬之人,尽管她的确没有因为自己地位比较高贵而骄横,但是她对社会等级观念有着非常清楚的意识。她的女儿克莱尔也有这种意识(不过,她在其他方面却不这样想),可她却不像她母亲那样和善。克莱尔发现自己的妹妹居然没有这种意识,不由得恼怒起来,而且她还发现,妹妹对待自己的态度即便称不上以下犯上,也可说是很不听话。朱丽叶特的这种脾气不是天生的,明显是和安娜交朋友之后才逐渐形成的。克莱尔难以原谅安娜,因为她胆敢与她的妹妹交朋友。在她心里,交朋友这种事是要区分社会等级,讲究身份差别的,夏克勒顿小姐居然忘记了自己家庭教师的身份,这是不合适的。

"什么?"母亲这么说,"难道我长得更标致吗?还是说我更聪明,人更好?我的财富或是我的名字就应该成为我更讨人喜欢的理由吗?"

"朱丽叶特,"安娜说,"你结婚那天,得送给我一件茶色的真丝长裙,那我会乐开花的。"

很长一段时间以来,朱丽叶特·荣多克斯对鲁昂城里的那一桩桩门当户对的婚姻都不屑一顾,可是有一天人们却惊讶地听说,朱丽叶特居然接受了一个一文不名的年轻法学教授的求婚。这个小伙子来自普罗旺斯①腹地,要不是好心的罗伯蒂牧师知道我母亲喜欢什么样

---

① 如前所述,纪德父亲的故乡在于泽斯,于泽斯所在的加尔省,属于法国东南部的普罗旺斯地区。

的男人，把他引荐给我母亲一家，给他鼓劲儿，他甚至不敢向我母亲求婚。六年后，我出生了，安娜·夏克勒顿便像之前一个接一个地抚养我的表哥、表姐那样，又接受了抚养我的任务。正如无论是美貌、优雅、善心，还是聪明、美德都无法弥补因为缺少钱财带来的匮乏一样，安娜从来没有那种能够体会到尘世之爱的命，她只能得到这种爱的一种苍白的表现形式。此外，安娜也不能有别的家人，我的亲戚给她安排什么样的家人，她就只能拥有什么样的家人。

在我的记忆中，安娜长着一张由于饱经沧桑而有些麻木的脸，她的嘴角挂着一丝严厉，可她的眼睛仍然能够微笑，只要稍加刺激，这种微笑随时都可能爆发为大笑，这一抹微笑是那样迷人和纯洁，见过的人都觉得无论是痛苦还是失望都无法令一个人顺其自然地从生活中获得的极致快感有所消减。父亲也有着同样的笑容，有时候夏克勒顿小姐和他会突然迸发出一阵孩童般的笑声，我不记得是否曾和他们一起那样大笑过。

安娜（除了我父亲总是叫她安娜小姐，我们都叫她的教名"夏克勒顿"，我那时经常喊她"娜娜"，那是我儿时的习惯，当左拉推出同名作品后，我才不这样叫她了）头戴一顶室内戴的帽子，那帽子是用黑色蕾丝布料制作的，有两条垂饰从脸颊旁垂下，看上去相当古怪。我不知道安娜是何时开始戴那顶帽子的，但在我对她的记忆中，没有哪一次她不戴着它，在我珍藏的一两张安娜的照片中，她也戴着那顶帽子。尽管安娜的面部表情、行为举止以及整个生活方式无不安分守己与友好融洽，但她从来不闲着。陪伴别人时她总是没完没了地刺绣；一个人独处时，她又在翻译中度过漫长的一小时又一小时。她不光能读懂英文和德文，还通晓法文，意大利语也相当说得过去。

我至今还保留着安娜的一些翻译作品，这些作品从未拿去付印。译文都是她用惯常的娟秀字迹书写而成的，足足写满了好几本厚厚的抄写本，每一本都一直写到最后一行。从那时开始到现在，安娜以这种方式翻译出来的所有作品都已经有了其他译本，也许比安娜译得更好。但是这并不能令我把那些抄写本都扔掉，因为它们记载的是一个由耐心、挚爱与正直编成的故事。其中我特别喜欢歌德的《列那狐》，安娜常常把其中的一些段落读给我听。在她翻译完《列那狐》后，我的表兄毛莱斯·德马雷斯特送给她一件礼物，那是一套用灰泥捏的动物小头像，都是这本古老的寓言集中提到过的动物。安娜把它们统统挂在她房间壁炉上方镜子的四周，令我百看不厌。

安娜还会绘画。她画的拉罗克的景物素描认真严谨、和谐美妙，至今仍然挂在库沃维尔家中我妻子的房间里。她还画过拉米夫瓦的风景画，此地位于鲁昂上游的塞纳河右岸，是我外祖母名下的产业。（外祖母死后不久，拉米夫瓦那块地就被出售了。我本来几乎要忘记那块地了，只是每次我去诺曼底，当火车开到圣佑教堂之上，接近圣阿德里安山，很快就要过桥时，我都会在车上看到拉米夫瓦。）在安娜的水彩画中，拉米夫瓦有着外形优美的栏杆以及建于路易十六时期的正面，它的新主人却在上面加了一项巨大的楣饰，一下子就毁掉了原来的样子。

但是最吸引安娜注意的，最被她珍爱的却是植物学。在巴黎时，她非常认真地聆听了布若先生在自然历史博物馆举办的一场场讲座，春天里，她又经常参加布若先生的助理布瓦松先生组织的植物考察旅行。我特意用心记下了安娜带着敬意提到的这些人名，在我眼中，这些人名都带着威望极大的光环。母亲听说有植物考察旅行，觉得这是一个让我锻炼身体的好机会，便允许我参加周日的旅行，这些活动让我对科考探险之旅产生了浪漫的感觉。参加考察之旅的植物学爱好者几乎全是老姑娘和人畜无害的植物发烧友。我们往往在某座车站会合，然后一起坐火车去目的地。我们在肩上挂一只漆成绿色的锡盒，用来盛放打算拿回家研究或风干的花草。

有人带着树木修剪刀，还有人带着捕蝶网。我带的是捕蝶网，因为那时我对花草的兴趣远没有对昆虫的兴趣大，我尤其喜欢甲虫，正着手收集它们。我的口袋中塞满了盒子和玻璃瓶，一旦捉住虫子，就把它们丢进去，然后用挥发性的有害烟气或氰化钾毒死它们。与此同时我也搜寻植物，我比探险队的那些大人更加敏捷，我跑在队伍的最前面，踏出一条路来，好让大部队横扫萌生林与旷野之地，我一有发现就大喊大叫，当我第一个发现稀有物种时，心中更是洋溢着自豪。然后我们这支小小植物科考队的其他成员便走上前来赞叹一番，当被发现的物种是特有物种，当我摘下胜利的果实，带着喜悦的心情去告诉安娜时，其中一些人便相当懊恼。

在安娜的帮助下，我照着她的做法建起了一间植物标本室。更重要的是，我协助她建成了她自己的植物标本室，那是一间很大的标本室，标本陈列得井井有条。安娜不仅耐心地成功采集到了每种植物品相最好的标本，而且以高超的技术制作好并陈列出这些标本：采用一条条细胶纸将最纤细的小棍固定住，草木的形态得到了精心的复原，花蕾、完全盛开的花朵和种子被放在一起陈列，标本下方的植物名称是刻在铜牌上的。有时候会遇到难以确定的物种，便需要倍加细心地展开细致的考察。此时，安娜会在显微镜前躬身工作，手中拿着钳子和微型解剖刀，小心翼翼地打开花朵，在物镜下方展开其内部器官，给我观看雄蕊的各种特征，或是她的那本《植物》上没有提及，但布若先生指出过的其他细节。

  安娜每年夏天都和我们一起去拉罗克，正是在那里，她的收集研究活动开展得如火如荼，标本室逐渐具备了规模。安娜和我从来都不会什么工具都不带就出门考察，我们总是带上那种绿色的盒子（我有自己的锡盒）和一种特别的小铲子，有了这种小铲子，我们就可以在不伤及植物根系的情况下把它们连根挖出来。有时候，我们接连几天观察某一株草木，耐心等待，等到花儿完全盛开，若是在观察花期的最后一天，花儿被毛毛虫啃掉一半，或是那一天突降暴雨无法外出，真的让人绝望透顶。

  在拉罗克，植物标本室享有最高地位，一切与之有关的事情无不是带着举行仪式典礼般的热情与重视程度操办的。晴好的日子里，一张张灰色衬纸——草木就是夹在它们中间被风干的——被拿出来，在所有的窗台上以及桌子上和地上阳光能照到的地方铺开晾晒。风干时，那些较为纤细、纤维较多的植物只需要消耗几张衬纸。但是那些较为肥厚、饱含汁液的植物却需要被紧紧夹在厚实的纸垫当中，这些纸垫是用非常干燥且松软的纸做成的，每天都要更换。所有这些工作都需要耗费大量的时间，还得占据宽敞的空间，要比安娜在巴黎时能找到的空间大得多。

  在巴黎，安娜住在瓦乌吉拉尔德街上，这条街在女士街和阿萨斯街之间，她的那套公寓有四间局促的房间，屋顶很低，抬起手就能够到天花板。不过，那栋房子的地理位置倒是不错，它正对着某家科研机构的花园或院子，这让我们有幸目睹了太阳能锅炉的首轮试验。那些奇怪的装置就像一朵朵巨大的花，其花冠是由许多镜面组成的。这花的雌蕊，也就是阳光聚集的那个焦点处，装着有待烧开的水。试验无疑取得了成功，因为就在一个大晴天里，其中一个锅炉爆炸了，邻居街坊们都被吓到了，安娜家客厅和卧室朝着大街的窗玻璃都被震碎。安娜通常坐在餐厅和书房中，这两间屋子都朝着院子。她喜欢在餐厅和书房中接待前来看望她的二三密友。要不是客厅里曾经摆放过一张小小的折叠床供我留宿，我肯定对客厅毫无印象。当时令我非常高兴的是，我不记得是什么原因，母亲居然放心地把我托付给她的这位朋友照看了好几天。

在快要进入阿尔萨斯学校①时，父亲母亲得出了一个结论：我只从弗勒小姐以及克莱鲍尔夫人那里接受教育是不够的。于是他们商定，我应该每周与安娜共进一顿午餐。

我记得，一到周四，上完体操课之后，我就去安娜那里吃饭。那时的阿尔萨斯学校还不像后来那样兴盛，尚没有专门的体操训练室，因此该校的学生常常被送到帕斯考德体操馆上体操课，帕斯考德体操馆位于瓦乌吉拉尔德街上，距离安娜的住处仅几步之遥。我抵达安娜的住处时，常常大汗淋漓、狼狈不堪，衣服上沾满了锯末，手上

---

① 当时法国的学校，大多分男校女校。纪德上过的学校，大部分是阿尔萨斯学校这样的私立贵族学校，他的同学清一色是男生。

粘着松脂。在安娜那里吃的一顿顿午餐，为何具有那么大的魅力呢？我想这主要是因为安娜总是不厌其烦地倾听我的谈话，哪怕我谈论的是一些最愚蠢的话题，我觉得自己在她眼中有着很重的分量，我值得等待，我说的话被认真对待，我的心思被细细揣摩。正是因为我要去吃饭，那栋房子才有了欢迎访客的味道，才充满了欢声笑语，午饭才特别得丰盛可口。我多么希望自己还能记得，当时的我曾投桃报李地有过什么善举，给安娜递去过一些感激的眼神，或是说过什么饱含童真感情的话啊……可是，没有。我唯一能回忆起来的就是，我当时说了一句荒谬无礼的话，那句话确实是像我那么大的不懂事的笨孩子才会说出口的。尽管觉得很不好意思，我还是要在这里把那句话复述一遍，由于我在这本自传中记载的并不是传奇故事，因而我决定不在这样的回忆中往自己脸上贴金，我既不会添加任何讨人喜欢的内容，也不会抹去任何令人不快的回忆。

　　那天上午，我食欲大开，正在大快朵颐。尽管条件有限，但安娜无疑已经做到了极致。我突然就开口了："哦，娜娜！"我喊道，"我会把你吃得倾家荡产的！"（这句话语至今仍然在我的耳边回响着……）话一出口我就意识到，任何一个心智成熟的人都不应该说这种话。我发现安娜被这话伤到了，我让她难过了。我觉得那是最初让我良心发现的事情之一。不过，那只是一次转瞬即逝的良心发现，太过短促、微弱，尚不足以穿透那层厚厚的、当时紧紧包裹着我迟迟不愿结束的童年的黑暗。

第二章

  我能想象到,母亲第一次离开克罗斯涅街的舒适环境,跟随父亲来到于泽斯时,心里是多么的困惑不安。时代的进步似乎绕过了普罗旺斯地区的这座小城,它坐落在通衢大道之外,对周遭的世界不闻不问。铁路只通到尼姆,最远只能到勒穆兰①,之后再换乘颠簸的马车抵达小城。

  倘若从尼姆直奔于泽斯,路程要多出不少,但是路边的风景要好看很多。那条路取道圣尼古拉斯桥渡过加尔河,然后,人们就仿佛进入了巴勒斯坦朱迪亚②。沿途崎岖的山谷或石灰质谷地中,弥漫着薰衣草的香甜气息,路边长着一丛丛或白或黄的岩玫瑰,看上去赏心悦目。头顶有风拂过,干燥的空气令人极度兴奋,风将路面刮得干干净净,却令周围的一切蒙上了一层灰。我们的车子经过时,常常惊起成群的巨大的蚂蚱,它们展开蓝色、红色、灰色的薄翅蹿到空中,一时之间,宛如色彩斑斓的蝴蝶,但是下一秒它们又落到地面上,明艳的

---

① 尼姆和勒穆兰都在于泽斯所在的加尔省,尼姆是该省的省会。
② 古巴基斯坦南部地区,包括今巴基斯坦南部地区和约旦西南部地区。

身姿也随之隐遁，藏身于石头堆，和灌木丛融为一体。

加尔河畔生长着日光兰，河床几乎完全干涸了，里面丛生着类似热带地区的各种植物……说到这里，我要暂且把那种老式的两轮轻便马车搁置在一旁，有些记忆中的场景是我必须在它们一闪而过时就抓住，否则我不知道在哪里讲述它们才合适。如前所述，与按照时间顺序回忆往事相比，按照空间追忆对我而言更容易一些，比如，我说不准安娜去于泽斯看望我们是哪一年的事情了，我母亲当时急切地想让她看看于泽斯的风景。但是我清楚地记得，有一天，我们和安娜一起远足，从圣尼古拉斯桥出发，一直走到距离加尔河不远的某座村庄，然后在那里搭乘早已安排好接我们的马车。

山谷中最狭窄的几处，太阳发出的一阵阵热浪不断地炙烤着悬崖的底部，路上丛生着无比茂密的绿植，人们难以从中穿行。安娜一看到这么多她不认识的花草树木，不由得陷入了忘我的状态，只见她不停地辨认一下这朵花，认识一下那棵草，那些肆意生长的花花草草都是她之前从未见过的，比如欣欣向荣的曼陀罗，有时也叫耶利哥喇叭花，还有欧洲夹竹桃，它们华丽、古怪的模样至今深刻地留在我的记忆中。我们提防着蛇，小心谨慎地前行，我们果真看到了几条蛇，不过它们大多不伤人，游到了一旁，没有阻拦我们的去路。父亲每次转身都能发现一些有趣的事物，他走走停停，对什么都感兴趣。母亲生怕赶不上车，徒劳地催促我们快走。当我们走出夹在高耸的两岸当中的加尔河河谷时，已经临近傍晚了。

距离我们要去的那个村庄还有很长一段路，我们只能隐约听到那座村庄里传来的宛如天使诵经般的钟声。通往村庄的那条路勉强称得上是一条走道，若隐若现地贯穿于灌木丛中……看到这里，读者也许会怀疑我在添油加醋。但是，不，那天使诵经般的钟声犹在耳畔，那条令人心旷神怡的小路，那玫瑰色的落日，还有从我们身后加尔河河床上逐渐漫上来的黑暗，仍然历历在目。起初，我在看到夕阳下我们那长长的身影时还觉得很有意思，不久，万物便都消失在了晦暗的暮色当中，此时我发觉，我也染上了母亲的焦虑。但是父亲和安娜却醉心于此时此刻的美景，仍旧磨磨蹭蹭的，没有意识到天色已晚。我记得，当时他俩在反复吟诗，母亲觉得"现在不是吟诗的时候"，便冲着父亲喊道："保罗，等到家了你们再吟诗也不迟。"

祖母那栋房子的所有房间都是贯穿的，因此父母要想进入他们的卧室，就得穿过餐厅、客厅和另一间更小的搭了我的床的客厅。穿过父母的卧室继续往前走，就来到一间小小的梳妆室，穿过它便来到了祖母的房间。若是从这一圈房间的另一头进来，穿过我叔叔的房间后也能来到祖母的房间。叔叔房间的门朝着楼梯平台，厨房和餐厅的门也冲着楼梯平台。两间客厅以及我父母房间的窗户都朝着滨海大街，其他房间的窗户冲着一座较为狭窄的庭院，整栋房子就是围绕着这座庭院建造的，唯独我叔叔房间的窗下是一条昏暗的小巷，尽头能够看到市场的一角。叔叔在窗台上栽种了一些奇怪的花草，他收集了很多神秘的玻璃罐，在里面插入笔挺的植物茎秆，茎秆周围有一些结晶物。按照叔叔的说法，那些结晶物是含有锌、铜以及其他金属的盐。叔叔告诉我，根据盐中所含的不同的金属成分，那些不屈不挠的植物分别叫作土星树、木星树等。叔叔那时尚未对政治经济学产生兴趣。

我后来听说他那时真正的兴趣是天文学，他被这门学问吸引是因为他喜欢摆弄数字，还因为他习惯一言不发地独自沉思，认为个性也罢、心理也好，都是些可有可无的东西。叔叔的这个习惯最终令他变成一个漠视自己，也漠视别人的人，在我认识的人当中，没有谁比叔叔更加不通人情。那时的叔叔是个高个子的年轻人，一缕缕乌黑的长发紧贴在脑后，眼睛近视得非常厉害，脾气古怪，沉默寡言，警觉性高得令人不可思议。母亲不断试图去温暖他的心，可他对此却大为恼怒。尽管母亲完全是出于一片好心，但她不善于开导别人，叔叔则不懂得或不愿意领受别人的用心，甚至无论是谁（即便这人不是骗子）说的甜言蜜语他都无动于衷。父亲集和蔼礼貌于一身，却无法缓和家庭成员之间的不和。

我出生时祖父已经去世很久了，不过母亲见过他，因为直到婚后第六年母亲才生下了我。在母亲的描述中，祖父是典型的胡格诺派①教徒，用心专一且为人朴实，身材高大，极其强壮。他性情执拗，不太变通，过分恪守原则。祖父对上帝的信仰极其虔诚，上帝在他心目中享有至高无上的地位。祖父年轻时曾当过于泽斯地方法院的院长，几乎只关心业余学校里学生们的道德品行和宗教教育。

除了我父亲保罗和我叔叔查理，丹克雷德·纪德还生过几个孩子，但都夭折了，其中一个摔倒时磕到了头，另一个死于中暑，还有一个死于感冒，那是一次没有被予以重视的感冒，很明显，就像祖父

---

① 基督教新教的一个派别，是瑞士的加尔文教派流传至法国的产物。在法国这个天主教势力占上风的国家，胡格诺派曾经长期遭到压迫和镇压，甚至引发过宗教战争。不过到了19世纪，胡格诺派已经得到了官方的正式承认。

从不重视自己的健康一样。祖父很少生病，那次病倒后他拒绝接受任何救助，只是一味地祷告。在祖父看来，若是允许医生施救，即便不是不虔信上帝，也是抛弃了上帝的权威，过分地相信人力，因此至死都没让人去叫医生。

有些人可能会感到好奇，像我祖父这样不切实际的老掉牙的做派居然能保留得如此长久。但是整个于泽斯小城本身难道不就是个老古董吗？在那座小城中，祖父的种种出格行为都不奇怪。相反，在这里万事万物都是相宜的，都有理由，都解释得通，都受到鼓励，甚至是天经地义的。而且，我觉得不只在于泽斯，甚至整个塞文地区①的情况都相差无几。即便到了很久之后的今天，塞文地区也尚未从当年残酷的宗教斗争中摆脱出来。说到此处，不得不提及我亲身经历的一次逸事，当时我约莫十八岁，那次事件让我觉得我的想法是对的。

那天早晨，我应堂兄纪尧姆·葛拉尼尔之邀，从于泽斯动身前往邻近的昂迪兹，葛拉尼尔是那里的牧师。整个白天我都是和他一起度过的。在让我离开之前，葛拉尼尔给我讲了经、布了道，和我一起祷告并为我祷告，同时还祝福了我，至少祷告了让上帝保佑我……但是这些都与我要讲述的故事无关。那天，我本来是要乘火车回于泽斯吃晚饭的，但是当时我正在看《邦斯舅舅》。在巴尔扎克所有的大作中，这部小说差不多是我的最爱，总之，它是我读的遍数最多的。我那天发现了这本书，真是惊喜万分，不由得看得心醉神迷，忘了身边

---

① 法国东南部离地中海不太远的地方，有一条西南—东北走向的塞文山脉，这条山脉附近的地区就叫塞文地区。

的一切……

天慢慢黑下来，看不了书了。在抱怨完车厢里怎么没有点灯后我才注意到，火车已停了。列车工作人员以为车上没有人了，便将火车转轨，停在了一条停车线上。

"你难道不知道你得换车吗？"他们问我，"想必你聋了！要么就是睡着了。你最好再睡一宿，因为下一趟火车要等到明天早晨。"

我一点儿都不想在黑乎乎的车厢里过夜，再说，我还没有吃晚饭呢。火车站距离我住的那个村庄还有很远的距离，与其投宿在路边的小旅店，冒险碰碰运气对我而言更具吸引力，况且我兜里也没有几个钱，恐怕难以投宿。于是，我沿着乡间小路往前走去，看到一家干净整洁、颇为诱人的大型农舍，我便决定过去敲门。一个农妇开了门，我告诉她我迷路了，尽管囊中羞涩，无奈饥肠辘辘，不知道她可否发发善心，给我点儿吃的喝的。吃完后，我会回到车站的那节车厢上，耐心地等待天亮。

屋里的饭桌已经摆好，开门的农妇立刻又添了一把座椅。她丈夫不在家，她的老父亲正坐在厨房的壁炉旁一言不发地俯身看着地面，沉默中似乎带着不满的表情，令我不太舒服。突然，我注意到在一个架子上放着一本厚厚的《圣经》，这才意识到这家人是新教徒，于是，我便提起了我刚刚拜访过的那个人的名字。那位老人立刻坐直了身子，他认识我那位牧师堂兄，甚至还清楚地记得我的祖父。从他说话的方式中我意识到，即便外表看上去最严厉的人，内心也可以是无私的、友善的，那位老农夫和我祖父都是这样的人。我觉得，祖父想必和他很像，身子骨看上去极其硬朗，说话的声音虽然谈不上悦耳动听，却清晰洪亮、掷地有声，看人时总是目光坚定、坦率直接。

这时在外干活儿的孩子们回来了，一个高个子姑娘和三个男孩子。他们的体格比较柔弱，不如其祖父结实。长得倒是挺好看的，脸色却很凝重，与其年龄很不相称，眼角眉梢甚至带着一丝严肃的味道。农妇把热腾腾的汤端上餐桌，不动声色地用动作打断还在说话的我。老人开始做饭前祷告了。①

吃晚饭时老人提到了我祖父，他的讲述虽说比较贴切，却掺杂着很多想象的成分，遗憾的是，我没能记录下来。"这样的一家人，难道就只是农民吗？"我不断地叩问自己，"与我们在诺曼底见到的那些粗鄙迟钝的劳动者相比，他们举止大方、庄重体面，完全是天差地别啊！"晚餐后我起身打算离开，但主人们却不让我走。女主人安排他们家的长子和一位弟弟睡在一起，安排我睡在他的房间，女主人在他的床上铺上干净的粗布床单，闻上去有一股薰衣草的清香。

他们说，闻着薰衣草的香味便可以早睡早起，当然我也可以看会儿书再睡。

"不过，"老人说，"请允许我们按照我们的习惯行事，你不会感到吃惊的，因为你是丹克雷德先生的孙子。"

说着，他从架子上取下那本厚厚的《圣经》，把它放在已经擦拭干净的餐桌上。女主人和几个孩子在他的左右两边落座，他们现出自然而然的虔诚态度。老人打开《圣经》，用庄重的声调高声朗读了一

---

① 有人曾对我指出，除了天主教徒，别的基督徒一般从来不用"饭前祷告"（benedicite）这个词。我必须要等待一段时间，直到新教徒发明出一个新词，可以用来指代饭前进行的那一段简短的祷告。——作者注

章《福音书》,又读了一首赞美诗,除他以外,其他人都在椅子前跪下来。只见老人仍然站着,闭着双眼,手放在合上的《圣经》上面。他作了一番表示感恩的简短祷告,祷告词极其庄重且简单,没有向上帝提出什么请求。我还记得,他向上帝表示感谢,因为在上帝的指引下,我来到了他家,他的语调非常认真,我不禁为他的话语所打动。祷告收尾时,老人家念了主祷文,然后沉默了片刻,孩子们才站起身来。整个祷告过程无比庄重、平静,老人家在每个孩子的前额上印下的平安之吻无比动人,我也忍不住和其他人一起走上前,递上我的前额。

祖父那一代人对先辈曾经遭遇过无情的扼杀,或是对某一段反抗(天主教)的传统,记忆犹新。为了试图对抗这样的回忆,他们变得极为执拗。每个人都清楚地听到了基督对自己以及每一个微不足道的殉教徒说的那句话:"你们是世上的盐。盐若失了味,怎能叫它再咸呢?"①

必须承认,在我小时候,新教徒们在于泽斯的小教堂里做礼拜时,仍然显得极具煽动性。是的,我有幸目睹了祖父那一代人的最后一批代表参加这种祭仪,他们去教堂做礼拜时会戴着大毡帽,每当牧师提到上帝的名讳时,他们都会抬起帽子致敬,只有在念主祷文时,他们才会摘下帽子……陌生人倘若看到这种看似不敬上帝的场景,想必会大吃一惊。可他们并不知道,这些老派的胡格诺派教徒之所以用帽子遮住头部,是为了纪念其祖辈在烈日下做礼拜的经历,那些礼

---

① 《圣经·马太福音》第5章第13节的第一句话,译文来自和合本《圣经》。

拜都是在深山老林中的秘密地点举行的，一旦被发现，就有被杀头的危险。

后来，这些老顽固们接二连三地去世了。他们的遗孀倒是很长寿。她们不再出门，只在礼拜天去教堂相互见见面。其中就有我的祖母、她的朋友阿保西夫人、文森特夫人，还有两个我忘了名字的老头儿。在礼拜快要开始时，跟她们的主人一样老的女仆们把暖脚垫垫在主人要坐的长椅上。然后这些老顽固的遗孀们分秒不差地进入教堂开始做礼拜。尽管她们已是半个瞎子，不仅在教堂门外时认不出对方，甚至直到安安稳稳地落座在长椅上时仍然认不出对方。但是，在见到了昔日的闺蜜后，带着愉悦的心情被带离教堂时，她们还是会叽叽喳喳地以特别的方式打招呼，其中既有祝贺，又有问答。每一位老妇人都几乎全聋了，完全听不见同伴跟她说的话，因而她们便大声说话，一时间，她们的声音便盖过了那个可怜的牧师。有些人对此十分生气，但看在这些老妇人死去的丈夫的面子上，不和她们计较。还有人不那么苛刻，被这些老妇人逗乐。孩子们一见这幅场景便都哈哈大笑起来。不过，我看到她们这样吵闹感到非常不舒服，我总是要求不坐在祖母身边。这种小小的闹剧每个礼拜都会重复一次，远比人们绞尽脑汁所能想象到的任何场景都更加荒唐、感人。

我永远都没有办法让你明白祖母究竟有多么的老态龙钟。就算用尽全力我也想不起来，人们从她身上的哪一点能够猜到或是想象到她年轻时的长相。祖母有着铁打般的体格，不仅比丈夫活得久，甚至在她的长子即我父亲死后，她还活了很多年。父亲死后，我和母亲仍然每年去于泽斯看望祖母，我们每次去都会发现，祖母还和以前一样，只不过又聋了一些。说真的，祖母头上的皱纹根本就不可能随着年纪的增长而变多。

可爱的老祖母无疑使出了浑身解数，想让我们高兴，不过这恰恰就是为何我不太确定我们是否真的很受欢迎。祖母的好客并不是我们去探望她的最重要的原因，母亲最想完成的并不是给祖母带去乐趣，而是履行一项义务、完成一个仪式。比如说，每逢新年，她都强迫我郑重其事地给祖母写一封问候信，弄得我节都过不好，一开始，我试图逃避这项任务。

"祖母收不收到我的信，对她来说有什么意义呢？"

"问题的关键不在于写信，"母亲说，"你还小，还没明白人这一辈子要尽到的义务其实很多，你千万不可以逃避。"

然后，我就哭起来。

"别哭了，亲爱的，"母亲又说道，"懂事点儿。想想你那可怜的祖母吧，要记住，你可是她唯一的孙子啊。"

"可是，我到底该给她写些什么呢？"我抽泣着问。

"随便什么都可以。跟她讲讲亲戚家的兄弟姐妹，说说小朋友们，比如查尔第尼尔兄弟。"

"可她不认识他们。"

"那就讲讲你在干什么。"

"可您非常清楚，她对这些事情并不感兴趣。"

"这事没有商量的余地，孩子。你在写完信之前，不许离开这间屋子（克罗斯涅街上那栋宅子的教室）。"

"可是……"

"不,孩子,我可不想再浪费口舌了。"

之后,母亲就不再说话,对我的喋喋不休也无动于衷。我又磨蹭了一会儿,才开始对着面前的信纸冥思苦想。

事实上,似乎没有什么能够让我对祖母产生更大的兴趣。不过,每当我们去于泽斯看望祖母时,我想大概是出于对母亲的客套,祖母都会搜肠刮肚地回忆,直到最后想起我在诺曼底的某个表兄弟姐妹的名字。于是,每隔约莫一刻钟,祖母就对坐在她身边、正在做针线活儿或看书的母亲说:"魏德莫一家还好吗?"

母亲总是不厌其烦地回答祖母的问话,答完便又看书。

十分钟之后:"哦,还有毛莱斯·德马雷斯特,他还没结婚吗?"

"不,妈妈。阿尔伯特才没有结婚。毛莱斯已经生了三个女儿了。"

"亲爱的,亲爱的,朱丽叶特!你怎么不早告诉我?!"

这一句突然的插话并不带有丝毫疑问的意思,只是听到任何消息时都会发出的感叹。祖母以此来表达震惊、认可或赞赏,因此不管别人说什么,祖母的第一反应就是说出这句话。之后,祖母还会若有所思地点点头,仿佛是在咀嚼什么似的回味着刚刚听到的消息,因为年老而皱皱巴巴的脸颊不停地瘪下去又鼓起来。最后,当祖母完全消化了听到的信息,暂时不打算费劲儿去想新问题时,就继续做刚才停下来的针线活儿。

我见过的祖母唯一干过的活计就是织袜子。她成天都在织袜子,就像是一只不知疲倦的昆虫。但是,由于她不断地起身到厨房去看罗丝正在干什么，因而经常把袜子随便丢在某件家具上，我真的相信祖母从未织好过一只袜子。所有的抽屉里都能找到刚刚起了头的袜子，往往都是罗丝早上打扫客厅时发现后放进去的。祖母总在耳后插着几根织针，就插在那顶饰有缎带的小帽子和那一缕稀疏的灰黄色头发之间。

我的婶婶安娜，也就是祖母的新儿媳，就没有母亲对待祖母时的那份感情和带着恭敬的迁就了。叔叔要是做了什么她反对的事，或是惹恼了她，她总是怪罪到婆婆头上。我觉得只有当母亲和我待在于泽斯时，婶婶才会过来一次，她一到祖母家准会搜寻没有织好的袜子。

"八只！我找到了八只袜子！"安娜对我母亲嚷嚷道，她一看到祖母如此"铺张浪费"，就感到又好气又好笑。到了晚上，她又控制不住地追问祖母，为何她从来不把袜子织好。

可怜的老人起初还努力微笑着，后来便焦急地向我母亲求助："朱丽叶特，安娜究竟是什么意思？"

但是，母亲往往置身事外，此时，婶婶便继续追问，声音也更大了："婆婆，我是在问，您为啥一只袜子还没织完，就开始织另一只袜子了？"

听闻此话，老人像是有点儿恼火，噘着嘴急促地反驳道："织完！织完……你安娜当然可以织完了……可老人家总得花点儿时间才织得完嘛！"

祖母总是生怕我们吃不饱，尽管她自己很少吃东西。母亲费尽九牛二虎之力也很难让她相信，我们每顿饭只需要吃四个菜。她拒绝听从母亲的劝导，母亲一不留神，她就急匆匆地跑去找罗丝神神秘秘地交代一番。母亲转而赶在罗丝去菜场前截住她，缩减菜单，砍掉四分之三的菜品。

"咦，罗丝，怎么没看到童子鸡？"午餐时祖母大声地问。

"妈，我们今天午餐已经吃了肉排。我让罗丝把童子鸡留到明天再吃。"

可怜的老人一听这话便一脸的绝望。

"肉排！肉排！"祖母反复嚷嚷着，强挤出笑容，"羊排！一口能吃下六块羊排……"

然后，为了表示抗议，她站起身来走到餐厅另一头的小碗橱前，从里面取出一只藏好的罐子，那是她在我们来之前准备好的，就是怕菜不够我们吃。罐子里通常装着美味多汁的一块块泡在猪油中、里面塞着块菌的猪肉，这种食物叫猪油肉片。我母亲见了，必定会拒绝加菜。

"得了，得了！孩子总归是要多吃一点儿的。"

"我向您保证，母亲，他已经吃得不少了。"

"可你总不想让他挨饿，不是吗？"……

（在祖母看来，瘦孩子就是被饿的。后来，在有人问她，她的孙子们也就是我的堂兄弟姐妹们长得怎么样时，祖母总是拉长了脸回道："瘦得可怜！"）

有一个好办法可以避开母亲对菜品的检查，那就是从白沙饭店订几样菜，嫩牛肉片配油橄榄、填满鱼肠的鱼肉香菇馅酥饼，或是酥脆的普罗旺斯奶油烙鳕鱼，又或是传统的猪油煎面包丁，此菜出自法布里加斯油酥点心店。

母亲还打着讲卫生要健康的名义，炮轰祖母最爱吃的几种菜，尤其反对祖母在帮忙准备鱼肉香菇馅酥饼时养成的一个习惯：留一点儿底层的酥皮给自己吃。

"不对，母亲，您留下的是最油腻的那一块！"

"哦！"祖母叫道，她才不管什么卫生不卫生，健康不健康呢，"底层的酥皮……"

"让我来帮你。"

于是，可怜的老人就只能眼巴巴地看着自己最喜欢的一块酥皮被儿媳从盘子里叉走了。

提供甜点的还是法布里加斯点心店，他家的甜点真是令人称赞，可惜花样有限。说实话，他家的甜点总是苏尔塔拉那几样，可我们偏偏没有人特别喜欢。苏尔塔拉像是金字塔，有时为了表现得气派一些，糕点师傅会用不可食用的白色物质做成一个小天使放在顶上。这种甜点用微小的奶油面包卷堆砌而成，面包卷外裹着一层厚实的焦糖，这层焦糖将面包卷牢牢地粘在一起，要想动作优雅地把它们掰开是绝无可能的，得动用勺子才行。

苏尔塔拉外面裹着一层焦糖丝，宛如一袭诗意朦胧的面纱，扼制着人们的食欲。

祖母总是希望我们能明白，苏尔塔拉这道甜点是锦上添花。她经常扮着鬼脸说："哦！法布里加斯……法布里加斯！他家总是那几样甜点！"

或是嚷嚷道："他家不像以前那样精致了。"

对我这样一个吃饭时总是不耐烦，想着吃完饭就出去玩的小男孩而言，那些大餐真难吃啊！我酷爱于泽斯附近的乡野和厄尔泉流经的那条河谷，尤其喜爱那座石灰质荒山。早年间，保姆玛丽会陪我散步。我常常拽着她爬上于泽斯城外的撒尔博内山，那里是毛毛虫爱好者的天堂。鹰蛾幼虫看上去像是解开后的缠头巾，它的后半身长有角状物，这种虫子栖息在巨大的会分泌出牛奶状汁液的戟属植物上。各种燕尾蝶的幼虫会栖息在松树树荫处的茴香上，要是有人撩拨这种虫子，它们颈后的一种长鼻似的叉状器官便竖立起来，散发出浓烈味道的同时显露出骇人的颜色。沿着撒尔博内山脚下的那条路走下去，就来到厄尔泉滋养出来的一片郁郁葱葱的草地。一到春天，这片草地中水源最充沛的地方为一丛丛美丽优雅的白色水仙花所覆盖，宛如给瓷器上了一层釉，这种水仙花叫"诗人水仙"，当地人管它叫库尔巴冬娜。于泽斯的居民断然不会摘取"诗人水仙"，也不会特意绕道去观赏它们。因此那一片与世隔绝的草地中便总是挤满了水仙花。它们的香味飘到空中，隔着很远都能闻到。有些水仙花俯身朝着水面，就像我在传说中听到的那样，我是不会去摘它们的。还有的水仙花只露出一部分身姿，其余被厚实的草丛遮盖着。不过，大多数都笔直地挺立着，在黑暗的草地的映衬下，它们犹如星星般光彩夺目。玛丽不愧是个心地善良的瑞士女子，很喜欢花草，我们常常带着一大捧水仙花回家。

厄尔泉就是罗马人通过加尔桥这座渡槽取水后形成的一条常年有水的人工河，它一直流到尼姆。

这条小溪流经的那条河谷的两岸桤木林立，河谷若隐若现地蜿蜒着，在接近于泽斯时收窄。哦，小城于泽斯，你若是坐落在翁布里亚①,会有多少游客从巴黎蜂拥而至,前来一睹你的风采啊!于泽斯坐落在一块巨岩的边缘,巨岩那陡峭的侧壁有一部分藏在公爵公园的密林背后。巨岩底部生长的那些参天大树的根部盘根错节,为厄尔河中的鳌虾提供了栖身之所。若是站在漫步台地或公园里远眺,视线越过公爵公园里那些高大的荨麻树后就会发现,对面还耸立着一块更加陡峭、更加崎岖不平的巨岩,其上遍布岩洞、石拱、石笋与峭壁,与你在海边悬崖上看到的那些巨岩如出一辙。再往更远的高处看过去,便会看到那座裸露在日光下的寸草不生的石灰质荒山(加里格山)②。

玛丽总是唠叨说脚上长了鸡眼,对攀登乱石丛生的加里格山几乎毫无兴趣。不过,那时候母亲已经允许我独自出门游玩了,于是我便得以尽兴地攀爬岩山。

循着前人的脚印,沿着于泽斯所在的那块巨岩的边缘走上一段路,由于常有人走,这段路已经被磨得比较光滑了,之后,顺着岩石表面上凿出的台阶而下,来到一处叫风迪比奥的地方(我不知道我是否拼对了这个地名,在南方方言里这个词意为牛泉),在此处渡过厄尔河。渡河时,可以看到一道亮丽的风景:傍晚下班回家的女工们,慢慢从台阶上稳步走下来,到河边洗衣服,她们赤着脚,由于头上顶着古朴的白色亚麻布,她们只能挺直着身子走路,步态显得很是优雅。那条河本身就叫厄尔泉,因而我不是十分确定,风迪比奥这个词是否也是某某泉的意思,我只记得在枝繁叶茂的法国梧桐的树荫下

---

① 意大利中部的一个大区,地势以山地和丘陵为主,自然环境优美。
② 于泽斯坐落在加里格山南麓,加里格山呈西南—东北走向,大致与塞文山脉平行,斜穿了整个加尔省。"加里格"一词意为石灰质荒地。

有一座水磨，水磨旁还有一家农户。小河与磨坊的水沟之间有一座小岛，那户人家养的家禽就在那座岛上尽情地嬉戏。我时常走到那座小岛后头，倚在一棵老柳树的树干上发呆、看书，还藏在树丛中看鸭子们玩冒险的游戏。我两耳不闻其他事，甘愿沉醉在这些声响当中：磨坊运转时的嗡嗡声，水流过水车时的唰唰声，河水流动时宛如众人在耳语的哗哗声，还有远处洗衣服的女人们挥舞洗衣棒的富有节奏的啪啪声。

但是更多的时候，我会穿过风迪比奥，一路跑上加里格山，此山素来对我富有吸引力，它唤起我那份奇怪的爱，长久以来我都怀着这样一份爱：我爱荒无人烟，我爱毫无生气，我更爱沙漠而非绿洲。那一阵阵裹挟着花香的干燥的风，那照射在裸露岩石上再反射回来的令人目眩的阳光，都像美酒一样令我陶醉。我真是太喜欢攀爬那些岩石了，我边爬边寻找着螳螂（当地人管螳螂叫祷告螂），螳螂的卵是粘在一起的，每当我发现一丛小嫩枝或草叶下挂着一簇簇的螳螂卵时，都感到不可思议。有时我还掀起石块，好发现下面爬来爬去的骇人的蝎子、蜈蚣和千足虫。

被雨困在室内时我就到处捉蚊子，或是把祖母家的钟全都拆开来，我们上次来祖母家时，那些钟就都走不准了。我发现拆钟这项颇为复杂的工作很能吸引我，看到一番鼓捣后那些钟又重新走起来，我感到无比自豪。祖母又能知道时间了，我听到她跑去跟母亲说："哦，朱丽叶特！你怎么不早告诉我！那孩子……"

但是，我还是最喜欢在阁楼里度过雨天，罗丝把阁楼的钥匙暂时借给我（稍微长大后，我就是在阁楼里第一次读到了《斯泰洛》[①]）。从阁楼的窗户往下看去，可以看到邻居家的屋顶。窗边放着一个上面盖着麻袋的大木笼，祖母就是在这里把她的那些小鸡养得肥肥的，然后端上餐桌。我对那些小鸡并没有多大的兴趣，但是如果在阁楼里静静地待上一会儿就会发现，从一堆堆大箱子当中，从一些既叫不出名字也派不上用场的物什当中，从各种落满了灰的杂物当中，或是从一堆堆的木材和柴木之后，冒出一张张可爱的小猫的脸。这些小猫是罗丝养的，它们还太小，和它们的母亲小时候一样，不大能接受厨房那温暖宁静的环境，不太喜欢罗丝的抚摸，不太受得了大块的肉架在柴火前烧烤时散发出的热量和气味，而是更喜欢置身于阁楼里的这片遍地杂物的天地，阁楼才是小猫们的地盘。

你如果没有见过我的祖母，可能会以为这世上没有谁比罗丝更加饱经风霜的了。她居然还能干活儿，真是个奇迹。不过祖母很少让罗丝做事，我们在祖母家小住时，玛丽也会帮忙打扫屋子。

罗丝最后还是退休了，之后，接二连三地有几个"极品"女佣服侍过祖母，直到祖母最终被说服，同意去蒙彼利埃[②]投奔我叔叔查理。那些"极品"女佣中，有一个撒谎成性，有一个嗜酒如命，还有一个声名狼藉。我对声名狼藉的那个女佣有点儿印象，她是救世军[③]的人，

[①] 斯泰洛（1797—1863），法国诗人、小说家戏剧家阿尔弗雷·德·维尼于1832年出版的小说，描写了三种不同政治诗人的厄运。
[②] 法国东南部城市，埃罗省省会，埃罗省的东北部与加尔省接壤，蒙彼利埃距离尼姆不远。今天的埃罗省和加尔省同属朗格多克-鲁西永大区，蒙彼利埃是该大区的首府。
[③] 基督教的一种组织，因组织形式类似军队，以救苦救难为己任而得名。

那天晚上,她似乎真的打算去拯救世人。那天夜里,祖母睡不着,索性起床去客厅拿几只永远也织不完的袜子来织。祖母穿着衬裙、披着睡袍下了床,我想她当时肯定感觉到了一丝异样。祖母小心翼翼地打开了客厅的门,发现里面居然灯光大亮……那位救世军的女将正在举办聚会。她每周举办两场聚会,在我祖母家举办的那些聚会既有教益也受人欢迎,唱过圣歌之后,大家相互传递着茶和点心。你可以想象一下,我祖母穿着睡衣突然闯入这种聚会时,是一幅怎样的场景……这件事情发生后不久,祖母便永远离开了于泽斯。

在完成对泽斯的祖母这段回忆之前,我还得提一下祖母家餐厅里那个碗橱的门。那扇门非常厚实,上面有一个节疤,更准确地说,那是边材上的一块斑,那里曾是一根细枝条抽出的地方。枝条的根端已经不在了,只留下了一个圆洞,差不多能伸进小拇指,洞很深,斜着自上而下贯穿了门板。往洞里看时,可以看到洞底有一个圆形而光滑的灰色物体,这个东西令我非常好奇。

"你想知道那是什么吗?"一天,罗丝在铺桌子时问我,我当时正忙着把小拇指伸进那洞中,想够到那个奇怪的东西摸摸它。"那是一颗弹子,是你父亲小时候偷偷放进去的,当时的他和你现在差不多大,从那以后,它就一直在那里。"

这个解释满足了我的好奇心,同时也以另一种方式撩拨起了我的好胜心。那颗弹子总是被我的指尖拨来拨去,我把小拇指完全伸直后,也只是刚好能够到它。可一旦我用劲试图把它抠出来时,它就滚落到一旁,弹子从我的指甲盖上滑过,发出吱吱的声音,这声音真让人恼火……

待到来年我们再去于泽斯时，我一进门就去试图抠出那颗弹子。我不顾母亲和玛丽的讥笑，故意把小拇指的指甲留得超长，这样便能毫不费力地把它伸到弹子的下方。我飞快地往上一勾手指，那颗弹子便弹了出来，落在我手中。

我立刻想跑进厨房，向罗丝宣告我成功了。可一想到罗丝的祝贺会给我带来多大的快乐，我就觉得没劲了，于是，我刚跑出去没几步就停了下来。我对着碗橱的门站了一会儿，盯着掌心中的这颗灰色弹子，现在看起来，它和其他弹子也没什么不一样。这颗弹子从它重见天日的那一刻起，便再也勾不起我的兴趣了。我非常清醒地意识到，我的这点儿险些示人的小聪明其实是又傻又微不足道的……一阵脸红之后，我悄悄地把那颗弹子放回去了（直到今天，那颗弹子可能还在那个洞里），然后把小拇指上的长指甲剪掉了，我没有把这个"探洞取弹子"的经历告诉任何人。

大约十年前，我在途经瑞士时顺便去洛茨维尔小村看望年老体弱的玛丽，她的身体还算可以。她和我谈起了于泽斯以及祖母，我的一些退去的记忆又清晰起来了。

"每次你吃鸡蛋时，"玛丽告诉我，"不管是煮蛋还是煎蛋，你祖母从来都不忘记说一句，'哦，不要吃蛋白，亲爱的，蛋黄才有营养'！"说到此处，玛丽像一个善良的瑞士女人那样加了一句："说得好像善良的上帝造出了蛋白，却不是用来吃的一样！"

这部自传并不是按部就班的文学作品，我想到什么就记下什么，现在我要结束对祖母的回忆，转而追忆玛丽了。

我记得有一天，我突然意识到玛丽或许也很漂亮，那是我们在拉罗克时的一个夏日（真的是很久很久以前了！），玛丽和我一起出门，我们来到花园前面的草地上摘花，我当时走在前面，越过小溪转身一看，玛丽仍然站在那座小小的独木桥旁，那里有一棵桦树，树荫盖住了水面，玛丽就站在树荫里。她又往前走了一两步，突然之间就沐浴在闪耀的阳光之中了，她手中拿着一束牛眼菊，脸庞被一顶宽边帽遮住，仿佛露出了一个大大的微笑。

"你在冲着什么笑？"我大声问道。

"没冲着什么，"她答道，"今天天气真好。"

此时，那条溪谷中洋溢着爱与快乐的气息。

我家对仆人们的管束向来是非常严格的。母亲认为她对那些她在意的人负有道德方面的管束责任，要是知道有仆人之间暗通款曲，形成那种无法通过婚姻变得神圣的地下关系，她可是从来不会容忍的。这无疑就是为何我对玛丽的感情生活一无所知，我曾在偶然之间发现，玛丽居然对厨娘戴尔凡茵依依不舍，母亲当然不怀疑会有这种事。不用说，我当时并未意识到这是怎么回事，很久之后，我才对那天夜里无意间听到的激情四射的对话有了自己的看法。不过，因为某些说不清道不明的直觉，我没有将此事告诉母亲。

如前所述，我在图尔农街上那栋公寓里的房间朝着院子，并且和其他房间隔了一段距离。那间房间相当宽敞，和公寓中其他房间一样，天花板也非常高，它的隔壁，就在那条把我的房间和公寓的其余部分连起来的走廊尽头，有一间宽敞的用作浴室的密室（后来，我曾在里面做过化学实验），天花板高悬在密室之上，留出的空间足够给玛丽当卧室。我的房间里有一段楼梯连着玛丽的卧室，但在床后被一块隔板拦住，无法直通过去。那间密室以及玛丽的房间还有一个出口，通向后面的楼梯。没有什么比形容建筑的位置和布局更加困难、更加絮叨无趣的了，可我觉得，为了能说清楚下面发生的事情，有必要在此啰唆一番……我还必须交代一下，我家的厨娘戴尔凡茵那时刚刚和我们乡下邻居家的马车夫订了婚，快要永远地离开我们家了。

现在，言归正传。戴尔凡茵临走的前一天半夜，我被一阵很不寻常的声音吵醒了。我正要去喊玛丽时突然意识到，这声音就是从她房间里传来的，而且，这声音与其说令人警觉，不如说古怪且神秘，有点儿像是两个人在唱挽歌，今天的我可以把那种声音形容为我在阿尔及利亚听过的阿拉伯女人的恸哭，但在当时，那声音听上去绝不像这世上会有的声音，只听两个女人在哀伤地反复哼唱着什么，时不时地因为抽咽、吸气和哭喊而停下来，像是喉头痉挛了。在黑暗中，我坐在床上听了好长一段时间，对此非常费解，只是觉得这种声音传达出来的情感，比得体的言行、睡觉或夜的黑所能表达的都更有感染力。可那个年纪的我感到费解的事物何其多啊。也罢！我索性什么都不管了，继续倒头大睡起来。次日早晨，我尽量把自己昨夜听到的理解成仆人们情绪失控时通常表现出来的极端行为。后来，姨父德马雷斯特去世时，我又见到了类似的场景。

厄尔尼丝泰茵是德马雷斯特家的女佣，姨父死后，姨妈一言不发、毫无表情地枯坐在客厅里，整个人缩成了一团影子，前来吊唁的亲戚朋友看到姨妈这副模样，都止住了哭泣。此时，坐在隔壁房间一张扶手椅上的厄尔尼丝泰茵却突然大声地抽泣了起来，间歇性地哭喊道："哦，我友善的主人！哦，我亲爱的主人！我尊敬的主人！"厄厄尔尼丝泰茵哭得浑身发抖、身体剧烈起伏、没完没了,我起初甚至觉得她承受了姨妈所有的悲痛,姨妈把一切悲痛都挪到了她身上,就像是一个人把旅行包递给了脚夫。

我那时(我当时才十岁)还无法理解厄尔尼丝泰茵之所以那样哀痛,是做给大家看。而玛丽之所以会表现出她的悲痛,是因为她以为没有人能听见她的宣泄。可当时的我却丝毫未起疑心,而且没心没肺,甚至对七情六欲也不好奇。

小时候,我常常和玛丽一起去卢森堡博物馆(我猜,第一次是父母亲自带我去的,他们想培养我对线条和色彩的兴趣),千真万确的是,我当时对事件画没什么兴趣(或许正是因为我受不了玛丽喋喋不休地给我讲述那些事件的来龙去脉,使我对那些画失了兴趣),却对裸体画非常感兴趣,玛丽对此深以为耻,她完全不能接受,跑去向我母亲告状。比裸体画更加吸引我的则是雕像。

在看到伊德拉克①的《墨丘利》(如果我没记错的话)时,我整个人因崇拜而精神恍惚,玛丽费了九牛二虎之力才把我唤回到现实世界中。可令我体验到肉体愉悦的,并不是裸体画和雕像《墨丘利》这样形象逼真的艺术品,它们同样也不会令我得到多少快感。肉体愉悦并不会引发其他感觉,它们之间并没有联系。性兴奋是由非常不同的因素引发的,最常见的便是五彩缤纷的色彩和一阵阵尖厉到不同寻常的甜美声音。有时候,一想到自己应当赶紧采取某些重要的行动,我也

---

① 全名让·玛丽·安托瓦涅·伊德拉克(1849—1884),法国雕塑家。墨丘利是罗马神话中的贸易之神和信使,后来用他的名字指代水星。

会产生性兴奋，有人巴不得我采取那些行动，我却只是在想象中采取了行动。有时，类似于想破坏什么东西的念头也会引发性兴奋，比如说，想毁掉一个心爱的玩具，至于其他玩具，则根本不想玩弄它们，即便摸到也无意去破坏。任何对此大惊小怪的人，想必都很难理解这个道理：要是没有示范、没有对象，肉体享受将从何谈起？对肉体享受而言，白日梦就是它的仆人。在白日梦中，肉体肆意地体验着毫无意义的奢侈享受，做出荒诞不经的挥霍行动，过分地消耗生命……但是为了说明孩童若是一味循着自己的天性，可能会走上偏离正道的歪路，我还将特地讲述两段令我体验到生理快感的主题描写，其中一段是在非常无意的情况下打动我的，此段描写出自乔治·桑写的那部诱人的小说《格里布伊勒》①。一天正下着大雨，格里布伊勒跳进河里，正如他那几个邪恶的兄弟所言，他这样做不是为了避雨，而是为了躲开他的弟兄们，因为他们都笑话他。跳入水中后，格里布伊勒挣扎了一会儿，试图游起来。过了一段时间，他决定不再挣扎、听天由命。一旦不再挣扎，格里布伊勒就漂了起来。然后，他就觉得自己变小、变轻了，变得怪怪的，像是个植物人。他全身上下都长出了树叶，没过多久，就化作了一根细长而美丽的橡木枝条，微微荡漾着的河水最终把他带到了岸边。这太荒谬了！但这恰恰就是我要讲述这段描写的原因，我说的是真事，而不是我认为能让我受到褒奖的事情。无疑，"诺昂的祖母"根本无意于写下令人泄气的情节。我却亲眼看到，学

---

① 乔治·桑（1804—1876）是法国著名的女作家，她在诺昂（见后文"诺昂的祖母"）这个地方长大，小写的格里布伊勒（gribouille）在法语里意为"笨蛋"。

校里的男同学们在读《阿佛洛狄忒》①时，一点儿都没有遇到麻烦，而我在读到格里布伊勒变形这一段时，却感到非常困惑，尽管当时的我还是个懵懂天真的小男孩。

另一段令我体验到生理快感的主题描写出自德·塞居尔夫人写的一部冒着傻气的短剧本《贾斯汀娜小姐的晚餐》。有一段这样写道：仆人们趁着主人外出，打算享受一番饕餮盛宴。他们把碗橱扫荡一空，腹中和口中都塞满了食物。突然就在贾斯汀娜俯身从碗橱里端出一摞盘子时，马车夫偷偷地溜到她身后猛地拦腰抱住了她。怕痒的贾斯汀娜被他这一抱，便脱了手，一摞盘子全都摔在了地上，哗啦一下摔了个稀巴烂。看到此处，我居然乐不可支、心醉神迷。

大约就在那时，一个我常常在姨妈德马雷斯特家看到的身材娇小的女裁缝经常到母亲这里来缝补衣服，她叫康斯坦丝。康斯坦丝有些驼背，肤色透亮，眼神淘气，走起路来一瘸一拐的，但十分心灵手巧。母亲在场时，康斯坦丝说话还算规矩，一旦母亲走开，她就口无遮拦了。为了方便起见，她被安排在我房间里干活儿，我屋里的光线更充足。她在我屋里经常一待就是一个下午，我在她的陪伴下度过了一小时又一小时。母亲平时是个非常细致、极为周到的人，她对我的关心中带着焦虑，用不了多久，我就觉得这种关心真是烦人透顶。这样一位母亲怎么偏偏就在这个问题上放松了警惕呢？不过，因为康斯坦丝和我的对话本来就很不规矩，我又是个非常迟钝的人，听不懂她的意思，因此在玛丽被逗得哈哈大笑、以手帕掩面时，我却不知道她

---

① 阿佛洛狄忒是希腊神话中司爱情与美丽的女神。

为什么会笑成这样。不过，康斯坦丝说过的话远没有她唱过的歌多。她的声音悦耳，对那样一个极其娇小的人来说，那声音可说是格外饱满。对此，康斯坦丝分外地引以为荣，因为声音出众是她唯一可以为自己博得虚荣的资本。她整天都在唱歌，她常说自己要是不唱歌，便连缝纫活儿都干不好，她的歌声从未停止过。天哪！那是些什么样的歌曲啊！康斯坦丝可能曾公开表示过，她唱的根本就不是什么伤风败俗的淫词艳曲，这话可能不假。可她唱的却真正是愚词蠢曲，它们玷污了我的大脑。要是我能忘掉那些歌曲该有多好啊！唉！一首首金曲雅乐我统统没能记住，这些靡靡之音却余音不绝，就好比我第一天听到它们时那样清楚真切。

哦！卢梭在晚年时仍然动情地记得，幼年时姑姑甘希拉为了哄他入睡，曾哼过一些令人陶醉的小曲儿，我难道也会直到生命末了时，仍能听到康斯坦丝和着华尔兹舞曲，用她惯常的声音哼唱着下面这种歌词吗？

> 我说，妈咪，云雀是个啥东西？
> 我们认识这只可爱的小云雀吗？
> 它不是棒棒糖吗？
> 它其实不就是润喉糖吗？

一首无伤大雅的通俗歌曲有什么可大惊小怪的嘛！

是的，我明白。不过，令我反感的倒不是歌曲本身，而是从中得到的那种乐趣，我似乎看到一种可耻的品位开始在这乐曲中形成了，这种品位以下流、愚蠢和无比庸俗为美。我这样贬低自己并不苛刻，因为马上我就会向大家展示，我性格当中还是有一些方面（尽管我当时尚未意识到）终究会令我讲求道德的。与此同时，我仍然是个榆木疙瘩，距离开窍还远得很。我记得那时的我木讷迟钝，我徒劳地梳理着那段时光，试图在那个小男孩身上找到一星半点儿能说明自己富有潜质的迹象。我当时的心灵和头脑似乎都陷入了黑暗之中。我把自己的反应笨拙归咎于安娜的无微不至。来自同一时期的另一段记忆将能够更好地展现我那个成长迟滞的人生阶段，彼时，我的童年迟迟不愿落幕，就像是懒得动弹的蛆虫。

我八岁时，父母把我送进了阿尔萨斯学校。我没有被安排到十年级，即年龄最小的孩子们读的年级，他们在格里希尔先生的教导下学习基础知识，而是被安排在威代尔先生负责的九年级。威代尔先生来自法国南部，是一个值得尊敬的说话有分寸的小个子男人，前额上盖着一层浪漫得出人意料的黑发。其实，威代尔先生整个人并不出彩，脾气也很温和，对比之下，那层黑发显得很是突兀。在我要讲述的这件事发生的数周或几天前，父亲曾带我去学校打算见见校长。彼时新学期已经开始，男孩子站在一旁，一边看着我们走过操场，一边在交头接耳："新来的！新来的！"我紧张地依偎在父亲身边。之后我便在同学当中落座了，尽管出于我马上就会告诉大家的原因，只坐了一会儿。

那天，威代尔先生在课堂上讲到，有时候一门语言当中的几个不同的词指代的都是同一个对象，这些词就叫作同义词。他给我们举了个例子：单词coudrier和noisetier指的都是榛树。之后，为了稍微活跃一下课堂氛围,他从讲课过渡到提问,让新来的小朋友纪德复述一下他刚才讲的内容……

我没有回答。我不会回答。但是威代尔先生却很亲切。带着一个好老师理应具有的那种耐心,把同义词的定义又重复了一遍,并且还举了同样的例子。可当他再次问我coudrier的同义词是哪个时,我还是张口结舌。为了给自己稍稍挽回些面子,他生气地命令我站到操场上去,并且念二十遍"coudrier是noisetier的同义词"。

看到我竟如此愚笨,全班同学都乐得前仰后合。我在操场上罚读完后被叫回教室,被第三次问及coudrier的同义词是什么,倘若当时我成心想出风头,完全可以回答"菜花"或"南瓜"。但是,不,我并不想出风头,也不喜欢被人嘲笑,我只是太笨了。也许,我当时只是心血来潮,突然想犯倔?不,其实也不是这样。我真的觉得当时我并不明白威代尔先生想让我或期望我回答什么。

由于当时的阿尔萨斯学校并不流行强制惩戒,为了能照顾自己的面子,威代尔先生只好给我下了一个"品行得分为零"的评语。这种惩罚其实同样很严厉,因为这纯粹是道德方面的惩罚。但是,这一惩罚对我却无丝毫的影响。我每周还是照常"品行得零分",要么就是在"听话并快速执行"方面得分为零,有时甚至两项都得零分,这完全是意料之中的。无须多言的是,我是班上成绩最差的几个学生之一。我再说一遍,那时的我还在昏睡,还未觉醒,尚未出世。

又过了没多久,出于其他一些非常特殊的原因,我休学了,我得鼓起勇气才能说出这些原因。

第三章

大家都非常清楚，我当时只是暂时休学。阿尔萨斯学校的校长布鲁尼格先生给我放了三个月的假，让我纠正威代尔先生发现的"种种坏习惯"。威代尔先生很容易地发现了我的这些坏习惯，因为我从来没有小心翼翼地试图掩饰它们，我也不太明白我的这些习惯为何会理所应当地招来斥责。彼时的我还活在（如果能被形容为活着的话）一种我刚刚描述过的半睡半醒的蠢笨状态中。

出事的前一天晚上，我家举办过一场宴会。我在口袋中塞满了没有吃完的甜点，那天早晨威代尔先生正在讲台上卖力地讲着课，我坐在自己的课桌上，一会儿回味自己的快感，一会儿玩弄巧克力。

突然，我听到自己被点名了。

"纪德！你怎么脸色通红啊？到这里来，给我讲讲怎么回事。"

我站起来，跨过四节台阶走上讲台，同学们在我身后窃笑，我的脸更红了。

我并不打算抵赖，威代尔先生俯身在我耳边问出第一个问题时，我就点头表示默认。然后便回到自己的座位上，此时的我无异于行尸走肉。但令我始料未及的是，这次盘问居然还有下文。在问话之前，威代尔先生不是保证过不把此事说出去吗?

当天晚上,我父亲还收到了校长写给他的信,让他在接下来的三个月里不要送我上学了。

阿尔萨斯学校素以其学生品行与道德端正闻名,这是该校的特色。因此布鲁尼格先生听闻我在上课时玩巧克力时,才会做出那样的决定。母亲后来告诉我,父亲收到校长的信后一度非常气愤,认为对我的惩罚太过突然且过分严厉。父亲没有在我面前露出怒色,但我却能看出他很沮丧。他非常认真地征求了母亲的意见,之后决定带我去看心理医生。

那位医生不是别人,正是布鲁阿戴尔医生,不久之后,他将成为一位声誉卓著的法医学专家。

我觉得母亲对那次心理咨询并没有抱多大的希望,只是觉得看了医生后多少会踏实一些,也许还能就如何与校方交涉得到一些不错的建议。母亲单独与布鲁阿戴尔医生聊了几分钟后便离开了心理咨询室,然后医生把我叫了进去。

"这一切是怎么回事我全明白,孩子,"布鲁阿戴尔医生故意用沙哑的声音说道,"没有必要对你进行检查或询问。不过,如果你母亲觉得有必要再次把你带到这里来,也就是说,如果你不学会如何表现得正常一些,那就看看你身后吧!"(此时,他的声音很可怕。)"这些都是万不得已时我们不得不采用的工具,用它们对像你这样的小孩子动手术!"他狠狠地瞪了我一眼,同时指着他椅子后面墙上挂着的那些令人望而生畏的图阿雷格①矛头。

---

① 图阿雷格人是撒哈拉沙漠中的一个游牧民族。

这样的恐吓对我来讲真是太无力了,我根本就没把它当回事。可母亲却焦虑不安,苦口婆心地告诫我,父亲则在沮丧中沉默着。看到父母如此,我那副因为被学校暂时开除而大受动摇的铁石心肠被感化了。母亲设法让我回心转意,同时也和安娜一起绞尽脑汁为我安排了一些可以散心的娱乐活动。那时正值世界博览会①即将开幕,我们便经常散步,一直走到会址周围的栅栏处,看看会展的准备工作……

三个月后,我回到了学校,坐回座位上。我的心病治好了,至少像曾经得过心病、后来被治好的那些人那样。可没过多久,我又被麻疹击倒了,身体病得很虚弱,父母决定再次让我休学,打算一直休息到来年。本来我可以从头再学,还在之前那个错过了很多课的班级复读。可还没等到假期开始,父母就带我离开巴黎,去了拉罗克。

1900年,我决定出售拉罗克的产业,凭借胆气和对未来的信心,以及(由于自和理论上的需要)对过去为了扩大那份产业而做出的努力感到厌恶(用今天的话来说,这种心态是未来主义),纵使感到后悔,我还是打落牙齿和血吞,咽下了这碗苦水。事实上,和后来的追悔莫及相比,我当时算不上有多后悔。我这样说并不是我一回想起拉罗克就会发现它有多美丽,而是多年之后,当我以旅游者的身份重回故地时,方能更好地领略那片巴掌大的谷地特有的幽静与迷人之处,可是当年,希望和欲望都在膨胀的我却一味觉得那块地方太过狭小。

---

① 1878年的巴黎世博会。

> 天空太矮小了，下面的树却太高大了。

当年，杰姆斯和我们待在一起时，曾在他写的一首挽歌中如此形容那片谷地。

我在《背德者》中描述的正是那片谷地以及我们在那里的住所。那片乡野的外观给了我灵感，从而有了那本书的场景，但我在写那本书的过程中，从头到尾都在致力于对原型展开更深层次的复述。

拉罗克的那块谷地是我外祖父母当年买下来的，便门上立着一块黑色的大理石板，上面刻着这样一段铭文：

CONDIDIT A 1577 NOB. DOM. FRANCISCUS
LABBEY DO ROQUAE.
MAGNAM PARTEM DESRRRUXIT A 1792
SCELESTE TUMULTUANTIUM TURBA
REFECIT A 1803 CONDITORIS AT NEPOS
NOBILIS DOMINUS PETRUS ELIAS MARIA
LABBEY DO ROQUAEM, MILES

我逐字逐句抄下了这几句话，并没有管上面的拉丁文是什么意思[①]。

[①] 这几句拉丁文粗略的意思是，拉罗克这片建筑群始建于1577年，1792年好像遭到了一次破坏，1803年又得到修缮。同时记载下了始建者和修缮者的名字。

总之，从这些文字中一眼就能看出，拉罗克建筑群主体部分的建成年代还是很晚的，唯一的迷人之处在于这些建筑的外墙都覆盖着紫藤。不过作为厨房的几栋建筑以及便门却小巧而精致，模仿了更早时期的迷人样式：在一层砖头上砌一层石块，再砌一层砖头，上面再砌石块，如此反复砌成。整个建筑群周围有一圈较宽但很浅的壕沟，壕沟里的水来自附近那条河。一条两岸生长着开花的勿忘我的小溪接纳了河水，再经由一袭瀑布把河水倾泻到壕沟里。安娜的房间就在瀑布旁，她把那道瀑布称为"我的瀑布"。一切事物都属于懂得享受其乐趣的人。

便门的对面，建筑群所在的这个小岛的外面，一汪细泉从地下冒了出来，河水的潺潺声便与瀑布的歌声以及这汪泉水永无止息的咕咕声夹杂在了一起。我们的饮用水就是这冰凉刺骨的泉水，夏天，盛放泉水的水瓶外面会凝结出一层水汽。

成群的燕子不断在屋子上空盘旋着，为了免受侵扰，它们把用泥土做的窝搭在屋檐下和窗洞中，这样就没有动物对雏燕虎视眈眈了。当我回想起拉罗克时，脑海里首先就会回想起那些燕子的叫声。当它们从头顶上掠过时，青空似乎都被割裂了。我也时常在别处看到过燕子，可我从未在别的地方听到当年拉罗克的那些燕子的叫声。我觉得燕子只有在盘旋的过程中，每每经过自己的巢穴时才会发出那种叫声。有时燕子飞得太高，若是盯着它们看，不免觉得头晕目眩，这种情况往往发生在晴天。有时风云突变，燕子便降低高度，它们简直就是晴雨表。安娜告诉我，这是因为燕子追逐的小飞虫会随着气压的高低起伏而忽上忽下地飞行。有时我还看到，燕子大胆地振翅俯冲，几乎贴着水面掠过。

"要下大雨了。"此时，母亲和安娜总是这样说。

突然就下起了雨，雨声很快便和溪流声、泉水声以及瀑布声混在一起。瓢泼大雨如一根根银线般落在壕沟的水面上。此时，我便把胳膊肘支在临着壕沟的某扇窗户的窗台上，百看不厌地盯着水面上无数的漩涡，只见它们不断地生成、扩散、相交、消失，有时中间还会有一个巨大的气泡突然爆裂。

拉罗克的这份产业传到我外祖父母手上时，那时得穿过田野、树林和农家场院才能找到唯一的入口。外祖母和她的邻居基佐先生①共同出资修了一条路，这条路在拉布瓦西耶接入卡昂至丽雪的公路，先是通往基佐先生居住的勃郎克麦斯尼，然后通往拉罗克。拉罗克连通外界的路修好后，外祖父便建了一座砖桥以替代之前那座小吊桥，那吊桥保养起来要耗费不少钱，自打砖桥造好后，就再也没有吊起来过。

一个孩子住在一座岛上，一座很小很小的岛，而且，只要他愿意随时都可以逃离这座岛，有什么词能够形容这个孩子因此体验到的那种快乐呢？一道砖墙保护着这座岛，把岛上的各个建筑连为一体。其内墙上爬满了厚厚的常春藤，顶部较宽，可以放心大胆地在上面行走。可你如果想钓鱼，站在墙顶上就不太合适了，因为那样很容易暴露，更好的方案是倚靠在外墙上。外墙直接没入水中，墙壁上随处可见细叶冷水麻、缬草、草莓、虎耳草，有的地方甚至还长着一小丛灌木，母亲看到灌木便摇摇头，因为灌木会造成墙砖松动，不过，安娜

---

① 弗朗索瓦·皮埃尔·纪尧姆·基佐（1787—1874），法国政治家、历史学家。

总是劝她不要除掉那些灌木,因为有一只山雀在灌木丛中搭了窝。

主屋前面有个院子,夹在便门和充当厨房的那几间屋子当中,站在院子当中眺望,目光可以越过壕沟与护墙,继而穿过花园,一直望到远处那看不到尽头的山谷深处。如果两边的山再高一点儿,山谷就显得狭窄了。山谷右侧有一条路沿着山脚蜿蜒而去,先是通往康布勒梅尔和莱奥帕尔蒂耶,然后继续往前直达海边。草地边缘有一段作为界线的扎得很厚实的树篱,几乎完全遮住了视线,令人无法看到那条道路。不过,若是沿着相反的方向从那条路上走过来,也只能偶尔看到拉罗克,比如,河岸边的缓坡上开垦了一些田块,那段树篱中间有一扇门通往这些田块,若是朝这扇门看过去,便能看到拉罗克了。这片谷地中时而可见一小片长势喜人的树林,时而可见安静的奶牛卧在自己的影子中歇息,偶尔还可以在路边和河边看到一棵孤零零的树,整个山谷看上去好比一座风景明媚、环境幽静的公园。

护墙内的那一片开阔地带被我叫作院子,暂时还想不出更好听的名字,姑且先这么叫吧。院子的地上铺着碎石子。院子与主屋之间隔着一段距离,这片隔离带形成了一个花坛,种着天竺葵、灯笼海棠和袖珍玫瑰树。再往后是一片三角形的草坪,草坪上种着一棵极为高大的相思槐,比主屋还要高出一大截。晴朗的夏日里,我们通常坐在树下纳凉,它是岛上仅有的一棵树。

只有朝下游看过去时,视野才会变得开阔,也就是说,只有站在主屋前远眺时,视野才开阔起来。在这个方向上,山谷在两溪交汇处变宽。其中一条从勃郎克麦斯尼穿过树林流过来;另一条来自两英里外的拉罗克村,穿过草地后流过来。壕沟的另一面即朝着勃郎克麦斯尼的方向，可以看到一片长满了草的陡坡，这片坡地叫勒鲁勒克斯草地，父亲死后没几年，母亲便在花园里添置了这片草地。母亲在草地上栽了两三丛树，深思熟虑之后，又留出了两条走道，它们富有艺术美感地蜿蜒着穿过草地，直抵一扇小门，穿过这扇门就来到树林中了。走入树林后，你会为一股无比浓烈的神秘气息所笼罩，从那扇门在身后关上的那一刻起，我的心就激动得怦怦直跳。那片树林沿着山顶铺开，后面紧挨着的便是勃郎克麦斯尼的树林。父亲在世时，穿过这些树林通往外界的道路还少得可怜，似乎无法穿过这些树林，我一度以为它们比实际覆盖的面积更大。因此有一天，当母亲允许我独自进入那些树林时，我既害怕又绝望。母亲在军用地图上把那些树林的边界指给我看，我看到在它们的另一边又出现了草地与田地。我不太能说得准，在我的想象中，那些树林的另一边都有些什么，也许什么都没有。不过，如果我真的想象过有一些东西的话，肯定是一些与众不同的事物，而不是草地与田地。知道了那些森林的大小和边界后，它们对我的吸引力便大不如前了。那个年纪的我更喜欢亲身体验而非沉思想象，当时的我认为除了未知的事物，没有什么是值得追求的。

不过，我在拉罗克时并没有热衷于探险，而是更喜欢钓鱼。哦，钓鱼是运动中的运动，却得到了最不公平的待遇，简直是饱受非议！那些只会对这项运动指手画脚的人，不是不了解钓鱼就是傻瓜！我实在是太热爱钓鱼了，因此后来才会对射击表现得很不上心，不管怎样，就我们生活的这个国度而言，要想射击时打得又快又准，基本上是无须额外训练的。可是要想钓到鳟鱼，那就得讲究技巧，多动心思了。我刚刚学会走路时，我们的老管家博凯奇的侄子西奥多米尔就教过我如何摆放钓竿,如何放饵下钩。因为鳟鱼不仅最贪吃,也最狡猾。我钓鱼时当然是既不用钓浮也不用导线的,我打心底里看不上这些为傻子准备的渔具,它们什么用处都没有,只能惊走鱼。

我使用的是一种不同寻常的叫作"佛罗伦萨马鬃"的钓线。这种钓线是用蚕丝制成的,颜色微微发青,其优点是在水中几乎能化为无形,而且非常结实,完全能经受住壕沟中鳟鱼的拉扯。这些鳟鱼都很重,与三文鱼不分上下。我很喜欢钓这些鳟鱼,不仅因为其味道十分鲜美,最重要的是,它们比别处的鳟鱼更加容易受惊,因而捕捉它们也更加有趣。母亲见我如此喜爱钓鱼不免感到伤心,因为她认为钓鱼的运动量实在太小了。我强烈地反对给钓鱼这项运动不公正地贴上"懒人运动"标签,还要猛烈地抨击"钓鱼只需一动不动"这一错误观念。倘若是在更大的河中或是在静水中采用抛钓法钓一些不太爱动的鱼,钓鱼者可能不需要怎么运动。但是,倘若钓的是拉罗克小溪当中的鳟鱼,就完全是另外一回事了,因为钓鱼者必须要在那些鳟鱼经常出没的水域下钩才能惊动它们,它们很少因为受惊而主动游出自己的地盘。鳟鱼们一看到鱼饵,就垂涎三尺地猛扑上去。要是它们逡巡不前,那是因为除了鱼饵,它们还看到了别的东西,部分暴露在外的鱼钩、一段钓线,或是钓鱼人的影子,又或是听到了有人走近的脚步声。此时若延误时机便很不明智,你等的时间越长,快要上钩的鱼就越是会溜走。更好的办法是稍后杀个回马枪,回来时要更加小心翼翼,蹑手蹑脚地走到岸边,尽量藏在灌木丛中神不知鬼不觉地潜行,还要从尽可能远的地方甩出渔线,尽可能地远离树枝。河岸边的柳树与榛树枝繁叶茂、密不透风,偶尔有一些巨大的柳叶菜和石南夹杂其中。如果你不太走运，把渔线或是鱼钩甩到了树枝上，就得耗费好一番功夫才能把它们解下来，更不消说，你在大动干戈地解开缠在树枝上的渔线或鱼钩时，鱼儿被吓得一去不返。

拉罗克有很多供来访者居住的房间，但总是空着，这很好解释：父亲与鲁昂的亲戚们很少有共同语言，他在巴黎的那些同事也有各自的家庭和生活习惯……我唯一记得的访客就是多瓦尔先生。在我休学后的那个夏天，多瓦尔先生第一次来到拉罗克。父亲死后他又来过一两次，我怀疑母亲认为自己做了一件非常大胆的事情，她居然以寡妇的身份接待多瓦尔先生。

没有哪个社交圈子比我母亲一家踏入的那个圈子更加具有资产阶级情调了，尽管多瓦尔先生身上几乎没有波希米亚气息，却也算得上是个艺术家，也就是说，他和我们根本就不是一类人。他是音乐家，也是作曲家，他的一些朋友是更加出名的音乐家，比如古诺[①]，还有斯蒂芬·海勒[②]，多瓦尔先生有时去巴黎看望海勒。他住在鲁昂，当时已经接替嘉威莱-考尔，成了圣图安地方乐队的首席风琴手。由于他的观念与神职人员的高度一致，并且带有浓厚的宗教色彩，因而受到当地神职人员的照顾，慕名前来向他学琴的学生都来自鲁昂当地最好和最富有名望的那些家族，其中也包括我家。在这些人的圈子里，他即便不是备受尊敬，也至少是大受仰慕的。多瓦尔先生外表严肃、精力十足，浓密的黑发卷曲得厉害，胡子修剪得方方正正，平时总是一副心

[①] 查理·弗朗索瓦·古诺（1818—1893），法国作曲家。
[②] 斯蒂芬·海勒（1813—1888），匈牙利作曲家与钢琴家，出生于匈牙利，后移居巴黎。

不在焉的表情，但如果遇上事情，一瞬间就会变得暴跳如雷。他的声音虽谈不上多么动听，倒也悦耳、甜蜜，言行举止虽令人放松却不失威严。无论多瓦尔先生说了什么，也不管他如何行事，人们总能感觉到他身上有种自高自大和盛气凌人的气势。他那特别漂亮的双手柔软有力。一坐到钢琴前，他就变得容光焕发，产生一股即将升入天堂般的热情。他演奏时像是风琴手而非钢琴家，有时缺少微妙的变化。但他能够把行板演奏得出神入化，尤其是莫扎特的行板，他对莫扎特情有独钟，他总是喜欢笑着说："我的快板的确不值得夸赞，但若是论到舒缓的行板，我可以与鲁宾斯坦[1]媲美。"

说这话时，多瓦尔先生相当和气、极为坦率，听上去根本不像是在吹牛。我也真心认为，无论是鲁宾斯坦（我还无比清楚地记得他），还是这世上的其他人，在用C小调弹奏莫扎特的《幻想曲》时，或是在演奏贝多芬协奏曲中的某一段广板时，会比多瓦尔先生更能表现出悲剧般的壮美味道，更能演绎得富有温情和诗意，更能令人听上去有力与严肃。不过后来，多瓦尔先生常常令我大为恼怒：他对巴赫的部分赋格曲表示不能接受，说它们冗长且单调。如果说他喜爱优美动听的音乐，他却未能一视同仁地憎恶糟糕难听的音乐。他和他的朋友古诺臭味相投，都不公正且执拗地拒绝承认塞萨尔·弗兰克[2]等人在音乐方面的建树。不过，彼时的我刚刚开始在声音的世界中聆听领悟，在我心目中，多瓦尔先生简直就是驾驭各种声音的大师、先知与

---

[1] 安东·鲁宾斯坦（1829—1894），俄国钢琴家、作曲家。
[2] 塞萨尔·弗兰克（1822—1890），法国作曲家、管风琴演奏家。

魔术师。

每天吃过晚饭后，多瓦尔先生都会为我弹奏奏鸣曲、歌剧曲目和交响曲，让我那双白天饱受各种噪声蹂躏的耳朵享受一场音乐盛宴。我在听他弹奏时，一向要求准时，到时间就叫我去睡觉的母亲都允许我久久地坐着听音乐，一直听到睡觉时间过去之后很久。

我并没有假装自己早熟，必须要承认的还有，那些让我收获了巨大快乐的音乐，几乎全是在父亲去世后的两三年内，多瓦尔先生最后造访我家的那些夜晚奏响的。母亲为了响应多瓦尔先生的建议，常常带我去听音乐会。为了说明音乐会的确令我受益匪浅，我还要每天吟唱或吹奏一小段一小段的交响曲。多瓦尔先生当时接管了我的教育。他让我在钢琴前坐下，每教我弹奏一曲，就想出一段"乐曲报道"。这是一种口头伴奏，不仅会解说乐曲，还会赋予乐曲生命。一切都变成了一段对话或一个故事。对一个小孩子而言，如果这些故事比较合适，并且不算太无聊，那么，这种教学方法虽说有些做作，倒是个不错的方法。千万不要忘了，我当时只有12岁。

下午，多瓦尔先生一般会谱曲。安娜有时充当他的秘书。此前，他已经对安娜开展过训练，教她学会了听音写谱。彼时，多瓦尔先生的视力已经开始退化，他不仅要让安娜帮他看谱，还需要有个人供他使唤，以过足其喜欢横行霸道的瘾，母亲就是这样说他的。安娜甘愿听从他的差遣。多瓦尔先生早晨散步时，安娜常陪护在他左右，若是他感到热了，安娜就帮他脱下外套并拿在手里，她还替他撑着遮阳伞，以免太阳刺眼。母亲反对安娜如此纵容他，多瓦尔先生对这些迁就照单全收，这令母亲十分气愤。母亲劈头盖脸地挖苦多瓦尔先生，试图让他看在就连她也要顾及的脸面上，稍微收敛一下，可无论母亲怎么挖苦，都没有直击要害，多瓦尔先生淡淡一笑便应付过去了。在多瓦尔先生几乎完全失明后很久，母亲仍然和许多人一样，对他正在变瞎表示半信半疑，甚至仍然怪他是在开玩笑，事实上他"没那么瞎"。母亲认为多瓦尔先生故意巴结、含沙射影、诡计多端、斤斤计较、严厉苛刻。的确，这些都是他的缺点，可他毕竟是位音乐家。

吃饭时，多瓦尔先生那双藏在眼镜后面的半明半暗的眼睛，有时会射出茫然的目光。那双像摆在琴键上一样摊在桌子上的大手，也躁动起来。此时，要是有人跟他说话，他便被吓一跳，然后才回过神来，说道："请再来一遍，我现在用的是降E调。"

表兄阿尔伯特·德马雷斯特比我年长20岁，但当时的我觉得他对我很有吸引力。阿尔伯特与"多瓦尔老爹"的关系非常好，他常常以自己那种热忱的方式这么称呼多瓦尔先生。阿尔伯特是母亲家族中出的唯一一名艺术家，他酷爱音乐，喜欢惬意地独自弹钢琴。事实上，音乐是阿尔伯特与多瓦尔先生唯一的共同语言，而在其他无论哪个方面，他俩都可谓两个极端。"多瓦尔老爹"性格当中的每一处毛病，到了阿尔伯特身上都摇身一变，成为截然相反的品质。多瓦尔先生有多狡猾和油嘴滑舌，阿尔伯特就有多耿直和坦率，多瓦尔先生有多唯利是图，阿尔伯特就有多慷慨大方，如此等等，不一而足。但是，总是对自己性格上的弱点不当回事的和善的阿尔伯特却管理不好自己的生活。他不重视维护自身利益，开展事业时常常受挫，因而家里人也根本没把他当回事。多瓦尔先生总是管阿尔伯特叫"亲爱的老伯弟"，语气中带着一种监护人式的溺爱，还带有一点儿怜悯的味道。

至于阿尔伯特，虽然他也欣赏多瓦尔先生的才能，却看不起他，认为他算不上男子汉。后来阿尔伯特告诉我，一天多瓦尔亲吻安娜时正好被他撞见。考虑到安娜的脸面，他假装没有看到。但等到只有他和多瓦尔先生两个人在场时："你那样做是什么意思？"高大强壮的阿尔伯特厉声质问道，同时将这位音乐大师拎起来抵在克罗斯涅街上那间公寓客厅的墙上。

"我亲爱的老伯弟，"多瓦尔结结巴巴地说，"不要这么不开窍嘛！你难道看不出来，那只是开个玩笑。"

"你这畜生！"阿尔伯特嚷道，"如果再让我抓到你开这样的玩笑，我就……"

"我当时真是特别气愤，"阿尔伯特又说道，"要是他胆敢再说一句废话，我肯定会拧断他的脖子。"

大概是在我被迫休学后的那个假期过后，阿尔伯特·德马雷斯特开始注意到我。他在我身上发现什么能引起他同情的东西了吗？我不得而知。但我认为我对他的关注感激不尽，因为我觉得自己非常不值得别人关注。于是我立刻投桃报李，力争让自己更加值得同情。同情心可能会唤起人身上许多尚未觉醒的品质。我常常想，那些最浑蛋的流氓，想必都是年少时既没有被友善地对待过，也没有被疼爱过。无疑，令人奇怪的是，父母的关爱并未能令我满足。不仅如此，很快我就觉得相比父母的褒奖，我更在意阿尔伯特对我的赞同。

我清楚地记得那是一个秋夜，晚餐后，阿尔伯特在父亲书房的一角和我聊天，当时父母正和德马雷斯特姨妈还有安娜玩比齐克牌戏。

起先，阿尔伯特低声对我说，除了我自己，他发现我对生活中的其他事物并未表现出兴趣。而这是自我主义者的特征，他据此高度怀疑我是个自我主义者。

阿尔伯特怎么看都不像是个喜欢打探别人隐私的人。他似乎是一个思想开放、神秘古怪的家伙，浑身洋溢着幽默与愉快的气息。他的责怪中不含丝毫敌意，相反我觉得他的话之所以听上去有些刺耳，是因为他喜欢我，这很重要。在那之前，从未有人那样和我说过话。无疑，阿尔伯特的话比他自己料想的更加深入我心，也比我自己直到后来才意识到的更加打动我。大体来说，我最不喜欢我的朋友纵容别人。阿尔伯特不是个喜欢纵容人的人。如果有需要，他会热情地张开双臂抱住对方。尽管我当时尚未非常清楚地意识到这一点，但我的确期望他能抱抱我。

父母送我返回学校后，我进入九年级复读，前一年，我在这个班里上了好多课。因此我没下多少功夫就取得了不错的成绩，这让我突然爱上了学习。

那一年的冬天寒冷又漫长。母亲让我学习溜冰，这可真是个好主意。父亲同事的两个儿子——儒勒·查尔第尼尔和朱利安·查尔第尼尔和我一起学习，弟弟朱利安是我的同班同学。我们非常卖力地学着，都想胜过对方，我们很快就掌握了非常娴熟的溜冰技术。我特别喜爱溜冰这项运动，起初，我们时常在卢森堡公园的池塘上练习，之后便跑到墨东森林的维勒朋水池或宽阔的凡尔赛运河上练习。地上积了厚厚的雪，雪上又结了厚厚的冰，我记得从图尔农街出发，可以一路溜至阿尔萨斯学校。该校在阿萨斯街上，也就是说在卢森堡公园的另一边，根本无须脱下溜冰鞋。巨大的卢森堡公园两边的积雪堆得很高，像我那样静静地沿着公园里的道路滑行，真是太好玩、太奇妙了，远远超出了我能形容的程度。打那之后，我再也没有见过那样的冬天。

我和查尔第尼尔哥俩儿算不上是真正的朋友。儒勒年龄太大，朱利安格外蠢笨。但双方父母对孩子之间友谊的看法却类似于家长对两家结亲时所抱有的那种看法，大人们不错过每一个把我们安排到一起的机会。我每天都能在学校里见到朱利安，走路和滑冰时还能见到。我们上着同样的课，遇到同样的麻烦，分享着同样的快乐。不过我们之间的相似之处仅限于此，而且只有在一起时才彼此相似。九年级的教室里还坐着其他同学，他们当中可能有人会让我觉得更加亲近。可他们的父亲，唉！却不是法学院的老师。

周二下午两点到五点，阿尔萨斯学校的学生们（至少是我们这些小学生）会在一位老师的带领下到以下这些地方参观：圣礼拜堂、巴黎圣母院、先贤祠和工艺美术博物馆（这座博物馆里有一间小黑屋，里有一面小镜子，经由一套别出心裁的窥镜装置，人们可以在这面小镜子里看到一幅令人愉悦的微缩街景，其中的人物是活动的，约有丹尼尔斯①画作中的人物那么大。除此之外，这座博物馆里的其他展品都流露出死寂的沉闷感），还有荣军院、卢浮宫，以及一处位于蒙苏里

---

① 大卫·丹尼尔斯（1610—1690），比利时画家。

公园里的非常特别的地方，此处名叫寰宇天地。其中有一处破败不堪的花园，其主人是个穿着羊驼呢绒衣服的脾气古怪的人，此公把花园布置成沙盘的样子。

沙盘中的山脉以假山代表，湖泊虽以水泥封底加固，却还是干涸了，几尾闷闷不乐的金鱼在形似地中海的水池中游来游去，似乎想让人注意到那形似靴子的微缩版意大利半岛。老师有时叫我们指出喀尔巴阡山的位置，此时那个古怪的花园主人就拿着一根长棍，划出国界、点出城镇，还夸夸其谈地指点一些奇异的装置给我们看，当我们想让他把那些装置拿出来瞧瞧时，他就详细地解释一番其工作原理。我们快要离开时，老师会称赞这位园主一番，说他很有耐心，此时，他便自命不凡地回敬道："若是没有思想，耐心也是枉然。"

我在想，这位怪人不知道现在是否还活在世上。

校长布鲁尼格先生有时会亲自带队，同行的还有威代尔先生，为了表示敬意，威代尔先生知趣地退居幕后。布鲁尼格先生总是带我们去植物园参观那些黑乎乎的屋子，里面摆放着一些动物标本（此时，新博物馆尚未开建），我们停在一只巨龟前，这只地位尊贵的巨龟独自享有一间玻璃展柜。布鲁尼格先生把我们聚拢成一圈，然后问道："喂，孩子们！告诉我，这只龟有多少颗牙齿？"（我必须要解释一下，尽管这只龟是个标本，却张着嘴，形态自然，栩栩如生。）"数数看，慢慢数。现在，你们知道了吗？"

可我们才不要数呢，我们早就认识这只巨龟。我们都不禁笑出声来，但还是假装在数，我们相互推搡着，都想争取到一个更好的视角。杜布雷德坚称他只能看到两颗牙齿,可他喜欢开玩笑,他的话不能当真。比格·万兹一直盯着那只龟,不停地大声数着,一直数过了60。此时,布鲁尼格先生和蔼地笑着打断了他,只有和善的人才能对孩子们露出那种笑容。

"你没有答到点子上,"布鲁尼格先生引用了拉·封丹①的话说道,"你离正确答案还差得远呢。你数得越多,距离正确答案就越远。我最好还是不让你再数下去了。你们可能会非常吃惊,你们以为是牙齿的那些东西,其实只是些微小的软骨状凸起组织。龟类根本就没有牙齿。龟类和鸟类相似,它们只有喙。"

"哦!哦!"我们都礼貌地作恍然大悟状。

这一荒唐的表演我参加了三次。

每周二下午外出参观时,家长们会给朱利安和我每人两个苏的零花钱。大人们会事先商量一番。母亲从来不愿意给我的钱比查尔第尼尔夫人给朱利安的钱多。由于朱利安家没有我们家阔绰,因而一般都是查尔第尼尔夫人决定给孩子们多少钱合适。

"两个这般年纪的孩子要是有50生丁,会买些什么呢?"查尔第尼尔夫人曾这样感叹过。于是,我母亲便同意,给孩子两个苏②"足矣"。

我们一般在老克莱蒙的杂货铺里花掉那两个苏。这家铺子在卢

---

① 拉·封丹(1621—1695),法国著名文学家,擅长写寓言。
② 1苏=5生丁。

森堡公园离学校最近的那个入口处,背靠公园围栏。那是一间漆成绿色的小木屋,就是公园长椅的那种绿色。老克莱蒙身着一件肉贩子常穿的蓝色围裙,出售各种小玩意儿:弹子、金龟子、陀螺、椰子,苹果、樱桃或薄荷味的麦芽糖,打成卷、看起来像是手表弹簧的甘草糖,还有那些填装了白色与粉色茴芹籽的玻璃管,管子的两头用粉色的棉絮和软木塞封住。茴芹籽不怎么好玩,不过,要是把它们倒出来,空了的玻璃管便可以用作射豆玩具枪。我们也买一些贴着"樱桃白兰地""茴香酒""陈皮酒"等标签的小瓶子,为的是把它们倒空后当作吸杯或蚂蟥吸附在嘴唇上,我们觉得这样做很有意思。朱利安和我常常分享彼此买来的东西,因而从来不会事先不问过对方就去买东西。

又过了一年,查尔第尼尔夫人和母亲都觉得,也许可以把每周一次给孩子的"奖赏"提高至50生丁。零花钱的标准提高后,我至少养得起蚕了。蚕还没有它们要吃的桑叶贵,每隔两周,我就去圣萨尔派斯街上的一家草药商那里买些桑叶。朱利安一看到蚕就恶心,宣称他以后喜欢什么就买什么,不再征求我的意见了。这件事让我俩产生了隔阂。周二,当同学们需要两两配对外出参观时,我俩都另寻了合适的伙伴。

我真正地喜欢过一个同学,他是俄国人,他的名字我得到学校的名册上查一查。我多么希望有人能告诉我他后来怎么样了啊!他体弱多病,脸色格外苍白,浅黄色的头发非常长,眼睛无比湛蓝。说话时像是在奏乐,带着点儿口音。他全身上下散发着诗人般的气息,我认为个中缘由是,他觉得自己很弱小,需要被爱。其他同学都瞧不起他，他也很少参与游戏。不过只要他一看向我，我就觉得与其他同学一起玩是可耻的。我记得在开展某些娱乐活动时，会突然发现他眼巴巴地在一旁瞅着我，然后我便撤出游戏，转而和他一起玩。其他同学因此取笑我。那时的我渴望有人去攻击那个俄国男孩，那样我就可以冲过去保护他了。在绘画课上老师允许我们非常小声地说话，我俩坐在一起，他告诉我他父亲是个著名的科学家。我没敢向他打听他母亲的情况，也没有问他是怎么来到巴黎的。一个晴朗的日子里，他没有来上学，从此便杳无音讯，没有人能告诉我，他究竟是病了还是回俄国了。我也不好意思向老师们打听他的下落。我就这样把人生中头一次体会到的最深切的苦痛埋藏在心中的隐秘之处了。

母亲非常细心，不想让我从她给我买的各种吃穿用的物件上看出我家的家境远远好于查尔第尼尔家。

朱利安穿什么我就穿什么，和他一样，我穿的也是在贝勒·查尔第尼尔服装店买的成衣。我格外在意自己的穿着，无法容忍总是穿得很寒酸。要是能穿上水手装再戴上贝雷帽，或是全身上下都穿丝绒衣服，我肯定乐得飘飘然，像是上了九重天。可是查尔第尼尔夫人才不会给朱利安穿那些衣服哩。因此我只好穿着褴褛的小大衣、在膝盖处收紧的衬裤，以及条纹袜，那种袜子太短了，不是像快要凋谢的郁金香那样无精打采地垂着，就是令人尴尬地陷入靴子中。我还得穿一件最让我难受的衣服，一件上过浆的衬衫。我得一直等到快成年时，才可以穿前襟没有上浆的衬衫。给衬衫上浆这种做法是当时的习惯和潮流，每件衬衫都得上浆。如果说最后我终于能够按照自己的想法穿衣打扮了，那也是因为潮流变了。想象一下，一个不幸的少年不得不年复一年地在外衣下穿一件配有领圈的类似白色护胸甲的内衬——玩游戏和上课时都穿着它——别人看不到这件内衬，因为它藏在外衣下面，穿上它就像穿上一副枷锁。洗衣女工大概以同样的价格，把固定衣领的领圈以及衬衫的其余部位都上了浆。如果这种护胸甲式内衬与衬衫大小不搭配（这种情况十有八九会发生），就会把衬衫搞得满是褶皱，如果穿着它的那个孩子正好爱出汗，可想而知，他的衬衫前襟会是多么的惨不忍睹啊。想想看，穿这么一件怪衣服去玩游戏，将是一幅什么样的场景！要是再戴上一顶傻得可笑的圆顶黑礼帽，就成了十足的丑八怪……啊！今天的孩子们真是身在福中不知福啊！

我还喜欢跑步，除了阿德里安·莫纳德，班上没有谁能跑得过我。在体操课上，我的爬杆和攀绳更胜莫纳德一筹。我玩吊环、单杠和双杠也是一流高手，但我不擅长软杠（高空秋千），一上去就头晕。晴朗的夏夜，我常常和几个同学玩球，我们在卢森堡公园（就在老克莱蒙的杂货店附近）的一条宽阔的走道上会合。不过遗憾的是，我们玩的不是足球，尽管它看上去很像足球。我们玩球时没有多少规则，只是禁止踢球。即便如此，我们还是玩得不亦乐乎。

不过，关于那时我穿的衣服我还有话要说。每年到了米迦莱姆日[①]，帕斯考德体育馆都为主顾的孩子们举办一场舞会，一场穿着奇装异服参加的舞会。我只要一想到母亲同意我参加这场舞会，只要一开

[①] 天主教的一种狂欢日，在四旬斋（据《圣经·新约》记载，耶稣在开始传教前，曾于旷野祈祷守斋了40个昼夜，四旬斋即为了纪念此事。此节也叫大斋节，在天主教国家，一般为每年的2月4日至3月11日。）的第三个星期的星期四。

始盼望这场舞会，就因为可以化装而兴奋不已。今天的我时常想，当时究竟是什么令我极度兴奋呢？是否仅仅因为可以借助化装掩饰自己的特点？真的吗！那个年纪的我居然就已经产生了这样的想法？不，那种抑制不住的快乐源自：可以穿得花花绿绿、光鲜闪亮，可以打扮得奇特有趣、装作另一个人……不过，当我听说查尔第尼尔夫人公开表示朱利安应当打扮成糕点师傅的样子去参加舞会时，美好的心情顿时荡然无存。

"孩子们的头等大事便是，"查尔第尼尔夫人对母亲提出了她的看法，母亲立刻表示赞同，"他们应该打扮得精神点儿，不是吗？至于看上去有多帅气倒在其次。"

我一听就知道不能随心所欲地装扮了。两位母亲在研究了贝勒·查尔第尼尔服装店的商品名录后，发现"糕点师服"位于名录的最下面，价格最低。那份名录以"小侯爵服"打头，越往下档次越低，依次是"骑兵装""潘奇装""步兵装""那不勒斯装"。我重复一遍，"糕点师服"几乎"不用花钱"。

我穿着围裙、套着袖套、戴着帽子，它们都是厚白棉布材质的，简直成了一条塞进口袋里的手帕。母亲见我非常沮丧，便善解人意地允许我带上一口深平底锅，一口真正的平底铜锅，还将一把木勺别在我的腰带上，母亲心想，有了这些厨具，我这身平淡无奇的服装可能会出彩一些。她还往我的围裙口袋里塞了一些甜饼干："拿去分发给别的小朋友。"

我一踏进舞厅就发现，至少有二十个"小糕点师傅"。太多了，足足有一大群。我带去的那口平底锅太大，碍手碍脚的。更添乱的是，我居然突然爱上了，是的，的的确确是爱上了一个比我稍大一点儿的小男孩，时至今日，我仍然记得他是那样苗条、风雅、健谈。

这个小男孩打扮成小精灵，或者说是小丑，他穿着黑色的紧身衣，衣服上贴着钢铁似的金属亮片，这身衣服完美地贴合着他修长的身形。

当别人都围拢过来看他时，他便蹦蹦跳跳、昂首阔步、嘻嘻哈哈，仿佛沉浸在胜利与喜悦中。我盯着宛如精灵的他挪不开眼睛。我渴望能引起他的注意，同时又害怕他看到我，因为我的这身装扮实在是太可笑了。我觉得自己又丑陋又可怜。在两个单足旋转动作之间，他停下来喘了口气，只见他走到一位想必是他母亲的女士跟前，向她要了一块手帕，擦了擦前额，他早已满头大汗，接着他解下额头上的黑色带箍，这是用来绑牢两只象征小孩子的角的。我走到他跟前，拙嘴笨舌地送给他几块饼干。他说了句"谢谢"，漫不经心地拿了一块便转身走了。不久，我带着一颗破碎的心离开了舞会，回到家时表情很是绝望，母亲见状便许诺我，明年我可以装扮成"那不勒斯流浪者"去参加舞会。是的，我也觉得打扮成那样才有参加奇装异服舞会的味道。也许装扮成小精灵的那个男孩也有着同样的想法……翌年的舞会上，我打扮成了"流浪者"。可是，小精灵却没有来。

升入八年级后，母亲让我寄宿在学校，我已经不再去试图理解她为何这样做了。原则上阿尔萨斯学校是反对学生住校的，而且该校也没有学生宿舍。不过该校倒是鼓励老师留宿学生。我被安排在威代尔先生家里，尽管我已经不在他班上了。威代尔先生住的那栋房子原本是属于圣伯夫①的，走道尽头摆放着他的半身像，我初见此像，惊讶地发现这位怪异的"女圣人"②原来是一位戴着流苏帽子的老先生。威代尔先生的确告诉过我们，圣伯夫是"一位伟大的评论家"，可小孩子是很容易轻信歪理邪说，一旦被误导，认知就会被局限。

寄宿在威代尔先生家的学生有五六个，占据了两三间卧室。我住在二楼的一间房间里，室友是一个自命不凡、冷淡孤傲、与世无争的家伙，名叫洛索。其他人，我已经没什么印象了。

不，我还记得一个美国孩子巴内特，他上学的第一天用墨水画了假胡子，当时我很钦佩他。巴内特穿着宽松的运动衫和肥大的灯笼裤。尽管长了一脸的麻点儿，却十分开朗。他看上去快乐、健康，内心似乎总是难以平静，不断地做出非常危险的怪异举动。我觉得巴内特是个很有声望、头戴光环的人，他的魅力令我迷恋。他总是喜欢把笔在乱糟糟的头发中乱插一通。巴内特入住威代尔先生家的那天，我们正在屋后的小花园里玩耍，他径直闯进来站定，得意地往后伸展着双肩，然后在我们的眼皮子底下，他居然朝空中撒尿。我们被他厚颜无耻的行动震惊了。

那座小花园见证了许多男孩子间的打斗场景。我总是非常温和，甚至是过于软弱，我讨厌看到同龄人之间发生摩擦与口角，而且坚信一旦与别人发生冲突，自己肯定是最讨不到便宜的。说到此处，我必须讲述一件事情，每每想到此事，我的内心仍然怨恨不已。一天，我

---

① 圣伯夫（1804—1869），法国文学评论家，他是将传记方式引入文学批评的第一人。
② 圣伯夫名字当中的Sainte，在法语中是阴性，阳性为Saint。

正途经卢森堡公园从学校回家，我走的那条路紧贴公园的围栏，就在威代尔先生家那座小花园的对面，虽然不是通常走的那条路，但也不绕路。我正往前走着，突然遇到一群来自公立学校的少年，我觉得在他们眼中，阿尔萨斯学校的学生都是讨人恨的贵族子弟。从他们身旁走过时我注意到，他们奚落我、嘲笑我，对我投来饱含恶意的目光，我置之不理，尽量显得体面地继续前行。可突然之间，他们当中块头最大的那个男孩走到我跟前。我的心都快沉到靴子里了，见他在我面前站定，我便结结巴巴地问道："你……你……你想干吗？"

他不回答，而是走到我的左侧与我并排同行。我盯着地面继续朝前走，却始终觉得他在盯着我，其他人也在后面盯着我。我当时都想坐在地上不走了。

"瞧！这就是我要干的！"大块头突然说话了，照着我的眼睛就是一记重拳。

我被打得眼冒金星，朝一棵七叶树栽过去，摔进了树下用来浇水的沟渠中。我从沟里爬起来，满身泥污，不知所措。

我的眼睛被打肿了，疼得厉害，那时我还不知道眼睛是弹性很好的器官，我觉得自己的眼球被打出来了。眼泪随之夺眶而出。"完了，"我暗道不好，"眼球都跑出来了。"但令我更痛苦的是，我听到大块头的同伴都在幸灾乐祸地大笑，为那个家伙欢呼。

我不愿意挨打，同样不喜欢打人。威代尔老师家还住着一个非常高大、颧骨低平、头发颜色好似胡萝卜的男孩（幸运的是，我已经想不起来他叫什么了），他看我比较老实，不喜欢惹是生非，便得寸进尺地狠狠欺负我。我对他的讽刺欺辱再三忍让，但终于有一次我勃然大怒，冲上去扑到他身上，其他同学见了聚拢过来，把我俩围在了当中。他比我高大强壮许多，可我突然发难，占得了先机。令我自己都感到吃惊的是，被怒火点燃的我力量似乎增长了十倍，我挥拳痛击他、猛推他，两三下就把他打倒在地。然后趁着他还没来得及爬起来，为胜利陶醉的我又像古人那样（或是像我心目中的古人那样）上去揪住他，把他按在地上，我揪住他的头发拖行，直到手里都是揪下来的头发。由于抓了满满一把油乎乎的头发，我甚至有点儿恶心。最重要的是，我对自己居然能打赢他感到非常惊讶，在那之前，我是绝对打不得过他的，假如我胆敢去挑战他，必输无疑。那次打架后，我赢得了同学们的敬重，此后很久都没有人敢再找我的麻烦。同时也让我坚信，只要一个人敢于尝试，看上去不可能完成的事情也能完成。

九月的一段时间我是在尼姆郊区的庄园里度过的，那个庄园属于叔叔查理·纪德的岳父，我叔叔那时刚刚结婚。从尼姆回家后，父亲感到身体不适，他以为是在尼姆时吃了无花果导致的，其实是因为他得了肠结核，母亲大概是知道实情的。那个年代，结核病是一种大家希望治好而不肯承认的病。

父亲病入膏肓，回天无力。那一年（1880）的10月28日，父亲安静地离世了。

我不记得自己是否看过父亲去世时的场景，只记得父亲临终前几天躺在病床上的模样。他面前放着一本打开的书，反扣在床上，只能看到棕色的书皮。母亲后来告诉我，那是一本柏拉图的著作。

父亲逝世时，我正在威代尔老师家，不记得当时是谁来接我回家的，可能是安娜。我在回家的路上听到了父亲去世的噩耗。可直到我踏入家门，看到母亲身穿重孝时，才悲从中来。母亲当时没有哭，在我面前她抑制住了自己的悲痛。我到家之前，母亲肯定已经哭了很久。我倒在母亲怀中呜咽起来。母亲担心神经受到过度的刺激可能会对我不好，于是便劝我去喝点儿茶。我坐在母亲的腿上，她端着茶杯，一次喂我满满一勺茶水，我记得母亲对我挤出一丝微笑："好好喝吧，喝吧！看看这一勺茶是不是能顺利地喝下去！"

突然之间，我觉得自己被母亲的爱环抱住了。从此以后，母亲便只把我一个人捧在手心里。

当时的我根本无法认识到，父亲离世对我而言意味着什么样的损失。如果我能认识到的话，就会谈谈当时有多么悲痛了，可是，唉！我当时最在意的居然是，丧失了父亲的我在同学们那里会获得什么样的安慰。想想看吧！每一位同学都写信慰问我，就像我父亲当年获得表彰时同事都写信祝贺他一样。父亲死后不久我便获悉，亲戚家的兄弟姐妹们要来吊唁。母亲决定不让我去参加父亲的丧礼，长辈们随母亲一道护送灵车，埃玛努埃莱和苏珊娜留在家中陪伴我。我一看到她俩就很高兴，几乎冲淡了丧父之痛。现在，我该说说她们的故事了。

第四章

　　埃玛努埃莱比我大两岁，苏珊娜几乎和我同龄，露易丝比我小一点儿。至于爱德华和乔治，当时都被笼统地称为"男孩们"，好像要尽可能把他们喊小一点儿，当时在我们眼中，他俩其实是可以忽略不计的，因为他们刚刚开始蹒跚学步。埃玛努埃莱太安静了，不是我的理想玩伴。一旦我们的游戏变得"粗鲁"甚至吵闹，她就会撤出，拿着一本书独自走开，我们觉得她像个被大家抛弃了的人。不管别人怎么喊都叫不动她。对她而言，外面的世界似乎并不存在，她已经意识不到自己身在何处，有时甚至会从椅子上摔下来。埃玛努埃莱从不和别人争吵，她非常自然地放弃自己应得的机会、地位和份额，总是对此报以优雅的微笑。人们不免会想，埃玛努埃莱如此行事，并非因为她很有道德，而是她喜欢这样做，倘若她不这样做，是否将付出更大的代价。

　　苏珊娜更加大胆，做起事来不假思索。不管什么游戏，只要有她参与，就变得生动有趣起来。我更喜欢和苏珊娜玩，也喜欢和露易丝玩，前提是她没有生闷气，因为露易丝的脾气不如她的两个姐姐平和。

我为何非要说说我们当年玩的那些游戏呢？我并不认为它们与别的孩子玩的游戏有什么两样，只是我们在玩那些游戏时更有激情。

舅舅、舅妈带着他们的五个孩子住在乐加街上。和其他讨人嫌弃的外省城市的街道一样，乐加街上既没有店铺，也没有任何能让人兴奋的事物，整条街毫无特色，一点儿都不吸引人。在抵达那更加令人昏昏欲睡的码头之前，会经过一家"上帝的旅馆"或医院，这家医院就是福楼拜父母的故居所在地，福楼拜的哥哥阿基利曾在此行医，更早时福楼拜的父亲也曾在此行医。

舅舅家的那栋屋子像乐加街一样平淡无奇、毫无特点。关于这间屋子暂且就说这么多，之后我将详细地介绍它。我更多地是在别处见到舅舅家的几个孩子的。比起在克罗斯涅街见面，我更愿意在乡下见到他们，每年夏天，我常常和他们一起过上几个星期，有时是他们来拉罗克，有时是我们去库沃维尔，舅舅的乡间产业就在那里。那些年里，我们一起玩耍、上课、成长。

我们过着形影不离的生活，我们有着共同的计划和愿望，入夜，家长叫我们各自回去睡觉时，我常常产生这种只有孩子才有的天真想法："现在一切都很好，可惜我们还太小，假以时日，我们便永远都不再分开，哪怕是在夜里。"

我正在当年库沃维尔的花园里写这部自传，从那时直到现在，这座花园的变化极小。那片被修剪过的紫杉木围着的空地还在，我们当年就是在这里玩丢沙包的。不远处，我们的小花园从"花径"处开始铺展开去。我们练体操的操场位于一棵银石灰树的树荫下，埃玛努埃莱在体操场上总是缩手缩脚，与她形成对照的是苏珊娜在这里大展身手。还有花园里比较阴暗的那块地方——"黑暗小道",每逢晴朗的夜晚,吃过晚饭后,舅舅常常避开众人,独自在"黑暗小道"上散步。要是天气不好,舅舅就会在晚饭后大声朗读沃尔特·斯科特爵士①的一部小说给我们听,那部小说似乎永远也读不完。

屋前的那株高大的雪松如今已经长得无比挺拔高大了,我们当年常常爬上它的树枝,一待就是几个小时,每个人都在树上划分了一块属于自己的地盘,然后相互串门。有时我们坐在高高的树枝上,用鱼钩或套索捕鱼。苏珊娜和我经常一口气爬到树梢上去,然后对下面的人大喊:"大海,哦!我们能看见大海!"天气晴好时,我们真能看到远处有一条细窄的银带,那便是15公里外的大海。

不,事实上,这座花园里的一切都没有改变,时至今日,我仍然能在内心深处一眼认出当年还是一个小男孩的我。但行文至此,我们并非要追忆如此遥远的过去。父亲去世后,埃玛努埃莱和苏珊娜来巴黎陪伴我时,小时候我们曾一起玩过的那些游戏,已经增添了另一种乐趣。

母亲听从娘家人的劝说,同意在鲁昂度过服丧的第一阶段。她不放心把我独自留宿在威代尔先生那里。于是我便开始了一段不太规律的生活,同时接受了毫无计划的教育,后来我才发现,这种教育远非我这种人能承受得了的。

父亲去世的那一年冬天,我们是在克罗斯涅街上舅舅亨利·荣多克斯的住处度过的。

---

① 沃尔特·斯科特(1771—1832),生于苏格兰的英国诗人与小说家。

每天我都跟着胡阿特先生学一点儿东西，胡阿特先生也给表妹露易丝上课。他采用空白的"骨架"地图教我地理，我得在地图上找出并填上地名，还得把那些仔细描出的浅淡轮廓线描黑。在这种教学方式下，孩子的精力锐减，最后什么都记不住。那些地理课给我留下的唯一印象就是胡阿特先生长着铲子般的手指，当他在地图上来回移动手指时，它们看上去格外的扁平、粗大而结实。

那年冬天，我得到的新年礼物是一台类似复印机的机器，记不得是什么牌子的。这台复印机，其实就是涂抹了胶状物质的金属片，使用时先把刚写了字的纸放在上面，然后再放上用来复印的纸张。我们办的家庭报纸是否就是受到了这件礼物的启发呢？还是说恰恰相反，我们先有了办报纸的计划，然后才有了这份礼物？究竟是谁在先并不重要，总之，一份小小的家庭报由此得以创办。印出来的仅有的几期家庭报我没有保留下来，只记得上面刊登了表亲们写的散文和诗。至于我自己嘛，只是贡献了几页摘抄，原文来自几位最优秀的作家。由于心怀谦恭，我并未对原作做任何评论，我真心觉得，相较自己的创作而言，表亲们肯定更喜欢读到布封①笔下的"松鼠是一种迷人的小动物"，以及布瓦洛②书信中的只言片语，事实上也本该如此。

舅舅亨利·荣多克斯是一家印花亚麻布工厂的厂长，该厂位于勒胡尔姆，距离鲁昂市区仅四五公里。我们经常去舅舅的工厂里驾马车玩。工厂隔壁原本有一栋朴实无华的方形小房子，但它太不起眼了，

---

① 布封（1707—1788），法国著名的博物学家、数学家、宇宙学家。
② 尼古拉·布瓦洛（1636—1711），法国诗人与文学批评家。

根本没给我留下过什么印象。舅舅把这间小房子扒掉后重新建了栋房子，重建的房子即便不在原址上也离原址很近，面朝之后将要成为花园的那块地方。新房子是一栋看上去很气派、很引人注目的建筑，是海边别墅与诺曼底住宅的混搭风格。

亨利舅舅是个优质男人，脾气和善，是个称职的父亲，就是过于平淡了。他其貌不扬，脸庞并不比他那寡淡的性格更吸引人。如前所述，舅舅大约十八岁时皈依了罗马天主教。一天，外祖母走进了儿子的房间，打开壁橱时，她被里面的一件看不太清楚的物件吓得往后退了一步，那是一座圣母祭坛。

亨利·荣多克斯一家人经常看《小丑报》，这是教皇派办的一种连环画报，其创办初衷是为了惹恼茹费里①。这份小报满是粗制滥造的插图，极尽讽刺之能事，其中就包括把茹费里这位"东京佬"②总理的大鼻子画成大象鼻子，表弟罗伯特见了捧腹大笑。在勒胡尔姆的那间舅舅新造的房子里，一期期《小丑报》咄咄逼人地摊开在客厅和台球室的桌子上，哪里有《十字架报》哪里就有《小丑报》，若是来访者的价值观与主人的不同，看到《小丑报》时就会很不舒服。德马雷斯特姨父和姨妈还有母亲，都假装没有注意到《小丑报》，阿尔伯特愤愤不平地压低声音抱怨一番。尽管与舅舅一家人的政治立场和宗教信仰不同，母亲还是喜欢一团和气，她不光和自己的长兄关系不错，

---

① 茹费里（1832—1893），法国政治家，曾两次出任总理，第二次担任总理期间，因为中法战争失利而被迫辞职。另外，下文所说的东京，是越南语"北部地区"的音译，指包括河内及其附近地区在内的今越南北部的大部分地区。
② 茹费里担任总理期间，东京被法国人占领了。

还尤其擅长与自己的嫂子鲁塞尔相处。我的这位舅妈是个能力出众的管理者，非常理智，同时也特别重感情，在这些方面恰恰与其丈夫形成鲜明的对比。而且人们觉得鲁塞勒比她丈夫要强，因为一个道德水平与其妻子不分上下的男人必定会非常聪明地加以掩饰，好让别人觉得，他并不比自己的妻子弱多少。亨利舅舅死后，接管工厂的不是罗伯特而是舅妈，舅舅死于我回忆的这段往事中最后一年的次年。记得有一次工人们举行罢工，独当一面与罢工者对峙的也是舅妈。

勒胡尔姆的这座工厂是鲁昂最重要的工厂之一，那时鲁昂的贸易比较繁荣。工厂并不生产亚麻布，只负责在上面印花。但印花有许多道工序，需要雇用大批工人。工厂不远处的一片田地中，有一间高耸的棚屋，湿布都被挂在其中晾干。棚屋的侧面是斜条格子结构的，穿棚而过的风把一匹匹亚麻布吹得不停摇摆，发出神秘的噗噗声与沙沙声。

踏上一段摇摇晃晃的"之"字形楼梯，穿过许多小楼梯平台、走廊和过道后，人很容易迷失在一座由无数竖挂着的布条组成的"迷宫"里，这些白色的布条凉飕飕的，都静静地挂在那里，微微飘动着。河边有一间总是关着门的小房子，染料就是在那里秘密制成的，那里飘出一股令人好奇的味道，让人越闻越爱闻。我非常喜欢在这间屋子里待上几个小时，看着待染的布被发亮的黄铜滚轴卷下去，再出来时就会变得色彩缤纷，仿佛有了生命。我们这些小孩子未经允许是不得擅自入内的，但可以随意进入那间大仓库，只要门开着就行。那间仓库是一栋非常宽敞的建筑，已经染好、打包并准备运往交易市场的一捆捆布匹，被整齐有序地堆放在仓库里。仓库每层设有三条轨道，小货车可以贯穿整间仓库，沿着三条相互平行的走道从一间储物室开到另一间储物室，走道两边都可以停车，停车后，旁边就是或满或空的货架。苏珊娜、露易丝和我各自挑一台货车坐上去，开始激动人心的比赛。埃玛努埃莱不跟我们三个进仓库玩，因为只有三台货车，而且她也不喜欢刺激，其实主要是因为她并不确定大人们是否允许这样做。

紧挨着工厂有一片广阔的农场，农场里有一个示范家禽场以及一间巨大的谷仓，表弟罗伯特在这里养了一种特殊品种的兔子供自己玩乐。农场里有大堆大堆砍下来的枝条，兔子可以在里面挖洞做穴。表弟不在时，我常常在那里待上几个小时，或坐或躺在稻草堆上，看着那些奇特的小动物们打闹嬉戏。

花园夹在路边的墙壁与河岸之间，被挤压成了一片狭窄的地带。花园中间有一方面积狭小、形状扭曲的水塘，想必当年这水塘会很讨福楼拜的欢心。水塘上架着一座模样滑稽的玩具铁桥。塘底浇筑了水泥，爬满了石蛾幼虫，它们裹着一层嫩枝似的奇特外皮，看着像是碎草木屑。我曾试着在一个盆子里养了一些石蛾幼虫，可还没来得及见证它们羽化，就不得不离开了勒胡尔姆。

那时，我从把玩生物中得到了很多快乐，后来我怀疑自己是否还能从书本、音乐还是绘画等事物中收获同样的快乐。我成功地让苏珊娜也迷上了昆虫，她至少愿意陪我外出猎捕昆虫，每当我为了搜寻屎壳郎、埋葬虫、魔鬼隐翅虫而翻开动物粪便和腐肉时，苏珊娜都不会觉得恶心。可以说家人们最终对我在博物方面所做的研究工作表示了尊重，因为在外祖母的一位堂亲菲力克斯·阿奇迈德·布歇[①]去世时，尽管我只是个孩子，大人们还是把他收集的昆虫标本全部转交给了我。布歇是一位性格执拗的老科学家，曾经因为坚持突变论或自然发生说这一大胆的理论而名噪一时，他的这一理论和巴斯德的看法相反。并不是人人都能炫耀自己有个叫阿奇迈德的亲戚的。我多么希望自己能够结识他啊！不过正如我后面提到的，我和布歇的儿子乔治见过几次面，乔治当时在鲁昂的自然史博物馆担任教员。

在大人们眼中，我居然有资格收下这样一份大礼：足足装满了24只浮标线盒的各类昆虫标本，且做了分类，放置妥当，贴了标签，这令我非常满意。但我却不记得我是否从此事中收获了巨大的快乐。和这份宝贵的礼物相比，我自己收集的那一点点昆虫标本相形见绌，可我却认为，自己亲自捉到昆虫后做成的标本反而要珍贵得多。令我乐此不疲的并非收集昆虫标本，而是捕捉昆虫。我曾多少次在梦里回到给予我快乐的法国的乡间僻壤呵！那里到处可见蝎子与锹螂，锹螂是欧洲甲虫中个头最大的一种，尽管在拉罗克见不到它们。但在勃郎克麦斯尼的锯木厂旁边，我在一个年深日久的锯末堆脚下发现了一群犀甲虫（独角仙）。这些犀甲虫模样威猛，体表像是涂了一层红褐色的清漆，个头几乎与锹螂不分上下，双眼之间长着一只向上翘着的角，它们正是因此得名的。第一次看到它们时，我高兴坏了。

如果往锯末堆中深挖，就能发现犀甲虫的幼虫，它们是身形巨大的白色蛆虫，有些类似鳃角金龟的幼虫。还会发现一串串软乎乎、大

[①] 菲力克斯·阿奇迈德·布歇（1800—1872），法国博物学家。

如西洋李子的白色虫卵，这些虫卵全都粘在一起，我刚刚看到这些虫卵时大吃一惊。

尽管这些虫卵外面并没有真正意义上的保护壳，却几乎不可能遭到破坏，别说破坏了，甚至很难撕开虫卵外面那层羊皮纸似的软皮，可一旦撕开，那就开眼了！里面会游出一条细细的青草蛇来！

我去拉罗克时随身带了不少犀甲虫的幼虫，我把它们养在一只铺满锯末的盒子当中。可它们总是还没来得及成蛹就死了，我想原因是在完成羽化、蜕变为成虫之前，这些幼虫需要往下深挖，把自己埋入土中。

利奥内尔·德·R也曾帮我捕捉过昆虫，我俩恰好同岁。利奥内尔和妹妹都是孤儿，他们和外祖父基佐先生住在勃郎克麦斯尼，他们的叔叔，也就是基佐先生的女婿负责照看他们的生活。那时，我往往在周日去勃郎克麦斯尼。表亲们和我们在一起玩耍时，各自的保姆也常常陪护左右。勃郎克麦斯尼之行非常令人愉悦，我们都穿着节日才穿的好衣服，去别人家做客是件苦差事。尽管利奥内尔后来和我相处得亲密无间，但在当时我看来，他就是个调皮捣蛋、精力旺盛、专横霸道的男孩子。利奥内尔的双腿像鸡腿，头发像是狐狸尾巴，爱出汗，稍一激动就满脸通红。他最爱玩的游戏就是一把夺过我那顶崭新、漂亮的巴拿马草帽，然后把它扔到禁止进入的大丽花坛里。或是命令那只巨大的纽芬兰犬慕斯把我们撞倒在地。有时我们去找表亲们玩，表姐们的年龄比我们要大得多，我们通常开心地玩一种类似于"囚徒基地"的游戏。可下午茶刚过，游戏真正开始好玩的时候，保姆们却喊住我们，回家的时候到了。其中的一次回家之旅我至今仍记忆犹新。

当时我们正在路上走着,一场骇人的雷暴突然袭来。厚重的紫色云团铺满天空,一时之间电闪雷鸣、狂风大作、冰雹砸下,此情此景宛如炼狱。我们都加快了步伐,想赶在沦为落汤鸡之前回到家中。可暴风雨却逼近我们,直追过来,仿佛就是冲着我们来的。我们切身体会到了直面威胁时的那种恐惧。因此我们按照习惯反思当天的行为,大家相互质问,试图发现究竟是谁干了坏事,惹得天上那位人人害怕的主神发怒。

然而,我们没有发现有人犯下了不可饶恕的罪行,最后,苏珊娜宣称:"干坏事的肯定是那几个保姆!"

我们拔腿就跑,把罪人们抛在身后,让她们接受天神震怒的惩罚。

在拉罗克,我师从圣图安学校的老师塔布莱勒先生,这所学校(是基佐先生亲自创办的)在勃郎克麦斯尼镇上。是的,塔布莱勒先生讲起课来索然无味,很难令人兴奋。有一次他正在上课,一只女贞鹰蛾偏偏赶在这个时候破蛹。这只鹰蛾是我养大的,幼虫成蛹后,我一直小心翼翼地把它放在一只狭小的敞开的盒子中,它就静静地躺在盒子里,仿佛是石棺中的一具木乃伊。我每天都会检查一下,却从未觉察到哪怕一丝最微小的变化,要不是当我用笔尖轻戳其腹部时,这只带着些许生气的蛹发出了微微的抖动,我可能就不再指望它能羽化成蛾了。被戳到时,这只蛹真是活力十足啊!那天,塔布莱勒先生正在给我讲解做错的算术题,可我却盯着那只装着虫蛹的盒子。哦,变幻不定的普罗透斯①啊！我看到了什么？翅膀！巨大的绿色与粉色相间的翅膀从蛹中挣扎而出、振翅欲飞！

我惊叹不已、欣喜若狂，兴冲冲地手舞足蹈起来，为了获得一种更加神圣的感觉，我情不自禁地一把拽住了老塔布莱勒那肥厚的手。

"哦，塔布莱勒先生！看哪！我万万想不到……"

我言犹未尽地及时打住了，因为我本来想说的是："我万万想不到，在您给我讲解这些枯燥的算术题时，生命中的一个奥秘，我期盼了很久的这么大的一个奥秘，竟然就在我手边发生着！"堪比拉撒路②的复活啊！这是一次蜕变，一个我不曾目睹过的奇迹……

塔布莱勒先生是一位颇有教养的先生，他不失冷静，同时也略带吃惊、稍显不满地责备我道："什么？"他说，"你难道不知道，蛹里包裹着的就是蝴蝶吗？你看到的每一只蝴蝶都来自一只蛹，这是自然界中非常常见的现象。"

听到此处，我放开了他的手。其实我很懂自然现象，也许比他懂得还要多……但是，恰恰因为这是自然现象，难道他就不能从中发现这也是一种奇迹吗？真是个可怜的家伙！从那天起，我就开始讨厌塔布莱勒先生，也不喜欢上他的课了。

1881年，我12岁那年，母亲对我断断续续的学习状况有些担忧，为我请了一位家庭教师。我不知道是谁向她推荐了加林先生。加林先

---

① 希腊神话中的一位海神，能够预知未来，善于变化外形。
② 拉撒路是《圣经》中的人物，他死后，耶稣使他复活。拉撒路是《圣经·约翰福音》中记载的人物，他病危时没等到耶稣的救治就死了，但耶稣一口断定他将复活，四天后拉撒路果然从山洞里走出来。

生是个可笑的嫩小伙儿,多半是神学专业的学生,近视且蠢笨,给我上课时他明显表现得比我更加无聊,经常废话连篇。他常常和我一起到树林中散步,毫不掩饰自己有多么厌恶乡野。每当他的夹鼻眼镜因为刮到榛树枝而掉下来时,我就幸灾乐祸地笑。加林先生不停地哼唱着《科内维尔的钟声》中的一支曲子中的一句:

> 轻浮的爱情啊,
> 我们不喜欢。

他装腔作势、自我陶醉的哼唱令我十分恼火,终于忍不住直接表示,唱这种冒傻气的小曲儿有什么可高兴的。

"你之所以觉得这支小曲儿蠢,"加林先生以一种高人一等的口吻接茬儿道,"是因为你还太小,听不懂它。事实上,这首曲子非常有趣。"

他接着又说,这首曲子是一部非常流行的歌剧里的一段倍受听众欣赏的曲调……无论他说什么,都只会令我越发鄙视他。

次年冬天母亲带我去了南方,这种三天打鱼两天晒网的教育方式要是能结出好果子来,那才真叫人吃惊呢。母亲无疑是在深思熟虑、权衡利弊之后才做出这个决定的,她做事向来三思而后行。这次她带我去南方,是不是又在担忧我的健康了?还是说,她被婶婶查理·纪德说服了?婶婶总是非常执拗地向别人推销她认为可行的想法。具体原因我不得而知,大人们的逻辑小孩子总是猜不透。

查理·纪德一家当时住在卡斯特诺①公馆的三层和顶层,那栋房子位于主教厅街的尽头,卡斯特诺一家把二层和底层留着自己住,底层更加宽敞,直通花园。他们一家人非常友好,允许我们进入花园,在我的记忆中,那座花园只是一片长着四季常青的橡树与月桂树的荒地,地理位置倒是非常理想。花园的一方高地构成了一个瞭望台,站在当中可以俯瞰瞭望台的一头以及市郊,若是远眺,还能看到远处的圣鲁普山。叔叔常从书房的窗口,远眺峰顶。

母亲和我没有寄宿在查理·纪德家,不知是出于谨慎,还是因为房间不够住,因为玛丽也和我们住在一起。也可能是因为母亲还在守丧,更喜欢独居。我们抵达蒙彼利埃后,先是在内韦特旅馆安顿下来,然后便在附近寻找家居设施齐全的房屋,以供过冬时居住。

母亲看上的那几间屋子在一条坡度较大的街上,那条街从大广场通往瞭望台的另一头,由于它紧挨着瞭望台的墙根,因而街上的房屋只分布在街道的一侧。距离大广场越远,那条街就变得愈加黑暗与肮脏。我们住的那栋房子大概位于大广场与瞭望台另一头的中段。

那套狭小的公寓丑陋、寒酸,家具也很肮脏。母亲的房间和用作餐厅的那间房间都朝着瞭望台。也就是说,屋里人的视线会被瞭望台那高大的充当台基的城墙挡住。我和玛丽的卧室朝着一座小花园,花园里没有花草树木,叫它后院更加合适。后院里长了两丛无叶灌木,女房东每周洗一次衣服,把脏水泼在上面,两丛灌木因而越发繁盛。一道矮墙将花园与隔壁的一个小院子隔开,冲着那座后院打开的

---

① 卡斯特诺(1851—1944),法国将军。

窗户更多。交织在一起的各种声音和混杂在一起的各种气味不断地从那些窗户里传来：喊声、歌声、油脂味、烘尿布的气味、拍打地毯的声音、倒夜壶的声音、小孩子的吵闹声，笼子里小鸟的尖叫声。还能看到饥肠辘辘的流浪猫从一个院子游荡到另一个院子。无事可做的周日，女房东的儿子和他那些十七八岁的狐朋狗友常捡了碎瓷片追打那些可怜的小动物。

我们每隔两三天就到查理·纪德家吃饭，他家饭菜的味道好极了，和我们在家时附近一家餐馆做好后送过来的难以下咽的吃食相比，一个天上一个地下。看到我们的吃住条件如此简陋邋遢，我不免觉得，父亲死后我们家的天就塌了，但我不敢去问母亲。无论我们租住的公寓多么令人不快，和我上的那所学校相比，它仍然堪称天堂。

我怀疑从拉伯雷①时代至今，那所学校是否有过改善。通往教室的入口毫无隐秘性可言，拿道先生喜欢让教室的门敞开着。同学们甚至会引诱大街上的狗走进教室并以此为乐。不，我肯定是记错了，教室的门不可能冲着大街。可我分明记得，一天，一只狗走进了教室，那只狗可能是门房养的……教室的墙上没有挂钩，我们无法把外衣等物品挂起来，干脆就把外衣当成坐垫，后面的同学会把它当作脚凳，因为我们都坐在一排排拾级而上的台阶上，伏在大腿上写字。

我们班的学习，甚至（事实上）整座学校的沉重都分成了两派：天主教派和新教派。回想当年去阿尔萨斯学校读书的头一天，我才知道自己原来是新教徒。第一节课下课时，同学们围上来问道："你是

---

① 弗朗索瓦·拉伯雷，文艺复兴时期法国人文主义作家之一，著有《巨人传》。

天主教徒还是新教徒？"

那时的我第一次听到这两个神秘兮兮的词语，彻底蒙了，因为父母一直都小心翼翼地不让我知道，不是所有的法国人都信奉同一种宗教。此外，我们家与鲁昂的亲戚相处得极为融洽，这也让我完全没有意识到，他们各自的宗教信仰其实是不同的。因此我回答不明白他们这样问是什么意思。一个热心的同学主动向我解释道："天主教徒就是信奉圣母玛利亚的人。"

听到这句解释后，我便告诉他们我是正宗的新教徒。非常难得的是我们当中没有犹太人，却有几个自命不凡的家伙，其中一个自大狂之前一直没有说话，这时突然开口了："我父亲是个无神论者。"那家伙用居高临下的语气说，我们听了都一头雾水。

我把"无神论者"这个词记了下来，回家后问母亲："无神论者是什么意思？"

"意思就是极其讨人厌的蠢人。"

这样的回答不能令我满意，我打破砂锅问到底继续催问。母亲被我问得不耐烦了，便像惯常那样打断我："你还太小，无法理解这个问题。"要么就是，"现在还不到时候，你还不需要弄懂这个问题。"（她有多种选择搪塞我，但每次我听了都非常抓狂。）

十一二岁的小朋友就关心无神论这样的问题，是不是有点儿奇怪？我觉得并不奇怪。这只不过反映了某一现象：所有的法国人，无论年龄大小，也不管来自哪个社会阶层，都有一种想选边站队、标明自己属于哪个派别的天生需求。

在学校被问及自己的宗教派别不久之后的一天，我正驾着马车行驶在布洛涅树林①里,同行的有利奥内尔·德·R和奥克戴夫·乔安-兰伯特,奥克戴夫是我的一位表亲,我们乘坐的就是他父母的马车,我在车上被他俩狠狠地教训了一顿。他们当时问我是保皇派还是共和派,我回答道:"这还用问,当然是共和派了。"当时我很不理解他们的问话,既然我们住在一个共和国里,那除了是共和派,还会有别的身份吗?听到我的回答,他俩立刻扑过来狠狠地揍了我一顿。回到家后,我立刻跑去问母亲:"难道那样回答不对吗?"

"亲爱的,"母亲迟疑了片刻后说道,"以后再有人问你是什么派,你就说你坚决拥护制宪会议。记住了吗?"

她让我复述这个出乎我意料的回答。

"可……这是什么意思呢?"

"管它什么意思,亲爱的,其他人也不见得比你更明白,你只要这样回答,他们就会放过你了。"

在蒙彼利埃,宗教信仰的问题倒不重要。不过,由于当地信奉天主教的贵族往往将其子弟送进耶稣会学校,上其他学校的男孩子便只剩下新教徒(他们相互之间几乎都以兄弟姊妹相称)和平民百姓了,平民百姓往往性情乖戾,对我们新教徒明显充满恨意。

我之所以说"我们",是因为我几乎立刻加入了同信新教的那群孩子当中,他们的父母都是我叔叔婶婶的朋友,我也曾被介绍给他们。

其中有韦斯特法尔、林哈尔特、加斯泰勒诺以及巴西勒家的孩

---

① 巴黎西郊的一片森林。

子，他们之间沾亲带故，对我都十分友善。他们并不都和我同一年级，不过我们在校外时经常会聚在一起。林哈尔特医生的两个儿子是这几个同学当中我见面最多的，他们都很坦率、开朗，就是有点儿喜欢捉弄人，但说句心里话，他们的确是极为称心的玩伴。尽管如此，与他俩做伴时，我还是很少能体验到快乐的感觉。我时常觉得，他们有些言论过于直白，有些行为过于敷衍，每当此时，我便更加不想说话，因为那时的我越发羞怯，时常心情低落、闷闷不乐，之所以还和同学们待在一起只是因为我实在找不到别的事情可做。同学们玩的游戏都是吵吵闹闹的，可我喜欢玩安安静静的游戏，同学们有多喜欢打打杀杀，我就有多喜欢安安静静。他们时常在放学后打架斗殴，但这还不够，他们还成天谈论枪炮、火药还有"甩炮"。甩炮是蒙彼利埃的男孩子发明的一种玩意儿，谢天谢地，我在巴黎时从未听说过甩炮。在一小片卷发纸里裹入一点儿硝石和一点儿沙子或碎石子，人行道上有人经过时，就把甩炮甩到那人脚下，便会听到一声巨响。林哈尔特兄弟头一回给我甩炮时，一回到我家那令人厌恶的住处，我就匆忙把它们扔进了盛着水的洗脸盆中。那哥俩儿把所有的零花钱都拿去买火药了，把别人作为新年礼物送给他们的几台黄铜制的玩具小炮塞满了火药，结果把炮弄炸膛了，当时我被吓得魂飞魄散。他们的爆炸试验搅得我心神不宁，令我非常讨厌。我搞不懂林哈尔特兄弟究竟能从玩弄枪炮火药中得到什么样该死的乐趣。他们把锡制的士兵玩偶编成军队，让它们列队射击。我也有锡制的士兵玩偶，也会摆弄它们，但我玩的却是熔化它们的游戏。熔化锡人时，你得先烧热一把铲子，然后把他们立在铲子上，一边加热一边观察，直到锡人突然摇晃起来。锡人先是会往前扑倒，头部先掉下来，用不了不久，因为受热而变得暗淡的锡人的军装里便露出一个得到了解放的小人，闪闪地发着光，仿佛是久经磨炼。我得打住了，继续讲述蒙彼利埃的那所学校。

阿尔萨斯学校在传统学校体制的基础上做了一些改善，尽管部分改善非常明智，但后来的经历却证明，它们反而不利于我。阿尔萨斯学校的老师们曾经教过我们，一首诗要以优雅的语调重读几遍，这和我天生的兴趣不谋而合。

可传统学校（至少蒙彼利埃的那所学校就很传统）常见的教学方法却是，以平淡不变的语调尽快地把诗或散文读一遍，这不仅完全破坏了文章的魅力，而且令其丧失了一切意义，读了也是白读，因为学生完全不知道为何要费力地学习这些文章。完全能想象得到，没有比这样学习文章更加令人讨厌和荒唐的了。在这种教学方式下，即便学生把所学的文章背得滚瓜烂熟也依然不知所云，甚至无法确定自己学的是不是一篇法语文章。轮到我背课文时（我希望自己能想起来当时背的是哪篇课文），我立刻意识到，纵使老师们煞费苦心，我也绝不能采用他们教我的方法，这种方法与我太格格不入了。于是，我便用在阿尔萨斯学校学会的方法背了起来。

我还没背完第一行大家就骚动起来，是那种真正遇到了令人震惊的事才会有的骚动，然后是一阵哄堂大笑。从前到后，从左到右，全班同学都乐得前仰后合，人人都在卖力地大笑，因为他们在学校时很少有这样开怀大笑的机会。同学们甚至一度止住笑声对我加以嘲弄，嘲弄得极具煽动性与挑逗性，就连拿道先生也禁不住笑了起来——至少他微笑了起来——大家看到老师也笑了，大受鼓舞，笑得更加肆无忌惮。我看到连老师也笑了，便觉得自己肯定要挨骂。当时的我不知怎地突然鼓起勇气，坚持着把整篇课文背完了。感谢上帝，那篇课文我早就烂熟于心了。然后，令我震惊，同时也令全班同学愕然的是，只听拿道先生以一种非常沉着冷静，甚至有点儿威严的口吻，在笑声终于平静下来时说道："纪德，十分（十分是最高分数）！小伙子们，你们觉得这很好笑吗？不，让我来告诉你们吧，你们其实都应该这样读诗。"

我的读法被老师认可了。老师的夸奖令我鹤立鸡群，同时也把同学们全都推到了我的对立面。这个年纪的学生就是这样，如果有人突然得到老师的青眼，他们就不会放过他。要是拿道先生存心想整我，他完全可以不那样做。显而易见，同学们都觉得我是在故意显摆，坚持认为我那样背诵课文滑稽又可笑。

最后的结果却是，大家都知道拿道先生给我开了小灶，而我开小灶，就是为了能在课堂上赢得拿道先生的表扬。

阿尔萨斯学校发起的诸多改革中有一项涉及拉丁语教学。传统学校的学生在九年级和十年级（最低年级）时就开始念念有词地学习rosa、rosae了。可阿尔萨斯学校的老师们却认为，哪怕学生从六年级才开始学习拉丁语，都有充足的时间可以赶在中学毕业会考之前，追上传统学校学生的水平。阿尔萨斯学校的学生会晚一点儿开始学习拉丁语，但在进度方面却毫不落后。中学毕业会考的成绩证明了这一点。这种拉丁语的教学方法本是非常奏效的，可我因为之前在阿尔萨斯学校上学时落下的课太多，在追赶进度的过程中便显得力不从心，尽管拿道先生孜孜不倦地教学，我还是很快败下阵来，不敢指望自己能赶上同学们的水平，他们已经在翻译维吉尔的作品了。我在灰心绝望中越陷越深。

话说那天我背诵课文时，虽说在同学们听来很愚蠢，却赢得了老师的赞赏，并且让我落下了一个爱表现的坏名声，从而让同学们有了敌视我的理由。起初和我交友的几个同学也抛弃了我，其他同学看到我没有了靠山，更加胆大妄为。我饱受嘲笑、痛打、追逐。一放学，他们就开始了对我的折磨，但他们没有一踏出校门就围攻我，因为我之前的那几个朋友不会任凭别人在自己的鼻子底下欺凌我，而是在拐过了第一个街角后才动手。那时的我多么害怕放学啊！一出校门，我拔腿就跑，尽量摆脱他们的纠缠。好在我家离学校不算太远，但我的敌人们会事先埋伏在路上等我。我害怕遭到突袭，总是设法绕上一大圈后才回家。那些欺负我的家伙意识到我绕道后便改变了策略，从一开始的跟踪变成了追捕。他们可能真的能从这样的追捕中获得乐趣，可我却觉得真正打动他们的不是对追捕的热爱，而是对我的憎恨，我是个招人恨的猎物。追捕我的几个家伙中，为首的是一家巡回马戏团经营者的儿子，名叫洛佩兹或特洛佩兹、戈麦兹，一个身材魁梧、好似运动员的毫无人性的畜生，他比其他同学高大得多，学习成绩年级垫底却引以为荣。我至今还清楚地记得他长什么样：一脸凶相、前额低平，头发粘在头皮上、油光可鉴，脖子上歪歪扭扭地系着一只深红色领结。他就是那帮欺负我的同学的头头，就是真正想放我血的家伙。有时候，回到家中的我看上去可怜兮兮的，衣服破了、满身泥污、鼻子出血、牙齿打战，因为受到了惊吓而萎靡不振。

可怜的母亲见我这样也是束手无策。最后，承蒙仁慈的上帝照顾，我终于得了一场重病，同学们对我的折磨随之告终了。

家人请来医生为我看病，我得了天花。我得救了！

我得到了精心的照料，按照正常情况，我的身体不久就可以复原。但随着我日渐康复，重新勒紧缰绳的日子也日益临近，我觉得自己被恐惧勒得透不过气来，一想起曾遭受过的那些折磨，我就感到难以言说的恐惧。在梦里，我又看到了残暴的戈麦兹，我气喘吁吁地逃离他带领的那伙人。一天，戈麦兹从排水沟里捡到一只死猫，他让其他人摁住我，把那只死猫在我脸上蹭来蹭去，我厌恶到无以复加。我常常满头大汗地惊醒，却发现自己陷入了新一轮的恐惧，因为我听到林哈尔特医生对我母亲说，用不了几天我就能康复，可以去上学了。一想到要去上学，我就怕得胆战心惊。不过，我并不想以此为理由避而不谈后来发生的事情。至于在我得了天花后出现的精神病态中，什么是真实的，什么是想象出来的，这个谜题只能交由神经病学家去解答了。

记得事情是这样发生的。我被允许起床后的第一天觉得有点儿头晕，走起路来踉踉跄跄的，卧床三周的我刚刚起床后出现这种情况是很正常的。我暗自寻思，如果头晕得再厉害一些，接下来会发生什么呢？哦，是的，想必我的头会往后倒去，膝盖会不听使唤（当时我正走在从我的卧室通往母亲卧室的小走廊上），想必我会突然倒在地上。"唔！"我对自己喊了一声，"假想中的场景真的发生了！"即便是在想象中我也能感觉到，若是屈从于自己的精神暗示，便觉得无比放松与舒缓。我往身后匆匆一瞥，好确定摔在哪里不会太疼……

我听到隔壁房间传来一声大喊，玛丽跑了过来。我知道母亲外出了,母亲在时我会有些不好意思,不忍心总是让她担心,可我却指望着有人能把我可以下床走动了这件事告诉她。第一次下床试走就取得了成功,我大受鼓舞,变得更加大胆、机敏,更加能够坚定地跟着自己的感觉活动了。

我又大胆尝试了几个动作,甚至做出一些节奏很快、断断续续的动作。有时也做出一些相反的、需要较长的时间才能完成的动作,我像跳舞那样有规律地重复着这些动作。我变得极为擅长跳此类舞蹈,没过多久,我自编自演的舞蹈节目就有不少了。其中,一种其实就是在原地不停地上下蹦跳;另一种是在窗户和床之间这一狭小的空间内来回走动,走到床边时就一屁股坐到床上,反弹起来站直后再跳向窗边,三步正好能跳到窗前,这样连续不停地跳上一个小时。我还喜欢跳另一种动作:迅速脱掉睡衣躺在床上,连续做高踢腿,动作幅度逐渐缩小,就像日本的杂耍人那样。

后来我经常责备自己,居然存心当着母亲的面那样作践自己呢?不过我也必须承认,如今看来,那些责备并没有那么充分的理由。我当年做出的那些"舞蹈"动作虽说可能是有意为之,却很难说是自愿的。也就是说,我当时是不由自主地跳那些舞的,是情不自禁的。但那些舞蹈却极大地放松了我。啊!后来每当我神经紧张、精神痛苦时,都会感到遗憾,慨叹自己不再年轻,想当年,一个单足旋转或是两个……

在我这种古怪的精神病发病之初,家人曾把林哈尔特医生请来看过,他非常确定地安慰母亲道:"精神问题。""没什么,只是精神有点儿紧张。"但是,由于我仍然在不断地蹦蹦跳跳、不好好走路,林哈尔特医生便叫来两名同行帮忙。那次会诊(我记不得为何要开展那次会诊了,也记不得是何时开展的了)[①]是在内韦特旅馆的一间房间里进行的。当时一共来了三名医生:林哈尔特医生、瑟隆医生和布瓦西尔医生。布瓦西尔医生来自拉马卢莱班[②],大人们本来打算把我送到那里。会诊时母亲也在场,但她一句话也没有说。

会诊刚刚开始时我有些烦躁不安。那几位老先生(其中两位胡子都白了)把我的身体扳过来再转过去,每个方向都转遍了,还用听诊器检查了我身体的各个部位,然后交头接耳地说了些什么。他们这是要把我从里到外检查一遍吗?他们当中看上去颇为严厉的瑟隆先生是否会说:"欠打屁股,夫人,这孩子只要狠狠地打一顿屁股就好了。"

不,事实上并没有出现我想象中的这些情景。他们越是细致地检查我,就越发坚定地认为,我这样子不是装病,而是真的病了。毕竟,难道有人认为,我比这些学富五车的先生更了解我自己吗?无疑是自认为装病的我错了。

那次会诊就这样结束了。

我穿上衣服。瑟隆像父亲一样俯下身来帮我穿衣。布瓦西尔上前拦住了他,我看到他朝瑟隆使了个眼色,于是便有一双猜忌的眼睛始终在观察我,我一直假装被蒙在鼓里。当我扣上外套的纽扣时,那

[①] 在回想那次会诊的过程中,我突然想起来,那次会诊想必是在我两次造访拉马卢莱班之间开展的,这便解释了为何我们是在旅馆里。——作者注
[②] 埃罗省西部小城,东距省会蒙彼利埃约60千米。

双眼睛仍然悄悄地盯着我的手指。"如果这个老家伙跟我一起去拉马卢,我可得当心了。"我暗忖,于是我在用手指笨拙地扣纽扣时,装作无意识的样子扭动了几下身体,故意栽倒在他身上。

有一个人坚决拒绝认真对待我的病,此人就是叔叔查理。当时我并不知道他其实拿谁的病都不当回事,我感到恼火,非常恼火。决定亮出我的撒手锏打败他的冷漠。哦!那件事真是要多糗就有多糗!要不是我决意不在这部自传中略去任何见不得人的糗事,肯定会略过的。

那件事发生在查理·纪德位于主教厅街那栋公寓的前厅里。当时叔叔刚刚离开书房,我知道过一会儿他还要回来,便躲在墙边的一张桌子下面。我静静地待着,想看看叔叔是否会注意到我。前厅很宽敞,他走得很慢,手里拿着报纸边走边看。倘若再迟疑片刻,他就会从我身边走过去了……我微微动了一下,发出一声呻吟。叔叔看到桌子下的我停下脚步,慢慢摘掉眼镜,目光越过报纸看向我:"喂!"他说道,"你在那里干什么呢?"

闻言,我的身体便扭动起来,我一边扭动一边带着哭腔,用我认为最能惹人同情的声音呜咽道:"哦,疼死我了!"

但我立刻意识到自己彻底演砸了。叔叔把眼镜架回到鼻子上,又把鼻子贴在报纸上,径直走向书房,冷漠地关上了房门。

哦,真丢人!我无计可施,只好从桌子下面钻出来,掸了掸衣服上的灰尘。我开始憎恶他,心里一直对此耿耿于怀。

风湿病人通常会留宿在下拉马卢,那里有几座浴场,浴场旁边有一座小镇,小镇里有一家赌场和几间店铺。

从下拉马卢出发走四公里便到了上拉马卢或老拉马卢,这里是共济失调患者的福地,关于上拉马卢,除了它原始的荒野面貌,没什么值得推荐的。这里有浴场、旅馆、一座礼拜堂、三栋别墅,其中一栋属于布瓦西尔医生。除此之外,没有其他建筑。那座浴场隐蔽在上拉马卢一条沟壑的断层之下,几乎难以看到。这条沟壑将旅馆的花园一分为二,一路悄悄往下,不动声色地直通河边。那时的拉马卢需要近观才会觉得景色宜人。由于视线较短,观景者不可能远眺,由此才会更加青睐特写而忽略全景,才会更加留恋随着自己的前行而渐次展开在眼前的藏在深山中的乡野之美,而不去贪图一下子便将此间的景色尽收眼底。

我们抵达拉马卢的那一天,我趁着母亲和玛丽忙着卸下行囊整理东西时,溜了出来。我跑进旅馆的花园,不停地往前跑,一直跑进那条狭窄的岩沟深处。沟壑两边都是高耸的覆盖着植物的陡峭岩壁,岩壁上高大的树木弯成了拱状。一条流经浴场的冒着热气的小溪在我身边潺潺流淌,溪底沉积着厚厚一层铁锈。我惊奇地屏住了呼吸,甚至为了表达狂喜的心情,像东方人那样把双手举过头顶,就这么一直走着,就像我曾在心爱的《天方夜谭》中看到的描述辛巴达通过钻石谷的插图上的那样。这条沟壑往下通往河边,河水在沟底拐了一个弯,拐弯处岩壁上的片岩在水流不断的冲刷下被侵蚀出一个深深的岩洞。岩壁顶上是旅馆的花园,花园的边缘特意留出一块空地供各种野生植物生长,其中有常绿橡、岩玫瑰、杨梅,还有巴昌特一家最珍爱的土茯苓。这些土茯苓一丛接一丛地蔓生出花花绿绿的枝条,松动的嫩枝甩下来，落在清澈的水面上。拉马卢的春天很热，恨不得能熔化铁块，不过，只要在这河水冰凉且清澈见底的河边待上一阵子，便会感觉热气消散了。

大群的黍鲱在板岩碎片之间嬉戏，这些碎片都是水流从岩石上冲刷下来的。一直要到水更深、水流更缓慢的下游，两岸岩壁的高度才会有所降低。越往上游，河道就越狭窄，水流也更加湍急。上游分布着大大小小的漩涡、断崖、瀑布、平静的冷水潭，人们可以凭借想象力沐浴其中。在部分河段，一块突出的岩石拦在河道当中，河中有每隔一段距离就有几块平坦的大石块，行人可以踩着这些石块走到对岸去。还有些地方，河的两岸都快要挨到一起了，人们必定会经不住诱惑，转而离开河边，离开阴凉处，爬到岩壁顶上去，那里有一小块开垦出来的耕地，在烈日下被晒得焦干一片。往远处看，能看到无边无际的西班牙板栗林，覆盖住最外层的山坡。

据说上拉马卢浴场可以追溯到罗马时代，我非常喜欢它的古朴。这座浴场不大，但这不重要，按规定，泡浴的人不能动来动去，只有这样，水中的碳酸才能发挥作用。浴池中的水呈不透明的铁锈色，不太热，刚进入浴池时会冷得打战。如果你保持不动，水中冒出的大量小气泡就吸附在你的身上，刺挠你、轻抚你，此时在凉爽的池水的刺激下，你会体验到一种神秘的刺痛感，中枢神经系统立刻放松下来。水中的铁元素也发生了作用，要么是单独发生作用，要么和某种莫名其妙的物质共同发生作用，在有益元素的共同作用下，泡浴的疗效格外理想。离开浴场时，人们的皮肤发烫，骨头却像被冻僵了。有人用灌木为出浴后的我生了一堆熊熊燃烧的篝火，老安托瓦涅把火拨得更旺一些，把我的睡衣烘干，泡浴过后就要去睡觉了。走过一条似乎没有尽头的走廊，总算又回到了自己的房间，上床前，床铺已被一种叫作"修士"的加热装置烘热了。"修士"是一种黑炭炉，其制造者别出心裁地设计了一些环圈，这样，它就不会烧着床单了。

我在拉马卢首次接受泡浴治疗后，那几位医生又悄悄地碰了头（没错，在内韦特旅馆开展的正是这次会诊），商讨一番后他们得出的结论是，去拉马卢浴场泡浴对我是有好处的，他们还让我最好秋天时再去泡一次，这正中我的下怀。同时我还按他们的安排在热拉梅[1]接受灌洗疗法。

关于热拉梅以及那里的森林、山谷、绍姆地[2]，还有我在那里度过的无聊日子，我写过少量文字，我克制住把它们抄在这里的冲动。对我要讲述的往事而言，热拉梅的介绍毫无新意，而且我现在迫不及待地想结束我对黑暗阴郁童年的回忆了。

休养了十个月后，母亲带我回到巴黎，又把我送进阿尔萨斯学校，此时我已经完全丧失了学习的习惯。在我离重返校园只剩下不到两周时，除了神经紧张的老毛病，又添了头疼的新毛病，不过我头疼时不算很吓人，不像神经紧张那么难以克服，勉强能去上学。直到20岁之后，我的头疼病才完全好了，不过在那之前，我一度非常重视头疼病，我认为这种病即便不能说是彻底的假象，至少被过度夸大了。可这个头疼病在我46岁时又复发了[3]，我一下子就认出了它，这不是我

---

[1] 法国东北部孚日省的一座小城。
[2] 孚日地区的一个专用词，意为高山牧场。
[3] 这段话写于1916年。——作者注

13岁时染上的那种病吗？而且我得承认，这种病很可能已经令我的大脑陷入瘫痪、无法工作。事实上我并不懒惰。而且我发自肺腑地赞成舅舅艾麦尔①当时对我的评价，他说："安德烈永远热爱学习。"

不过，叫我"不懂规矩的安德烈"的也是他。事实上我发现自己很难违背本性去学习。即便在十几岁时，我也只能三天打鱼两天晒网地断断续续地努力学习一阵子，每次都坚持不了多久。我经常被突然袭来的一阵阵大脑的劳累击倒，也就是说，我的思绪时常中断。甚至在头疼病发作过后，这种情况还持续存在，或者更确切地说，在头疼病发作过后，这种情况仍然会持续几天、几周甚至几个月。除了头疼病给我造成的这些不适，我对课堂上的一切、对上课本身、对整个讲课与考试制度，甚至对学校里的娱乐活动，都有着一种说不出来的厌恶感。此外，我对枯燥的课堂、无聊的学习以及学校制度的僵化也表示出无法忍受。这种情况下，我的头疼病无疑成了非常方便的托词，我甚至说不准自己在多大程度上利用了它。

我家的家庭医生布鲁阿戴尔医生此时已很有名气，母亲不想再去打扰他。她这样做可能是出于自卑，我遗传了她的自卑，同样不大情愿也不擅长与地位重要的人打交道。接任布鲁阿戴尔医生的是利扎特先生，对他我们完全放心，没有任何顾虑与忌惮，他没什么突出的优点，无论如何都不可能声名鹊起。利扎特先生脾气温和、皮肤白皙、冒着傻气，说话时声音柔和，看人时目光友善，走路时一瘸一拐的。

---

① 结合上下文来看，这个艾麦尔其实就是亨利·荣多克斯，艾麦尔可能是他的教名。

他看似无害，其实愚不可及，他开出的处方和治疗方法让人无法原谅。一看我神经紧张就给我开溴化剂，一看我睡眠不好就让我服用水合氯醛。要知道这些药物可是在给一个大脑还在发育、身体还在生长的孩子用啊！我把自己后来出现的意志力薄弱、记忆力低下等毛病全都归咎于他。如果可以追究死人的责任，我一定会起诉他。一回忆起这些我就非常恼火，一连几周，每天晚上我都喝半瓶氯醛溶液（我还可以随意服用那满满的一小瓶水合物晶体，爱用多大剂量就用多大剂量）。我重述一遍，那可是水合氯醛。几个星期直至几个月，我一坐到餐桌旁就会发现餐盘旁放着一瓶"赛洛普·拉洛兹"（酸苦的橙皮和溴化钾的混合物）。每餐我都得服用一勺，后来是两勺，再后来增加到三勺（不是咖啡匙，而是汤勺），就这样一天天地连续喝下去，其间没有任何理由中断治疗，直到把我这个可怜而蠢笨的病人完全治傻了。尤其是药水糖浆的味道非常好，让人禁不住诱惑！我至今都没弄明白，自己是如何逃过一劫的。

　　魔鬼肯定在窥视着我。重重的黑暗包围着我，没有任何迹象表明这厚重的夜色将破出一道口子，好让一束光照到我身上。这时，天使突然插手了，把我从恶魔的手中搭救出来。那件事本身微不足道，却是我人生中的一件大事，其重要程度不亚于帝国历史上的革命事件，那是一出彼时尚未拉开序幕的大戏的第一幕。

第五章

我人生中的那件划时代的大事发生时,正值新年将至之际。那时我们又去了鲁昂,不仅是因为假期到了,还有另一个原因:经过一个月的试复学后,我再一次离开了阿尔萨斯学校。母亲把我看成一个需要照顾的病弱者,一个除了偶尔习得一些知识,肯定不能再学习的孩子,于是她退出社交活动,一心扑在我身上。这意味着我的教育又一次被长时间中断。

我吃不下饭,睡不着觉。舅妈鲁塞尔对我非常亲切并且无微不至,早晨,阿黛尔和维克多会把我房间里的火生起来。醒来后,我通常在自己那张大床上久久地躺着,慵懒地听着木柴被火烧得噼啪作响,冒出的火星有惊无险地落到炉栏上发出一阵阵脆响,我麻木不仁地陶醉在自上而下笼罩着整间屋子的舒适感中。我现在还能感受到自己坐在母亲和舅妈之间,待在一间宽敞、舒适、堂皇的餐厅里,餐厅的四角装饰着代表四季的白色女神像。她们立在那里,轻佻中不失端庄,带着王政复辟时期的风格,每尊雕像都放置在一个壁龛中,壁龛放在打造成碗橱样子的底座之上(冬季女神的壁龛放在一只烤盘中)。

塞拉芬妮常常为我开小灶，可不管是什么佳肴美味，都无法勾起我的食欲。

"亲爱的，您瞧瞧，"母亲对舅妈说道，"就算把日历上所有的圣人都请来，他也不会开口吃饭的。"

"朱丽叶特，"舅妈会这样支着儿，"你觉得他是不是想吃牡蛎了？"

母亲听闻此话便道："不，不，您真是太宠着他了……不过，好吧，也许可以试试牡蛎。"

说真的，我不是故意挑食。我觉得所有的食物都难以下咽，要我上饭桌简直是赶我上绞刑架，我费九牛二虎之力才能勉强咽下一两口饭菜。为了让我好好吃饭，母亲恳求我、训斥我、恐吓我，但都无济于事，几乎顿顿饭都是拌着眼泪咽下。不过我想说的却是完全不同的另一件事情……

我再次在鲁昂见到了我的表兄弟姐妹们。如前所述，在我还是个孩子时，就特别喜欢和苏珊娜和露易丝玩。不过这很可能不是真相。没错，我通常喜欢和她俩玩，但这是因为她俩更愿意和我玩。事实上，埃玛努埃莱更对我的胃口，随着她女大十八变，我越发喜欢和她在一起了。我固然也在长大，但我的长大和她的长大不是一回事。我和埃玛努埃莱在一起时，无论我怎么努力装得成熟一点儿，还是觉得自己是个孩子。而她已不再是当初那个沉默寡言的小女孩了。长大了的埃玛努埃莱甜美的表情中掺杂着一丝忧郁，比以往任何时候都更加令我着迷和陶醉，因为我无法读懂这副表情。我说不准埃玛努埃莱是否是个忧郁的人，因为她从不提及自己的事情，而且，她的那种忧郁别人怎么猜都猜不透。当时和我住在一起的表兄弟姐妹们已经自发地形成了一个有着共同品位和思想的小团体，我也铆足了劲儿一心想让自己的品位和思想更加完美，更加接近这个团体。我觉得埃玛努埃莱看到我这样努力肯定会很开心。比如当我们在克罗斯涅街上的那所公寓里一起用餐时，她会率先拒绝享用我最爱吃的那些甜点，从而迫使我不吃它们，她以此为乐，像是在做游戏。她这样捉弄我，是因为她心里明白不管什么食物，只要她不先动我肯定也不会动。这个例子听上去是不是孩子气十足？好吧！不过，下面这件事情就没有一点儿孩子气了。

通常而言，只有抽丝剥茧地去发掘才能发现一个人的秘密，可我却不是这样发现我的朋友兼表姐埃玛努埃莱经历了什么样不为人知的痛苦后才早熟的。在我看来，这一发现好比童年时一直紧闭着的双眼猛然睁开后，映入眼帘的是一个完整的未知世界，这就好比救世主触摸了一位盲人的眼睛后，他立刻复明了。

那天晚上我离开舅舅家后，先是回到克罗斯涅街的住所，当时我以为母亲正在家中等我，不料却发现家里没人。我迟疑了片刻，决定回到乐加街舅舅家。在我看来，这似乎是个绝妙的主意，因为我明白表亲们若是见到我又回去了，肯定会十分惊喜。如前所述，童年时的我无论何时何地都热衷于在脑子里塞满自己无法理解的各种稀奇古怪的想法。我特别迷恋发现自己身后正在发生什么，有时我觉得只要飞快地转过身去，肯定能看到……鬼知道是什么东西！

于是，我在一个出人意料的时间前往乐加街，打算给大家一个惊喜。那天晚上，我喜欢秘密行事的欲望得到了大大的满足。

就在快要踏进舅舅家的门槛时，我觉察到了一丝异样。与平时不同的是，能通马车的正门居然大开着，我无须按门铃。

我蹑手蹑脚地溜进去，就在此时，服侍舅妈的讨人嫌的女佣爱丽丝突然从客厅大门后面冒了出来，显然她正在那里等人，看到我，爱丽丝用最讨人厌的声音问道："是你吗？这么晚了，你在这里干吗呢？"

显然，我不是她要等的人。

我径直进了屋，没有搭理她。

舅舅艾麦尔的办公室在一楼，房间又小又憋闷，里面弥漫着雪茄的烟味，舅舅常常把自己关在里面，一关就是半天，我觉得与其说他在里面工作，还不如说他在里面发愁。从那间办公室出来时，舅舅常常心力交瘁、日渐苍老。那段时间，舅舅明显要比实际年龄老了许多，我不知道是否是因为自己细心才注意到了这一点。不过有一天，我无意中听到母亲对舅妈鲁塞尔说："可怜的艾麦尔啊！看看他变成什么样子了！"听闻此言，我的心立刻揪了起来，我想到了舅舅那令人心疼的紧锁着的双眉，还有那双透露着焦虑与烦乱的眼睛。那天，舅舅不在鲁昂。

我进屋后发现楼梯上一片黑暗，便悄无声息地上了楼。表亲们的房间在顶层，再往下一层是舅舅和舅妈的房间，二层是客厅和餐厅，我很快走过二楼。我本来打算快速通过三楼，却看到舅妈房间的门大敞着。里面灯火通明，灯光一直照到楼梯平台上。我往里面匆匆一瞥，看到舅妈正懒洋洋地躺在沙发上。苏珊娜和露易丝正在她身旁俯下身子给她扇扇子,我想她俩大概是在给舅妈闻嗅盐①。我并未看到埃玛努埃莱,或者说直觉告诉我,她不可能出现在这种场合中。由于害怕暴露自己,我迅速地走过三楼继续往上。

到了四楼,我首先得经过埃玛努埃莱两个妹妹的房间,那两个房间都黑乎乎的,我只能借着从没有拉上窗帘的窗户照出来的一缕微弱光线在走廊上前行。我走到表姐的门前,轻轻地敲了敲门。没有人应答,我准备再次敲门时,门却开了,原来门并未锁上。这间房间比之前的两间更黑,床在房间的最里面,起初,我并没看到床边的埃玛努埃莱,因为她跪在地上。就在我以为屋里没人要走开时,却听到她对我说:"你来干什么?你不应该回来的。"

她并未起身。我没能立刻意识到她心情不好,只是感到她的眼泪落在我脸上时,我那双童年时一直紧闭着的双眼猛然睁开了。

我并不想在此将埃玛努埃莱的愁苦细细道来,也不想大书特书那个令人极度不快的秘密,这就是她痛苦的原因。我那时还太小,顶多猜猜那个秘密是什么。一个极其纯洁、充满爱心、甜美亲切的姑娘居然不得不去批判自己母亲的行为,今天的我无法想象还有什么事情会比这更残酷。更令埃玛努埃莱心情糟糕的是,她必须守口如瓶,不能让她深爱的父亲知道家丑,她得保守自己偶然间发现的这个秘密,这个秘密令她心碎,它成了全城人茶余饭后的谈资,成了仆人们的笑料,人们利用两个妹妹的年幼无知与童言无忌,把这个秘密传得满城风雨。不,我直到后来才弄懂了这其中的来龙去脉。这个我钟爱的少

---

① 也叫"鹿角酒",具有刺激性气味,一般用于缓解头痛或唤醒昏迷的人。

女被一种巨大的、不堪忍受的痛苦困住了,就算我倾尽毕生、全心全意地去关爱她,也不足以消弭这份痛苦。我还能说些什么呢?那天之前,我一直在人生路上漫无目的地游走,可那一天,我却突然定下了自己的路标,发现了生命中那颗神秘的北极星。

从表面上看不出有什么变化。我要重新讲述那些发生在我身上的小事,唯一的变化就是这些琐碎之事再也不会占据我的时间与精力了。我小心翼翼地把决定我命运的那个秘密稳妥地藏在内心深处。倘若我的命运没有那么多舛,肯定就不会写下这些往事了。

我们在里维耶拉①度过了那个冬天,安娜当时和我们在一起。我们不幸地受到了一些怂恿,先是试图在耶尔②落脚。耶尔不光难以通往内陆,连我们本以为举目可见的大海也很难看到,仿佛是会骗人的海市蜃楼,因为大海还在一片宽阔的市场花园的另一侧。我们都觉得耶尔是一个枯燥乏味的地方,雪上加霜的是,安娜和我都病倒了。

一个叫某某某的医生(将来我会想起他的名字的),一个毫无经验的自封的专家说服了母亲,他告诉母亲,我的病,不管是神经紧张还有其他毛病,统统都是腹胀引起的。他用听诊器听了我体内的声音后发现,我的腹腔中到处都是令人担忧的空洞,腹腔有膨胀的危险。他甚至以医学泰斗的架势指出,我的哪一段肠道中滞留着"病气",还为我开了价值150法郎的矫形绷带,供应者是他的表亲,一位外科手

---

① 指法国东南部普罗旺斯—阿尔卑斯—蓝岸大区的沿海地区,此地在前述于泽斯所在的加尔省以及蒙彼利埃所在的埃罗省以东。

② 普罗旺斯—阿尔卑斯—蓝岸大区瓦尔省的一座城市,距离地中海很近。

术器械制造商，他说，这种绷带能够防止腹部着凉。有一段时间我一直缠着这种奇怪的绷带，缠上后不管做什么都感觉碍手碍脚的，想收腹就更加困难了，因为我当时已经瘦得前心贴后背了。

耶尔的棕榈树不如那些正在开花的桉树赏心悦目。我一见桉树开花就兴奋得坐不住。看到它们开花时，我正独自一人，但我立刻跑去把这一发现告诉了母亲和安娜，因为我无法摘下一朵哪怕最小的花给她们带去，开花的那根树枝太高了，我够不着。于是我一直拉着安娜走到那棵奇妙的桉树下才罢休。安娜告诉我："这是桉树，从澳大利亚引进的一种树。"她引导我观察桉树树叶的悬垂姿态、树枝的生长方式、带有落叶树特征的树皮……

就在那时，一辆马车从我们身边经过。一个小男孩坐在一堆不知道装着什么的大麻袋上，他朝我们扔来一枝开满奇异花朵的桉树嫩枝，我迫不及待地观察起来：铜绿色的蓓蕾外面包裹着树脂质的花，像是小小的闭合着的首饰盒。要不是那些桉树花像是刚刚摘下的，还以为它们是种子哩，在雄蕊蠢蠢欲动的张力下，时不时有一个闭合着的"首饰盒"突然打开。"首饰盒盖"掉落后，得到解放的雄蕊就像圣像头上的光环一样引人注目。不远处，在下垂着的镰刀状长叶丛中，白色无瓣的桉树花仿佛一朵海葵。

初次看见桉树，以及在通往科斯特贝勒的路边树篱中发现了一种小小的带帽海芋，便是我逗留耶尔期间发生的大事件。

我们在耶尔混日子时，我那不忍心让我们失望的母亲又踏上了一段远至埃斯特赖尔的发现之旅，她回来时欣喜若狂，次日就带我们去了戛纳。尽管我们是在车站附近城里最不宜居的地段非常随便地找了个地方住下来，我还是对戛纳留下了一段美好的回忆。彼时，在戛纳通往格拉斯①的路上还看不到一家旅馆，甚至难得见到一间屋宅。此路从一丛丛橄榄树林中穿过，出了戛纳城便是乡野。橄榄树树荫下生长着许多水仙花、银莲花与郁金香，而在更远处的野地里，花的数量简直不计其数。

不过，令我赞叹不已的主要是另一类花卉——海底植物。每周我有一两次机会可以观察研究它们，就在玛丽带我去勒林群岛的时候。无须走多远，过了我们最喜欢的位于圣奥诺拉的那座栈桥，就可以发现藏在浪花滚滚、深不见底的小海湾后面的幽静之地，岩石把这些小海湾分割成无数小水塘，其中生长着各种贝类、海草和石珊瑚，它们纷纷以东方式的气势展示着各自的华美。一眼望去，让人倍感惊喜。但满足于"一眼惊喜"的过路者其实什么都没看清，我不满足于只看一眼，而是静静地待上片刻，我像俯身望着水面的纳喀索斯②那样探着身子观察，不用多久，我那双因为惊讶而瞪大的眼睛就能看到，从数以千计的岩洞和石缝中，慢慢出现了只有用我这种观察方法才能窥见的奇妙景象。只见周围的一切都有了呼吸、抖动起来。就连岩石也仿佛有了生命，之前那些似乎没有生命的物体羞怯地动了起来。鬼魅般舞动着的半透明奇怪生物从杂乱的海草丛中挣脱而出。水中一片生机

---

① 戛纳与格拉斯都在滨海阿尔卑斯省，戛纳临海，格拉斯居于内陆，今天的戛纳以电影节闻名于世，格拉斯则是世界香水之都。
② 纳喀索斯，古希腊神话的美少年。一天他在水中发现了自己的影子，然而却不知那就是他本人，爱慕不已、难以自拔，终于有一天他赴水求欢溺水死亡，死后化为水仙花。后来心理学家把自爱成疾这种病症，称为自恋症或水仙花症。

盎然，海床上的灰白色沙子不时被搅得飞扬起来。某些毫无生气的、可能已经枯萎的海草茎秆的末梢处，会开出纤弱的花朵，这些花朵带着对外部世界的惧怕，怯生生地、一点儿一点儿地绽放开来。

玛丽在不远处看书或打毛线，我一待就是几个小时，顶着烈日不知疲倦地盯着一只海胆慢慢转着圈给自己挖掘栖身的洞。

我还会盯着一只章鱼变换颜色，探究一只海葵如何求偶，观察各种海洋动物展开猎杀、追逐与伏击，欣赏许多令我心跳加速的神秘的自然大戏。我沉迷于这样的倾心观察，常常在站起身后发现自己呆若木鸡，头疼欲裂。这让我如何能开展学习呢？

我不记得那年的整个冬天是否曾翻开过一本书，写过一封信，上过一堂课。我的头脑和身体完全放空了。今天想来，母亲本打算利用那段时间让我学英语的。可一方面，父母专门把英语留作己用，以便当着我的面说一些他们不想让我听懂的话；另一方面，我在学习玛丽教给我的那几句德语时就已经表现出非常没有语言天赋了，因此为了谨慎起见，母亲觉得还是不要再给我增加负担了。不过，我们住的那间屋子的客厅里有一架非常破旧的钢琴，每天我都用它练一会儿琴。唉！医生曾经特别关照过母亲，不要让我接触任何劳心费神的事情……如今我一想起要是当时我能得到哪怕一丁点儿鼓励，都可能成为了不起的钢琴家时，就会像汝尔丹先生[①]那样感到追悔莫及、怒火中烧。

[①] 莫里哀的戏剧《贵人迷》中的主人公。

次年刚刚开春我们便回到了巴黎，母亲开始寻找新的住处，因为大家都承认（父亲去世后）图尔农街上的那间公寓已经不再适合我们了。我想到在蒙彼利埃住的那种破旧的房子就笃定地认为，父亲死后我们家的天就塌下来了，反正不管怎么说，图尔农街上的那套屋子对我们而言太大了。天晓得我们之后还将忍受什么样的居住环境。

我的这种担忧并没有持续多久。不久我便听到姨妈德马雷斯特和母亲在商议租金、地段和楼层的事情，从她们的谈话中根本听不出来我们的生活标准将要降低的任何风声。父亲死后，克莱尔姨妈便对母亲产生了巨大的影响力。（她比母亲年长很多。）克莱尔姨妈常常会以一种不容辩驳的语气，以她特有的方式略微噘着嘴说道："是的，也许住在那一层你还开销得起。楼层再高一点儿，爬爬楼也没什么大不了的。可还有一个地方，朱丽叶特，肯定是不行的。"

克莱尔姨妈将手摊开，打了个专横的手势，干脆利落地打断了她和母亲之间的商议。

姨妈口中的"还有一个地方"就是能通马车的正门。可能在一个小孩子看来，如果屋主人既不举办聚会，也不亲自驾驶马车，能通马车的正门便可有可无。可在选择住处这种事情上，孩子是没有发言权的，而且，想必在听了姨妈的这句话后，任凭是谁也有口难辩，她宣称："这不是方便不方便的问题，而是体面不体面的问题。"

母亲闻言默不作声，姨妈见状语气便软了下来，但丝毫没有让步："哪怕是为了你自己也要有个正门，哪怕是为了你儿子也要有个正门。"稍稍停了片刻，她又突然刻意补充了一句："这个道理再简单不过了，亲爱的。倘若你没有能通马车的正门，我现在就能告诉你,哪些人以后不会再来看你了。"

姨妈随即喋喋不休地报出一长串人名,足以令最坚定的心也因为害怕而动摇起来。母亲眼巴巴地看着姐姐,勉强挤出一丝苦笑:"你呢,克莱尔?"她说,"你也不来看了我吗?"

姨妈听了这话,把嘴一嘬,继续做她的刺绣活儿。

只有当阿尔伯特不在场时,姨妈才会和母亲说这些。阿尔伯特没见过多少世面。不过,母亲倒是想听听他有什么话要说,因为母亲记得自己也曾叛逆过,可姨妈却喜欢让阿尔伯特闭嘴,不要乱发表意见。

简言之,较之之前住过的那间公寓,新公寓无疑更大、更好、更宜居、更奢华。之后我会详细地介绍一下它。

不过,在笔锋转离图尔农街上的那间公寓之前,请让我再回顾最后一眼,看看和它有关的那些往事,看看到目前为止我已经写下的这些往事。在我看来,我描绘了一团极其黑暗的阴影,我的童年曾长久地徘徊其中,迟迟不愿走出来;或者反过来说,我忘了提及两次突发事件、两次令人莫名兴奋的事件,它们曾短暂地照亮过我那一片漆黑的童年时代。假如我在前文中按照年代顺序适时地描述过它们,读者们无疑能更好地理解,那个秋天的晚上,在乐加街上,当我接触到那看不见摸不着的生命的本质时,曾经感受到多么巨大的震撼。

第一件事发生的时间比较久远,我倒希望自己还能说出具体的年份,可我却只记得,当时父亲还活着。我们在饭桌旁吃午饭,安娜也在场。父母神情哀伤,当天早晨他们得知亲戚家的孩子,一个叫魏德莫的年仅四岁的小男孩夭折了。我并没有直接听说这件事,但从母亲对娜娜（我对安娜的昵称）说的只言片语中我得知了这一噩耗。我只见过小艾麦尔·魏德莫两三次，对他没有什么特别的感觉。但在我刚刚明白他已经死了之后，一股巨大的悲痛在心里翻腾开来。母亲把我抱入怀中，让我坐在她的腿上，试图让我止住哭声。她告诉我每个人都会死，小艾麦尔去了天堂，那里再也没有眼泪，也没有苦难。母亲想尽办法，给我说遍了一个温柔的母亲所能想到的最能安慰人心的话。可无论母亲说什么，都起不到丝毫的宽慰作用，因为我其实并不是在为我那位小表弟的死哭泣，而是为某种我无法理解的现象、为一种难以形容的痛苦或恐惧哭泣。说它无法理解、难以形容，这并不奇怪，因为我当时无法跟母亲讲明白我为何而哭，即便是现在，我也无法更好地解释这一现象。也许在某些读者看来，这件事情荒诞不经，可我还是得说，后来，在读到叔本华著作中的某几页内容时，我似乎突然之间开窍了，认识到了当时令自己哭泣的那种痛苦是什么。是的，知道了这一真相后，就能理解……①这便是我第一次不寒而栗②的经历，我完全是在下意识和不由自主的情况下，回想起这段经历的。

  我第二次不寒而栗的经历更加传奇：彼时，父亲刚刚去世没几年，也就是我11岁左右。这件事仍然是在饭桌旁发生的，当事人只有母亲和我。那天早晨我还去上学了，果真发生了什么吗？也许什么都没有发生……那么，为何我会突然大哭起来？为何当我不停抖动、趴在母亲怀里抽泣时，再次感受到那种难以形容的痛苦——当年得知小

---

① 我放弃了引用语，它太冗长了。——作者注
② 此处原文为德语。

表弟魏德莫死去时，我曾感受到同样的痛苦。

我仿佛感觉，拦住某一片神秘未知、无边无际汪洋的闸门突然打开了，漫过头顶的海水灌入我的内心。与其说我是因为不高兴哭了，还不如说我是被吓到了才哭的。可我要怎么向母亲解释，才能说清楚我为何哭呢？母亲只能从我断断续续的抽泣声中依稀分辨出，我绝望地反复念叨着这句话："我和别人不一样……不一样！"

还有两件往事也与图尔农街上的那间公寓有关，在转换话题前，我必须快速地讲述一下。我当时为自己赢得了一件新年礼物：特罗斯特写的一本厚厚的化学书。送我书的人是鲁塞尔舅妈，我起初向克莱尔姨妈讨要这本书时，她觉得送我一本教科书作为新年礼物太荒唐了。可我却强烈要求得到这本书，我说别的书都赶不上它，都无法让我收获巨大的快乐，在我的再三坚持下，鲁塞尔舅妈被说服了。鲁塞尔舅妈有一个极大的优点：当她想取悦我时，会征求我的意见，而不是根据自己的喜好行事。数年之后，我也是通过她才收集到了圣伯夫的《星期一》和巴尔扎克的《人间喜剧》。不过我得就此打住，回头说说我与化学结下的缘分。

尽管我当时年仅13岁，但我敢说没有哪个学生会比我更如饥似渴地一头钻进那本化学书中。不言自明的是，我对那本书表示出浓厚的兴趣，部分要归因于我打算进行的那些化学实验。母亲同意我使用公寓最里面、我卧室隔壁的那间密室，除了做实验，我还在里面养了一些天竺鼠。我在密室中存放了一台小酒精炉、几只蒸馏瓶以及其他实验用的仪器设备。至今仍令我感到震惊的是，母亲当年居然允许我那样胡闹。我想，要么是她没有意识到，充当化学实验室的那间密室的墙壁、地板以及我会面临什么样的危险；要么就是母亲认为纵使有危险也值得一冒，只要我能从中受益就行。总之，母亲每周都给我一些零花钱，我一拿到钱就立刻赶赴索邦广场或德兰西恩尔-考麦迪街，买试管、蒸馏甑、坩埚、盐、类金属与金属，当然还有各种酸，其中有些东西是危险品，我至今都想不通那些店家怎么会卖给我这些东西。不过可以肯定的是，店员以为我是个跑腿的小伙计。最担心的事情还是不可避免地发生了：一个晴朗的早晨，我正在生成氢气时，实验容器爆炸了，我的脸差点儿被炸伤。

我当时正在做一个叫作"化学口琴"的实验，做这个实验要用到玻璃罩。生成氢气倒是很顺利，完全正常。然后，我固定好细长的试管，让生成的氢气将从试管里出来，再点燃氢气。我一手拿着火柴，另一只手抓着玻璃罩，氢气将在里面被点燃。但我刚一划亮火柴，火苗就蹿进实验容器里，把烧杯、试管，连同软木瓶塞都炸飞了。天竺鼠被爆炸声惊得一蹦三尺高，我也吓得撒了手，手中的玻璃罩掉落在地。我在后怕中意识到倘若把容器塞得再紧一点儿，炸碎的玻璃渣子就会溅到脸上了。这次事故后，我再做化学实验时便更加小心了。从那一天起，我对那本化学书另眼相待。就像上帝把义人与不义之人区分开一样，我用蓝笔标下了那些性情温和、探索起来令人愉悦的化学物质，同时用红笔记下了那些性质不稳定或是需要警惕的物质。

不久前，我无意中打开了一位小外甥的化学书。我发现自己完全看不懂，一切都变了，包括化学方程式、定律，还有化学物质的分类、名称、在书中出现的位置，甚至特性……我曾坚信这些都是恒定不变的。外甥们见我如此沮丧都觉得好笑，但目睹化学这门科学发生了如此变革的我却心情沉重，感觉自己被一个秘密击败了。那种感觉仿佛是一个人去见一个老朋友，之前你笃定地认为，他绝对是个单身汉，后来却发现他不仅已婚，而且还是位父亲。

我要追忆的第二段往事，是我与阿尔伯特·德马雷斯特的一次对话。我们住在巴黎时，阿尔伯特和他母亲每周过来看我们一次，并和我们一起吃饭。饭后，克莱尔姨妈和母亲会打牌或下双陆棋，阿尔伯特和我通常会练习钢琴。但那天晚上我们没有练琴，而是坐着聊天。想必是那天我在饭桌上说了什么，我记不得具体内容了，阿尔伯特觉得有必要反驳我。他没有在大人面前开口，而是等到饭吃完了，才把我叫到一旁……

那时我已经有些敬重且爱慕阿尔伯特了。如前所述，我常常十分渴望能聆听他的话语，当这些话语不中听、有违我的本性时，我尤其听得下去，这是因为很少有机会能听他说话。此外我还发现，阿尔伯特总是特别渴望了解我身上那些最不被母亲和其他家人理解的特性。阿尔伯特非常高大、格外结实，同时又十分温柔。说不出来为什么，哪怕他随便发表一些意见我也喜欢听，这也许是因为他说出了我想说却不敢说，甚至想都不敢想的话。我只要一听到他的声音就会心驰神往。阿尔伯特曾是一名运动健将，各种运动都很拿手，尤其擅长游泳与划船，到了晚上，在开展了激动人心的户外运动，生理发展得到满足之后，阿尔伯特通常会全身心地投入到绘画、音乐和诗歌等活动中。但那天晚上我们没有谈论体育运动、艺术文学等话题。阿尔伯特给我讲解了爱国主义。

必须承认的是，就爱国主义这个话题而言，我要了解的内容是很多的。尽管我的父母都是很好的法国人，但他们从未向我灌输过明确的国家思想，比如法国的领土有多大、国界抵达何处；再如作为一个法国人，界定我们身份的思想特征是什么。我也说不准父母是否有爱国主义的思想。由于我和父亲一样，也倾向于认为理想比现实更加重要，因此已经13岁的我在思考问题和推理事情时，仍然表现得像个理想主义者，和孩子与傻瓜没什么区别。我想那天吃晚饭时，我肯定说过这样的话："要是时光回到1870年"，"如果我是法国的话，就不应当自卫"①或是其他诸如此类不动脑子的蠢话。而且，一提到军事啊，打仗啊什么的，我就非常害怕。阿尔伯特听了我的这番言论后，觉得有必要纠正我的错误想法。

阿尔伯特既没有对我的言论表示反对，也没有说什么冠冕堂皇的爱国宣言，只是给我讲述了普鲁士入侵法国的那场战争，以及他自己当时作为一名士兵所经历的战场往事。他告诉我，他其实和我一样非常害怕普鲁士那个挑起战端的强国，但恰恰因为如此，他才更加爱慕法国这个奋起自卫的大国，才更加珍惜士兵们美丽而宝贵的生命，因为这一事实是无法否认的：他保卫的并不是自己，而是那些比他更加弱小的人，他明白自己若是不抵抗，这些人将身陷险境。阿尔伯特说起这些往事时声音颤抖，神情严肃。

"你现在还能认为，一个男人能任由自己的父母遭到侮辱、姐妹

---

① 1870年至1871年，当时的普鲁士与法国之间发生了战争，史称普法战争，这是现代德国统一过程中的关键一战。普法双方相互指责对方是侵略者，最终法国战败，被迫割让了阿尔萨斯和洛林两个省份。

受到奸污、财产惨遭掠夺，却袖手旁观吗？"彼时，阿尔伯特的眼前浮现出他经历的那场战争的画面，尽管他的脸藏在阴影中，我却能看到他眼中噙着泪水。阿尔伯特坐在父亲大写字台旁的一张低矮的扶手椅上，我双脚悬空坐在写字台上，我听他说话时发现自己居然坐得比他高，不免觉得尴尬。房间的另一头，姨妈和母亲正专心致志地玩着克里比奇纸牌或比齐克牌戏，那天晚上，安娜也过来吃饭，跟她们待在一起。阿尔伯特说话时声音很低，三位女士应该没有听到他的话。他说完后，我把他的大手夹在我的两只小手之间摩挲着，没有作声，我心里明白，阿尔伯特的性格真是太好了，比他的言论更具说服力，更令我感动。不过，到了后来我变得更加懂事、更能理解阿尔伯特当晚跟我说的那些话时，我才记住了它们。

我一想到可以搬家，可以在新家里布置家具，就既高兴又激动。可我却插不上手。我们从戛纳回来后，母亲把我安顿在一位新请的教师家中。她希望这既能有益于我，也能让她更加自由。

负责照顾我生活学习的理查德先生独具慧眼，选择定居在奥特伊①。或许正是因为他住在那里，母亲才把我安顿在他家的。理查德先生住在雷努阿尔德街12号，一栋古色古香的三层小楼，附带一座花园。花园虽不很大，但也是一方露天平台，站在花园里举目远眺，半个巴黎可尽收眼底。那栋楼房连同花园如今还在原地，但恐怕并不会维持多久，时过境迁，如今再也找不到哪个默默无闻的小教师为了省

---

① 巴黎西郊伊夫林省的一座小城。

钱，会把自己的陋室安置在雷努阿尔德街上。理查德先生只给寄宿在他家的学生上课，也就是说，只给我和两个来自英国的老处女上课，我觉得她俩之所以愿意上理查德先生的课，多半是看上了这里的新鲜空气与美景。理查德先生彼时还不是实至名归的教师，后来，在获得了教师资格认证之后，才在某所学校里谋得了一个讲授德语的差事。

理查德先生原本打算当一名牧师，我想他是为了这个职业理想才不知疲倦地不断深造的，因为他既不懒也不笨。就在他快要如愿以偿时，不知道是因为疑虑还是因为顾虑（两者都极有可能），理查德先生突然止步不前了。由于起先想当牧师，他早已练就了一脸讨喜的表情和一副动听的声音。他有着一副天生的牧师的嗓音，声音具有激荡灵魂的魅力。但他说话时，脸上总是挂着半忧半喜、自然流露的微笑，即便他说的话再严肃，人们看到这抹微笑也会意识到，他不像表面上那么严肃。理查德先生具备各种良好的品格，甚至堪称美德，却似乎没有特别闪光的亮点，或者说没有特别靠得住的品质。理查德先生立场不坚定，说话办事毫无计划可言，对严肃的大事从来都是视为儿戏，反而把芝麻大的小事看成西瓜般的大事，尽管我当时还小，却非常在意他的这些缺点，认为这些缺点十分致命。我记得理查德先生的嫂子，贝尔特朗元帅①的遗孀，当时和我们住在一起，她对他的评价不高，这大大拔高了她在我心目中的形象。理查德先生的这位嫂子见识过更大的世面，头脑极为清醒，她是那栋房子里唯一头脑清醒的人。不仅如此，她还是个情感丰富的人，尽管只是偶尔流露出真情。

---

① 贝尔特朗（1772—1842），法国将领，曾是拿破仑手下的一员大将。

理查德夫人不如自己的嫂子情感丰富，不过她装作自己更懂感情。因为头脑不清醒，她一贯心直口快。理查德夫人身体欠佳、面黄肌瘦、形容憔悴、性格软弱，在丈夫和嫂子面前总是唯唯诺诺，这给我留下了非常独特的印象。贝尔特朗夫人则不然，她与理查德夫人完全是两种人，她忠诚、坚定、决绝，我对她的个性记忆犹新。贝尔特朗夫人有一个比我小几岁的女儿，她总是严防死守地护着她，不让她接触我们这些小孩，我觉得她女儿对她过度的管束，不堪忍受。伊冯讷·贝尔特朗是个娇弱又瘦弱的小女孩，生活中的种种清规戒律似乎压垮了她，哪怕笑一下都像是破涕为笑。除了吃饭，其他时间我们很少能看到她。

理查德夫妇育有一对儿女，小姑娘才18个月大，自从那天我在花园里看到她吃土时，便觉得此女不大正常。她的小哥哥布莱西看到妹妹吃土被逗得哈哈大笑，他负责照看妹妹，尽管他自己也才5岁。

我有时在橘园里自学，有时在理查德先生的指导下学习。橘园其实就是花园尽头一座大房子墙根下的一片小小的空地。

我的课桌旁有一个小花架，我在上面栽种了一株剑兰，观察它的生长情况，我为此制定了一套观察方案。这株剑兰的鳞茎是我在圣萨尔派斯街的市场里买的，也是我亲手栽种在花盆里的。种下去没多久，一片绿叶就破土而出，眼看着剑兰一天天长大，我的心中充满了惊奇。为了能够对剑兰的长势了如指掌，我往花盆里插了一根白色标杆，每天都在上面记下剑兰的生长进度。根据我的计算，剑兰叶子每小时生长0.6毫米，要注意到这一点当真是需要花些心思、用肉眼留心观察的。我被好奇心折磨得不耐烦，一心想知道这样生长下去，剑兰最终会变成什么样子。可我还是不太甘心地得出了这个结论：剑兰这种植物想必只在夜间生长，因为尽管我一直坐在那里，眼睛始终盯着剑兰叶子，可是……相比之下，研究老鼠就好玩多了，更值得付出时间与精力。每当我伏案看书或是观察剑兰时，不消五分钟必定会有老鼠跑来，它们非常可爱，给我带来莫大的乐趣。我每天都带些小点心给它们吃，最后老鼠都和我混熟了，甚至爬到我的课桌上啃噬食物碎屑。尽管只有两只老鼠，但我却自信地认为其中的母老鼠快要生产了，因此每天早晨我都怀着激动的心情，期盼着能看到带着宝宝出动的老鼠一家。理查德先生一走近，两只老鼠就迅速窜入洞中，那是他们的窝。理查德先生让我背诵课文时，我常常一边念课文，一边用余光留意着洞口的情况。如此一来，课文就念得磕磕绊绊的。理查德先生终于问我为何总是三心二意的。直到那天之前，我都把这两只老鼠玩伴当作密友，从不告诉别人。那天，我却把关于它们的一切向理查德先生和盘托出。

我知道女孩子都怕老鼠，我也明白家庭主妇们有多么讨厌它们。可理查德先生是个男人，他似乎很想听听我和老鼠之间的故事。他让我把老鼠洞指给他看，然后一言不发地走开了，我被他搞得愣在当场。

几分钟后理查德先生回来了，手里拎着一把冒着蒸汽的开水壶。我不敢揣度他意欲何为，用颤抖的声音问他："您这壶里装的什么，理查德先生？"

"开水。"

"您想干吗？"

"把那些恶心东西烫死。"

"哦，理查德先生，行行好吧，我求您了，不要这么做。它们刚刚生了小宝宝。"

"那就更得烫死了。"

是我出卖了老鼠一家！我本该先问问理查德先生是否喜爱动物的……无论我怎么苦苦哀求，理查德先生都不为所动。哦，这个人多么狠心啊！我记得他把壶里的开水一股脑儿灌入老鼠洞里时，还轻轻地笑了。我偏过头去，不忍目睹。

我难以原谅他。理查德先生见我如此心痛，说实在的，他似乎有些吃惊。他并未为自己烫死老鼠找出什么好的说辞，但我觉得他多少有点儿不好意思。他竭力向我证明，我的想法是多么荒谬，老鼠是多么令人恶心的东西，它们身上的气味多难闻，会干下多少坏事。尤其严重的是，观察老鼠让我分心，无法好好学习。不过，理查德先生也并非一点儿不内疚。烫死老鼠后没多久，他就尝试着"补偿"我，他答应我，不管我喜欢什么动物，只要是无害的，就想办法弄来送给我。

我选择了一对斑鸠。至于他是不是真心实意地要送我斑鸠，还是说他只能容忍我养斑鸠，我那健忘的脑子已经记不太清楚了……我把那对斑鸠关进一只柳条笼中，把笼子挂在一间破破烂烂的鸟舍中，鸟舍朝着花园里的那片橘园，橘园里栖息着一两只总是厉声尖叫、脾气火暴的笨鸟，我对它们可没兴趣。

起初的一两天，我兴冲冲地听着斑鸠咕咕地叫。我从未听过那么好听的声音，斑鸠鸣叫起来像是一汪清泉在潺潺地流淌，而且成天叫个不停。此时,斑鸠的叫声已经谈不上悦耳了,而是有点儿令人抓狂。两位英国寄宿生当中的埃尔文小姐尤其不堪其扰,在她的力劝下,我为斑鸠做了个窝。我刚做好窝母斑鸠就下蛋了,它们也不像之前那样咕咕咕咕地叫个不停。

母斑鸠下了两只蛋,斑鸠通常一次产两枚蛋。可由于我不知道母斑鸠需要多久才能孵出小斑鸠,便不定时地进入鸟舍查看。我坐在鸟舍里的一张旧椅子上,斑鸠的窝就在下方。由于我不想惊扰到母斑鸠,便一直耐心地等待、观察着,最后母斑鸠不再提防我,居然还站起身来,让我看看它身下那尚未孵化的蛋。之后的一天早晨,还没有踏进鸟舍,我就瞥见斑鸠笼底部,大概与我鼻子齐平的位置散落着一些蛋壳碎片,上面沾染着暗红的血迹。小斑鸠终于出壳了!但当我试图进入鸟舍时却大吃一惊:鸟舍的门是关着的,上面挂着一把小小的挂锁,我当时一眼认出,那是一两天前理查德先生和我一起在附近的店铺里买来的那把锁。

"这锁管用吗?"买锁时理查德先生问店员。

"和大锁一样管用。"店员答道。

原来,理查德先生和贝尔特朗夫人看我将大把时间都浪费在观察斑鸠上,不禁感到恼怒,决定给我制造障碍。午饭时他们告诉我,那把小挂锁将一直锁着,钥匙由贝尔特朗夫人保管,每天只允许我进一次鸟舍,也就是下午四点喝下午茶的时候。每当主动出击或实施惩罚时,贝尔特朗夫人总是大显身手,她总是冷静甚至温柔地劝说,语气却非常坚定。贝尔特朗夫人几乎是微笑着把这一严厉的处罚告诉我的。我倍加小心地听着,没有表示反对。可这是因为我早已另有打算。这些小挂锁都是些便宜货，配的钥匙都一样。理查德先生那天买挂锁时，我就已经发现了这一点。我口袋里正有几个硬币在叮当作响呢，我可以……吃完午饭，我一溜烟儿地跑去了那家店铺。

我敢说我打心底里没有造反的意思。我不光那时候没有，而且从来没有从骗人中获得过丝毫的快乐。我当时只是想和贝尔特朗夫人玩个游戏，而不是想欺骗她。我只是希望从这种孩子气十足的恶作剧中获得些许乐趣，可我怎么就没想到，贝尔特朗夫人会以另一种方式看待这种恶作剧呢？我喜欢并且尊重她，如前所述，我甚至渴望能得到她的肯定。我生她的气是因为她为了让我听话，竟不惜对我痛下狠手。

当我想到这种瞒天过海的方法时，贝尔特朗夫人其实已经不再禁止我进入鸟舍了，只是给我制造了一些障碍，就好像……也罢！她是该看看，她上的那把锁会起到什么作用！我要进鸟舍，自然不会偷偷地进，如果不让她看到，那便没有了乐趣。我等她来到客厅时才打开鸟舍的门，因为客厅的窗户正对着鸟舍（一想到她发现我居然能打开门时震惊的样子，我就感到好笑），被她发现之后，我就该把我的那把"备用钥匙"交给她，并且向她保证我只是闹着玩的，没有任何恶意。在我买好钥匙从店铺回来的路上，我把所有的细节在脑子里过了一遍。不过，若是想看看我如此设想的背后是否有任何逻辑，那倒大可不必，因为我的这些设想都是在一念之间形成的，并未做进一步的规划。

我在走进鸟舍时，更牵挂的是贝尔特朗夫人而非斑鸠。我知道这会儿她应该在客厅里，于是便朝客厅的窗户望过去，可客厅里连个人影都没有，看上去倒成了她在躲着我了。真让人失望啊！但我也不能去喊她啊。我等啊等，最终连个人影都没有看到，只好出来了。我甚至都没顾上看一眼小斑鸠。我没有把钥匙从锁孔里拔出来就回到了橘园，那里有一篇昆图斯·库尔提乌斯①作品的翻译作业正等着我。坐下后我便开始写作业，心里隐约有些不安，不知道下午茶的铃声响起时自己该怎么办。

距离四点还差几分钟时，小布莱西跑过来喊我，说他婶婶想和我说几句话。贝尔特朗夫人正在客厅里等着我，见我进来，她站起身来，明显是想让我对接下来的谈话有更加深刻的印象。她先是让我又往她跟前走了几步，然后才开口道："我才知道我看错你了，"她说，"我本来希望你是个诚实的小孩……你以为我刚才没有看到你。"

"可是……"

"你一直盯着这间屋子看，因为怕……"

"是的，因为……"

"闭嘴，我不会再让你说一个字了。你真是大错特错。你从哪里搞到那把钥匙的？"

"我……"

"闭嘴，我不想听你的回答。你知道那些破门而入的人会去哪里吗？监狱！我不会把这件事告诉你母亲，她听了也会不开心的，倘若你能顾及她的感受，肯定不敢这么做。"

---

① 古罗马历史学家，可能生活在公元1世纪。

贝尔特朗夫人越说我越意识到，我完全不可能让她明白我这样做背后的秘密动机是什么。而且说实话，连我自己也不是很明白。我的激情已经消退了，我的把戏玩砸了，在另一种理解下，这种把戏似乎只是蠢材的游戏。我发现绝无可能为自己辩解后，便立刻生出一股死猪不怕开水烫的倔劲儿，毫不脸红地承受着贝尔特朗夫人劈头盖脸的训斥。贝尔特朗夫人不许我说话之后，又被我的沉默激怒了，只好在她已经没什么可说的情况下继续唠叨着。我虽然不能说话，眼睛却能代替嘴巴，我把一肚子的牢骚都通过目光发泄了出来。

"我不在乎你现在怎么想，"我的双眼说，"既然你待我如此不公，我以后也不会再尊重你了。"

为了强调我的厌恶，整整两周我没再走近鸟舍。我的学业因此突飞猛进。

理查德先生是个好老师，除了求知欲，他对教书颇有兴趣。他自有一套润物细无声的教学方法，讲起课来生动活泼，听他的课从来不会感到无聊沉闷。由于我要学的东西很多，几乎门门功课都要抓紧，我们便拟定了一份详细全面的时间表，可由于我的头疼病一直没好，按照时间表执行的进度便时不时被打乱。还必须得交代的是，我一不留神就会开小差。理查德先生愿意屈尊迁就我，一方面是怕我累着，另一方面他自己也喜欢这么做，于是，好好的课上着上着便沦为了师生之间的你一言我一语的漫谈。这是家庭教师常见的通病。

理查德先生喜爱咬文嚼字，但没有下足功夫，未能将他的这一爱好发扬光大。在我面前，他毫不掩饰对那些无聊的古典作品的厌烦。尽管不得不按照课程表上课，但在分析完《西拿》后，他往往会给我

念上一段《国王寻欢作乐》①作为调剂。我听到小丑特里布莱对侍臣们的斥责,不禁泪流满面,一边抽泣一边念道:

哦,看哪!这只干枯的手,这只因为长期劳作变得又粗又黑的手,
这只农民庄稼汉的手,土地之子的手,
这只赤手空拳、让您见笑的手,我的大人。
纵然它没有握剑,可还是长着指甲的!

如今的我觉得这几句台词太过浮夸、空洞,令人难以忍受,不过在年仅13岁的我的耳中,比之高乃依②《西拿》中的那句脍炙人口的台词,《国王寻欢作乐》中的这几句台词更有意义,也更为动人。《西拿》中的那句台词是:

拥抱我们吧,西拿……

按照当时的教学要求,我得学会欣赏这样的台词。我常常跟在理查德先生后面,反复诵读德·圣瓦利耶尔侯爵那著名的长篇大论:

你的床上躺着妇德,

---

① 法国文豪维克多·雨果(1802—1855)的讽刺戏剧。
② 皮埃尔·高乃依(1606—1684),法国历史上最伟大的剧作家之一,古典主义悲剧的代表作家。他代表作是《熙德》《西拿》《贺拉斯》《波里厄克特》。

> 你的墓穴冷如冰霜，床上也好、墓穴也罢，
>
> 你都能碰到香艳戏中的那些玷污形象、有损门风、不守贞洁的女人，
>
> 什么普瓦提埃的戴安娜了，什么布雷泽的伯爵夫人了。

居然有人敢写出这样的台词，而且能写出这样的诗句！我彻底惊呆了。我之所以欣赏这样的台词，就是觉得作者敢写。但真正大胆的是，我在13岁时就敢读这么大胆的台词了。

理查德先生看到我被这些台词打动了，看到我的心弦像小提琴那样积极地拨动了起来，便决定用一些更加敏感的文学作品试探我。于是，他又拿出了里奇潘①的《亵渎》和罗利纳②的《精神病人》读给我听。这些都是他的枕边书，这真是一段独特的教育经历啊！

我至今还清楚地记得自己是在哪一天读到这些作品的，因为我还记得是在哪里读它们的。次年冬天，教了我三年课的理查德先生搬到了巴黎市中心。上演过《国王寻欢作乐》《亵渎》《精神病人》的舞台，便是帕西的那个橘园。

理查德先生是家里的老大，下面有两个弟弟。老二叫埃德蒙，是个又高又瘦的年轻人，聪颖过人、仪表堂堂。

前一年夏天，埃德蒙曾接替那个爱打扮的加林担任过我的家庭教师。自那以后我就再也没有见过他。他体弱多病，不能生活在巴黎。

---

① 让·里奇潘（1849—1926），法国诗人、小说家与剧作家。
② 毛莱斯·罗利纳（1846—1903），法国诗人。

（最近我听说，他后来在银行界谋得了一份前程似锦的差事。）

我投在理查德先生门下没多久，他家的老三，也就是他最小的弟弟就来投奔他了。他只比我大5岁，来投奔他大哥之前，一直和他的一个妹妹住在盖雷①，我之前就听说过这个姐妹，因为前一年夏天埃德蒙·理查德跟我母亲提到过她。埃德蒙抵达拉罗克的头一天晚上，我母亲和蔼地问他："你没有姐妹，是吗？"

"没有。"埃德蒙先是如此回答道。之后，可能觉得自己只用两个字回答太显唐突，便像一个颇有教养的人那样想了一会儿，又加了一句："其实，我有个妹妹，她住在盖雷。"

"真的吗？"母亲说道，"在盖雷？她做什么工作？"

"她是个糕点师。"

埃德蒙和母亲是在吃晚饭时开展这番对话的，当时我的表亲们都在场。我们一直在喋喋不休地议论新来的家庭教师，也就是这个被引入我们生活的陌生人，倘若他碰巧是个做作、愚蠢、讨人厌的家伙，那我们的假期可能就会被他给毁了。

埃德蒙·理查德似乎很有魅力，但我们都非常留心地听他最初说的几句话，因为我们都想就此发表一下看法，那种毫不留情、说出去就收不回来的看法，没有见过世面的年轻人特别容易发表这样的看法。我们无意取笑我们的邻居，但当我们听到"她是个糕点师"时，还是抑制不住地笑出了声，尽管我们不带有丝毫恶意，却一笑不可收拾。不过，埃德蒙·理查德的话也说得非常简洁、直接、果敢，就好

---

① 法国中部利穆赞大区克勒兹省的省会。

比他能预料到这些话可能会对我们产生某种效果。我们尽可能不笑出声来,因为我们觉得在这种场合笑出声来既不合适也不礼貌。时至今日,一想起埃德蒙当时可能已经听见了我们的笑声,我就感到非常痛苦。

阿贝尔·理查德即便谈不上智力低下,至少远不如他的两个哥哥聪明,他的教育可能遭到了极大的忽视。他个子较高,走路时一瘸一拐,表情和善,手上的皮肤比较松弛,尖厉的嗓音中透着哀伤。

他总是焦虑甚至急切地想讨人喜欢,但却不大注意方法,因此尽管他煞费苦心,却往往是热脸贴了人家的冷屁股。他一天到晚和我混在一起,但我们之间却没有多少话可说。我没有什么想说给他听的,他也顶多一口气蹦出三句话。一个夏日的晴朗而炎热的夜晚,在万籁俱寂、令人油然生出崇敬之情的氛围中,令人厌倦的白天终于落下了帷幕。很晚了,我们都还待在露天平台上,没有回屋睡觉。阿贝尔像往常那样走到我身旁,我也像平时那样假装没有看到他。我当时远离众人,独自一人坐在孩子们(此时他们已回屋睡觉了)的秋千上,脚尖点地稳住秋千,不让它晃来晃去。我觉得阿贝尔正一动不动地站在我身边,靠着秋千的一根支柱,毫无目的地轻轻摇晃它。但我不想看他,我始终别过脸去盯着城市里的灯光,它们正与天上的星光交相辉映。我们就这样僵持了很久,直到阿贝尔轻轻一动,我才终于看向他。他一直站在我身旁,就是为了等我看他一眼。此时,我听到一种轻得几乎听不见、结结巴巴、如鲠在喉似的声音:"你可以和我做朋友吗?"阿贝尔问道。

彼时,我对阿贝尔流露出了人之常情,只有对他厌恶至极的人才会拒绝他的这番好意。

"当然可以。"（也许是"没问题"）。我笨嘴笨舌、含混不清地答道。

"那么，"他毫不迟疑地接着说道，"跟我来，我给你看看我的秘密。"

我跟着他进了屋。走到门厅时，他本想点起一根蜡烛，可手抖得太厉害，一连折断了好几根火柴还是没能点燃蜡烛。就在那时，我们听到理查德先生在喊："安德烈！你在哪儿？该睡觉了。"

黑暗中，阿贝尔拉住了我的手："那就明天再告诉你吧。"他听话地说道。

第二天，阿贝尔带我去了他的房间。房间里有两张床，自从埃德蒙·理查德走后，其中一张床就一直空着。阿贝尔一言不发，径直走到桌子跟前，桌子上放着一只小柜子，里面装着一个小洋娃娃，只见他用表链子上挂着的一把钥匙打开了那只柜子。

他从里面取出用粉色丝带捆在一起的十几封信，解开后把它们塞到我手上。

"全在这儿了！"他说道，语气中透露着豪迈，"这些信你都可以看！"

说实话，我根本不想看那些信。那些信上的笔迹是一样的，是一个女人的笔迹，而且很普通，像是某个女售货员或女店员的笔迹。一看到这样的笔迹，我就没有仔细看下去的欲望了。可当时的情况容不得我回避，要么硬着头皮看，要么不顾情面地把阿贝尔晾在当场。

我原本以为这些信都是情书，但其中却丝毫没有谈情说爱的内容,它们都是阿尔贝的妹妹,也就是住在盖雷的那个糕点师写的。信中的内容透露着穷困、愁苦、失望,写的无非是逾期未付的账单、债务、"欠债"(这是我第一次看到这一不详的词汇)。我从这些信中间接得知,阿贝尔曾把他父母给他的钱中的一部分慷慨地给了他妹妹。我特别清楚地记得其中一封信里写道:"不幸的是,那些钱还是不足以偿还欠债。"

为了不打扰我看信,阿贝尔走开了。我坐在一张松木桌前,旁边就放着阿贝尔从中取出这些信的那只小柜子。阿贝尔没有再关上它,我一边看信,一边时不时不安地瞥去一眼,生怕里面还有信,但那柜子已经空了。阿贝尔站在开着的窗前,信上的内容他肯定早已烂熟于心。我觉得我读到哪里,他就盯着哪里。无疑,阿贝尔盼着我能说出一些同情的话来,可我却不知道说什么好,因为我总是羞于充分地表达出自己的情感。一个孩子并不能轻易地从经济窘迫这类生活的困苦中咂摸出什么甜头。当时的我分明觉得,经济窘迫毫无甜头可言,要想打动我,必须先让我尝到甜头才行。我寻思了片刻,最后决定问问阿贝尔是否有他妹妹的照片,这样一来,我就既不用撒谎,也可能会让他觉得我对这些信还是有点儿兴趣的。果不其然,阿贝尔立刻兴奋地从他的笔记本中迅速抽出一张照片递给了我。

"她和你长得真像啊!"我惊叹道。

"哦,真的很像吗?"他狂喜地说道。我的感叹是脱口而出的,不过在阿贝尔耳中,这样的感叹比宣布和他做朋友更令他欣慰。

"现在,你知道了我所有的秘密,"我把照片还给他之后,阿贝尔说道,"你也会把你的秘密告诉我的,不是吗?"

我还在看阿贝尔的妹妹写的那些信时，就已经隐隐约约地想起了埃玛努埃莱。与信中所写的那些令人难堪的苦难相比，我这位表姐那美丽的脸庞是何等亮丽的光环啊！我曾发过誓要用毕生去爱她，这让我满心欢喜、如生双翅。我的内心深处早已因百感交集而激动不已，我的爱人仿佛坐上了节日的游行花车，周围载歌载舞，到处都是笑声和各种和谐悦耳的声音……我这样浮想联翩着，脑中的画面呼之欲出，此时面对阿贝尔的问题，我却感觉心口不一、难以启齿。我想既然他妹妹如此穷困潦倒，那我还应该在他面前夸夸其谈，说我表姐如何如何养尊处优吗？我应该从埃玛努埃莱的富足生活中截取一个片段给他看吗？哦，不！我珍藏在内心的这笔巨大的财富，是一个不可分割的坚实整体，是一块不可以被熔化后拿去铸币的金锭。我又看了看那堆信，阿贝尔正在那个空了的小柜子旁用粉色丝带小心地把它们重新扎起来。此时，他再一次问我："告诉我你的秘密吧，可以吗？"

"我没有秘密。"我答道。

第六章

考迈耶街是一条新街，一头连着巴克街。考迈耶街穿过了许多花园，长久以来，这些花园都藏在那一段巴克街边的一些高大房屋的背后。倘若其中一间房屋能通行马车的正门正好打开着，对这些大房子既好奇又羡慕的人就可以朝正门里面观望，对那些不为人知、与世隔绝、神秘兮兮的花园深处窥探一眼，其中有私家花园、公共建筑花园、部长们和外交使团官邸花园、富尔图尼奥花园。令人嫉妒的是，这种花园往往设有层层防卫。不过有时站在邻近的那些更为现代的房屋的窗后，可以非常方便地俯瞰它们，只不过这样的机会弥足珍贵。

客厅里的两扇窗户、书房的那扇窗户，还有母亲房间以及我房间的窗户，统统朝着这些美妙绝伦的、距离我们仅一街之隔的花园。

这条街只有一侧有房屋，另一侧是一堵挡住视线的矮墙，让人看不到楼房的低层。不过这没关系，因为我们住在五楼。

母亲和我通常喜欢坐在她的房间里。早晨，我们会在那里用茶。那时正值理查德先生定居巴黎市中心的第二年，我白天待在他家，晚上回家吃饭睡觉。次日早晨玛丽帮母亲梳头时，我就又要离开家了。因此只有到了节假日，我才有幸能和玛丽一起帮母亲梳头，母亲梳好头需要半小时。

母亲梳头时穿着早晨才穿的睡裙，面朝窗口端坐在晨光中。玛丽在母亲面前立好一面椭圆形的镜子，好让母亲能看到自己。那面镜子与一个三条腿的金属支架相连并立在其上，支架可以根据需要调整高度，下面装了一只小圆盘，里面放着发刷与梳子。母亲拿着一份《时代报》，每读上三四行就照一下镜子，她能从镜子里看到自己的头顶，还能看到玛丽手握发刷或梳子挥来舞去。不管玛丽在干什么，看上去都是一副怒气冲冲的样子。

"哦，玛丽！你弄疼我了。"母亲呻吟道。

玛丽在给母亲梳头时，我常常在读书，我懒洋洋地坐在壁炉前的一张大扶手椅上，壁炉前一左一右放着两张这样的扶手椅，拦住了直通壁炉的去路。它们堪称庞然巨椅，里面的填充物塞得满满的，光看外表是看不出其内部结构和真实形状的。我时不时抬眼看一下母亲那美丽的侧脸，她的面容自然地流露出凝重与柔和之色，但有时候，在她那白得了无生气的睡裙的衬托下，在她对玛丽把她的头发硬往后梳表示不满时露出愠色。

"玛丽，你哪是在梳头啊，简直是在刮头！"

玛丽听了，停顿片刻，然后便再次劲头十足地给母亲梳头。母亲放下报纸，任由其从膝头飘落，然后伸出双手，做出标志性的表示停止的动作：除食指外，其他手指全部交叉，两根食指搭成拱状后指向外侧。

"夫人最好自己梳头，那样就不会发牢骚了。"

可母亲的发型需要讲究一些技巧，如果没有玛丽在一旁帮忙，光靠她自己是梳不好的。母亲的头发从中间分开,沿着脸颊顺滑地披散下来,头顶盘着不算粗长的辫子,只有借助别人的帮助才能以适当的方式在太阳穴上面绾起发髻。在那个年代,这种发型到处都是,那是注重式样的丑陋时代。

玛丽不能直言不讳,母亲不容忍她这么做。她只能偶尔强忍着一腔怒火说些俏皮话搪塞过去。母亲还是有点儿忌惮玛丽的,只要她还待在饭桌前没走,母亲就不敢说什么,只有等到玛丽离开了餐厅,母亲才敢说:"就算是关照过德茜莱也没用(这话是说给克莱尔姨妈听的),她下次还是会往蛋黄酱里放太多的醋。"

德茜莱接替了玛丽的前任密友戴尔凡茵的工作,不过不管厨娘是谁,玛丽总能和她们打得一片火热。于是次日,当我和玛丽一起外出时我说:"你知道吗?玛丽,"我这个爱打小报告的小讨厌鬼开始告密,"如果德茜莱仍然不听母亲的话,我们可能就留不住她了。"(这样说是为了让我的语气听上去更加严肃。)"昨天,她做的蛋黄酱……"

"不就是醋放多了嘛,我知道。"玛丽打断了我,语气中透露着报复之意。她噘起嘴巴、压制着怒火,片刻之后,终于忍不住爆发了:"得了吧,你们都闭嘴吧!"

玛丽并不是一个对美好的情感无动于衷的人,但在她眼中,正如在许多瑞士人眼中一样,要想领略美景就免不了要登高。同样,在音乐方面,玛丽也只喜欢听人们吟唱圣歌。然而有一天,我正在练习钢琴,玛丽突然大步走进客厅。我当时正在弹奏一首没有歌词的曲子,一首压抑的、令人伤感的曲子。

"这才是你该演奏的音乐!"玛丽伤心地摇摇头。"我现在问问你,"过了一会儿,她气冲冲地继续说道,"难道这首曲子不比你弹的那些鸟鸣虫叫般的调子更值得听吗?"

玛丽把她听不懂的音乐一律叫作"鸟鸣虫叫般的调子"。

彼时,德·高克琳小姐的钢琴课被认为已经不能提高我的钢琴水平了。于是我转投在一位男钢琴教师的门下,不幸的是,这位男教师不见得比德·高克琳小姐更好。梅里曼先生当时在普雷耶钢琴店[1]演示钢琴,尽管他丝毫没有钢琴家的天分,却成了一位职业的钢琴家。如果我记得没错的话,梅里曼先生虽缺乏天分,却通过勤学苦练得以在音乐学校中拔得头筹。他的演奏精确到位、精益求精、异常冷静,听上去更像是算术而非艺术。他在钢琴前坐下时,就好像一位出纳在办公桌前坐下。一个又一个二分音符、四分音符、八分音符从他的手指间渐次流出,就好比数字一样。他像做算术题那样一步步将乐曲完整地呈现出来。无疑,梅里曼先生以某些机械的方式让我练琴,可他却无法从教学中获得乐趣,音乐之于他是枯燥的任务。他最喜欢的几位作曲家是克拉莫[2]、斯泰贝尔特[3]、杜塞克[4],他认为,把教给我的内容局限在这几位作曲家的曲目范围内是合适的。在他看来,贝多芬的曲子不够正派,挑逗性极强。梅里曼先生每周登门两次给我辅导钢

---

[1] 1807年创办于巴黎,是全球最著名的钢琴老字号之一。
[2] 约翰·巴普蒂斯特·克拉莫(1771—1858),德裔英国钢琴家、作曲家和钢琴教师。
[3] 丹尼尔·戈特里布·斯泰贝尔特(1765—1823),德国钢琴家与作曲家,其主要作品创作于伦敦和巴黎,死于圣彼得堡。
[4] 杨·拉迪斯拉夫·杜塞克(1760—1812),捷克作曲家与钢琴家,死于巴黎。

琴，每次都准时到达。他的钢琴课无非就是单调地重复一些练习（即便是这些练习也无法真正有益于指法的熟练），弹奏一些音阶和琶音。接着我在琴键上敲出正在学习的那首曲子的"最后八个小节"，也就是我已经练习的最后几个小节。梅里曼先生用铅笔以类似大V的符号再标出八个小节，这便是下堂课要完成的那段乐曲，弄得就像是木材不够用时，有人在要砍伐的树木上做标记一样。标出有待练习的乐曲后，梅里曼先生就像时钟报时那样准时地站起身来，说："下堂课练习后面这八小节。"

梅里曼先生从不多费口舌解释为何要这样练琴。甚至可以说，他顶多稍微照顾一下我的记性或判断力，而从不迎合我的音乐品位或感受（这样做难道有什么问题吗）。

那个年纪的儿童正在全面成长，其可塑性与接受能力都极强，倘若母亲起初就把我托付给拉纳克斯先生，我将在钢琴方面实现多么巨大的发展啊！可我却很晚才接触到这位无与伦比的钢琴教师，为时已晚！唉，事实上我迟迟没有得到拉纳克斯先生的指点。在接受了梅里曼先生这位庸师长达两年枯燥乏味的指导后，我又落到了希弗麦克老先生的手里。

我承认，那时想找一位优秀的音乐教师不像现在这么容易。彼时，音乐学院尚未开始培养音乐教师，整个法国的音乐教育离正式成形为时尚早。此外，母亲结识的那些人其实都对音乐一窍不通。母亲为了她自己和我的教育曾付出过巨大的努力，但她努力的方向出现了偏差。希弗麦克是母亲的一位已婚女友热情地推荐给她的。

"你相信吗？"她对我母亲说，"事实上，他让我有点儿喜欢音乐了！真是个不同凡响的人！试试聘请他吧。"

希弗麦克来我家的第一天，就把他的教学方法详细阐述了一遍。他是一位身材粗壮、脾气火暴的老人，走起路来气喘吁吁的，脸色通红如炉火，说话时像是在吹口哨，结巴而急促，简直像一辆冒着蒸汽的机车。希弗麦克的一头白发打理得像把刷子，胡须也白了，仿佛一堆飞溅起来的雪落在脸上，这些雪正在融化，他时不时去擦掉它们。

"大多数音乐教师都是怎么教你的？"希弗麦克开口便道，"你必须练习！练习这个！练习那个！但是，看着我！你觉得我会让学生练习吗？从来都不用练习！学生都是在演奏中学会弹琴的，就像是说话一样。想想看，夫人，像您这么一个明白事理的人，倘若您儿子因为白天要用舌头说话，就每天早上这样操练舌头：啦啦啦、嘎啦嘎啦嘎啦，那么，您会说什么呢？"（母亲肯定被希弗麦克到处乱溅的唾沫星子吓坏了，她把自己的扶手椅往后挪了挪，可希弗麦克却把他的椅子拉得更近了。）"不管你的舌头是灵活还是僵硬，你都只能有什么说什么，同样的道理，弹钢琴时，十根手指足够表达出你对音乐的感觉了。啊！如果你对音乐没有感觉，那么，就算每只手长十根手指，也不见得能弹得更好！"说完，希弗麦克放声大笑，笑完后喘口气，咳嗽、哽咽上一阵子，翻翻白眼，然后再擦擦脸，用手绢扇几下。

母亲见状起身要给他取水喝，希弗麦克却打个手势示意他没事，接着晃晃粗短的胳膊和腿，解释说他愿意同时又笑又咳，之后洪亮地"嗯！"一声，转向我开口道："孩子，明白了吗？你再也不用练习了。这位母亲，您看看，这个小淘气多么开心啊！他肯定在想，'跟着老希弗麦克学琴可有意思了'。他这么想就对了。"

母亲被希弗麦克的这番蠢话搞得既惊叹折服又晕头转向，同时也被逗乐了，不过肯定也有更多疑虑。母亲是个干起事情来都不遗余力、孜孜不倦的人，不可能一下子就认同一种根本无须强迫，也不用努力的教学方法。可在希弗麦克喋喋不休地说得唾沫横飞的过程中，母亲试了好几次都未能插上话，甚至都来不及说完一句话。

"是的，只要他……""可是他不想……""明摆着……""前提是你……"

突然，希弗麦克站起身来："现在，我要为您弹奏几曲，免得您以为我只会夸夸其谈、光说不练。"

随后希弗麦克打开钢琴盖，调好一两个和音，以一种欢欣鼓舞的夸张姿态弹起了斯蒂芬·海勒编的一支短小的练习曲，他弹得飞快，着了魔似的激情四射、令人陶醉。他红润的双手又短又小，弹琴时并不移动手指，简直是在揉搓钢琴。我之前从未见识过这种弹法，之后也没有见过。他弹起琴来一点儿也不"机械死板"，我想他肯定不会死磕一个简单的音阶。事实上，希弗麦克从来都不照本宣科地弹奏，而是追求一种神似，其演奏充满了灵魂、情调与新意。

我并没有因为不用再练琴而感到特别高兴，我早已喜欢上练琴了。如果说我会更换钢琴教师，那也是为了继续练琴，我想这个怪老头会不会……希弗麦克自有一套特别的理论，比如说，负责调整音调的那根手指不应该一直不动。

他主张这根手指要始终控制着音调，就像小提琴手用手指或琴弓直接按住不停振动着的琴弦一样。他自认为用这种方式便可升高或降低琴声，随心所欲地调整音调，与此相配合的是，落在琴键上的手指的力量也要相应地加强或减弱。这就是为何他弹琴的动作会摇摆不定，显得非常怪异，看上去像是在揉琴而非弹琴。

希弗麦克的钢琴课是突然终止的，当时发生了可怕的一幕。事情是这样发生的：如前所述，希弗麦克身材肥胖。母亲怕客厅里的那些小椅子不够结实，难以承受他巨大的块头，便从门厅取来一把又矮又宽又丑的椅子给他坐，那把椅子罩着彩色漆布，看上去怪怪的，与客厅里的其他家具格格不入。母亲把这张椅子放在钢琴旁边，把其他椅子统统搬到一旁。"这样，他就明白自己的座位在哪里了。"母亲说。第一堂课上下来一切正常，那张椅子经受住了希弗麦克庞大笨重身躯的压迫与折磨。可是，第二次课却发生了骇人的一幕：彩色漆布（上第一堂课时，它肯定已经被磨得松动了）居然粘住了希弗麦克裤子的臀部。我们当时并没有注意到这一现象，哦，天哪！直到那节课上完，希弗麦克试图站起来时我们才发现，他的裤子被漆布粘住了！他完全站不起来！他被粘在椅子上了，椅子也粘住了他。希弗麦克那天穿的裤子很薄（当时是夏天），要不是那裤子的布料非常结实、经得起折腾，肯定就被扯破了。有那么一会儿，真的很难说那条裤子到底能不能挺过这次磨难……但是，有惊无险！我们最后又扯了一把，终于把漆布扯断了，只见漆布一点儿一点儿被扯开，像是在慢慢地向我们妥协。扯断漆布的过程中我始终按着椅子，我当时惊慌失措，根本不敢发笑，希弗麦克一边扯着漆布一边大喊着："老天啊！老天啊！这都是什么乱七八糟的？"在整个这出闹剧的过程中，希弗麦克一直试图转过头去看看身后的情形，他的脸涨得更红了。

幸运的是,这次意外并未造成严重的损失,唯一受损的就是那块彩色漆布,它被扯得松松垮垮的,弄得脏兮兮的,还被盖上了希弗麦克先生宽大的屁股印子。

令人莫名其妙的是,一直憋到下一次课希弗麦克先生才发火。我不知道那天是什么事情惹他生气了,当我陪着他走至门厅,打算把他送到门口时,他突然发作,用最激烈的言辞咒骂我,并且宣称他清清楚楚地看到我搞鬼了,他骂我是个狡诈、喜欢骗人的小浑蛋,还说他再也不会踏进我家了,因为他在这里受到了奇耻大辱。

希弗麦克先生当真从此一去不复返,不久之后,我们从报纸上得知,他在参加一次船上聚会时溺水身亡。

我很少进客厅,除非是进去弹钢琴。客厅通常半封闭着,里面的家具都用松垮的白色条格麻纱罩着,以免落灰,那些麻纱上绣着精美的鲜红色条纹。这些罩子非常贴合,简直就是为那些椅子和沙发量身打造的。每周四早晨,也就是说,在周三,即母亲接待客人的日子的例行活动结束之后,重新为椅子和沙发套上罩子真是一件美事。这些罩子形状贴合、大小合适,还设有一些方便固定和抻平的小钩子。客厅穿上这套条格麻纱制服后,看上去既优雅且不失低调,到了夏天,穿着这身制服的客厅躲在关着的百叶窗后面,显得十分凉爽,令人心驰神往。我不确定自己是否不太喜欢穿着麻纱制服的客厅,反而更喜欢脱去制服后散发出枯燥乏味、并不和谐的光辉的客厅。客厅里放着各式各样的座椅,甚至有仿路易十六宝座的扶手椅,上面垫着蓝色金色相间的花缎坐垫,窗帘也是用这种花缎制成的。这些扶手椅要么沿着墙摆放，要么摆成两排，从客厅中间一直摆到壁炉跟前，壁炉两侧各有一张更大的椅子，它们无比高大，绝对令人瞠目结舌。我知道这些椅子上罩着的是"热那亚丝绒"，可我在想，得多么精巧复杂的织机才能织出如此漂亮的丝绒啊。这种丝绒呈鼻烟色，集丝绒、凸纹花边和刺绣于一身。这些椅子的木结构部分是黑色烫金的，大人们不许我坐这些椅子。壁炉架上放着一套铜鎏金的枝形大灯台与时钟，时钟上有一尊主题雕塑，表现的是普拉迪尔①的《萨福》②。还有客厅里的枝形吊灯和壁式灯座，我该如何介绍它们呢？一天，我居然敢对自己说，不是所有令人肃然起敬的客厅里都得有我家客厅里的那种饰有雕花玻璃挂件的枝形吊灯。那是我第一次敢说这样的话，就在那一天，我朝着自我解放的方向迈了一大步。

壁炉前设有一面屏风，屏风面是丝绸的，以十字针法绣成。上面绣着一座中式桥梁（至今我仍然清楚地记得，那屏风上有各种蓝色），桥下是一大片野玫瑰。屏风两侧的竹筐饰有挂饰，上面挂着丝绸流苏，这些流苏和充当屏风面的十字绣都是蓝色的。流苏成对挂设，每一对都用金线牢牢系在珍珠鱼的头尾上。后来我得知，这面屏风是母亲婚后不久悄悄绣成的。父亲某个生日的早晨，他走进书房时，看到这面屏风不免吃了一惊。虽说父亲是个脾气温和的人，而且也喜爱母亲，可他当时还是快要发火了："不，朱丽叶特，"父亲叫道，"不，我求求你了。这是我的书房。至少让我以自己的方式布

---

① 让-雅克·普拉迪尔（1790—1852），出生于瑞士的法国雕塑家，属于新古典主义流派。
② 萨福（约前630—前560），古希腊最著名的女诗人。

置它。"

之后，父亲又恢复了好脾气，对母亲好言相劝，说他虽然非常喜欢这面屏风，但还是觉得把它放在客厅里更加合适。

父亲去世后，每逢周日，我们常常与克莱尔姨妈和阿尔伯特一起吃晚饭。他们来我家做客，我们也去他们家做客，两家人就这样你来我往、轮流做东。他们来吃晚饭时，我们并不需要取下椅罩。饭后，阿尔伯特和我坐在钢琴前练琴，姨妈和母亲把她们的座椅搬到一张点着油灯的大桌子旁。油灯的灯罩是当时颇为时髦的精巧物件，但现在已经找不到了。母亲和我每年都在一个固定的日子去图尔农街上的一家文具店选购一款新的灯罩，那里可供选择的灯罩琳琅满目。制作那些灯罩的硬纸板上刻有精巧的浮雕与镂空图案，灯光穿过一层层薄薄的彩纸透出来，那缕缕光线真是令人陶醉！

客厅的桌子上铺着厚厚的丝绒桌布，边饰非常宽，是用丝绸和羊毛以十字针法编织而成的。我相信，这桌布是母亲和安娜当年住在克罗斯涅街时非常耐心地编织出来的。

桌布很大，从桌子边缘垂挂下来，只能在远处才可以一窥全貌。桌布边缘饰以牡丹与丝带交织的图案，那种错综复杂的黄色纹饰可被视为牡丹丝带交织纹，这种图案与丝绒非常相配。具体来说，桌布边缘的上部分布着一些规整的模仿丝绒质地的凹点，意在让人们一眼看上去以为丝绒一直延伸到桌布边缘，这部分构成了桌布边缘与其丝绒主体之间的过渡区域。不巧的是，丝绒并未以同样的方式与边缘相配，它们更喜欢与那些热那亚丝绒椅子相互衬托，就连颜色也是鼻烟色的，而桌布的过渡区域是青豆色的。

饭后，姨妈和母亲玩纸牌游戏，阿尔伯特和我以一种疯狂的热情弹奏莫扎特、贝多芬和舒曼的三重奏曲、五重奏曲和交响曲，我们还看着自己所能驾驭的四手联弹的钢琴改编曲的谱子唱谱，不管是法国的还是德国的改编曲。

彼时的我在钢琴方面的造诣已经与阿尔伯特不分上下了。我无意夸耀自己，而是想说，这样一来我俩便能分享快乐了。如今回忆起来，我觉得在当年的饭后音乐时光里，我体验到了自己印象当中的某些最鲜活而强烈的快乐。

在我们弹奏钢琴的这段时间，两位夫人始终在聊天。我们弹高音时尚能盖住她们说话的声音。可我还是不得不伤心地说，我们弹低音时，女人们说话的声音也不会降低，母亲们如此不照顾我们的感受，让我们大为苦恼。只有两次我们得以在宁静的环境中弹琴，可把我们高兴坏了。那两次母亲们刚好有事外出数日，阿尔伯特体贴极了，他抽了两个晚上陪我吃晚饭。要是我早就挑明这位表哥在我心目中有着什么样的地位，大家就会明白，只让他一个人来陪我，同时感觉他就是冲着我才来的，会让我多么的受宠若惊。那两晚我们弹琴弹到很晚，琴声实在是太动听了，想必连天使都听到了。

母亲那两次都是去拉罗克，我们家在那里有几个农庄，其中一个暴发了伤寒，母亲一听到这个消息就动身去救护病人了，母亲觉得，既然那些农户是为自己劳动的佃户，自己就有责任照顾他们。

克莱尔姨妈曾劝说母亲不要去拉罗克，可母亲没有听劝。克莱尔姨妈对母亲说，她最首要的任务是照顾好儿子而非那些佃户。她还说，母亲就算去了也只是杯水车薪，不值得冒那么大的风险。姨妈当时可能还说过，那些佃户刚来农场不久，而且都是些固执贪婪之人，对母亲那种无私的行为可能会毫不领情。阿尔伯特和我也帮着姨妈劝说母亲，恳求她不要动身去拉罗克，因为当时农场上已经死了两个人，这让我们的神经绷得紧紧的。可是不管旁人怎么规劝、恳求、责备，母亲就是不为所动。一旦她认定自己应该承担责任，就算是上刀山下火海也在所不惜。如果说母亲的这个特点表现得不是特别明显，那也是因为她经常心血来潮地关注某事，从而打乱自己的生活节奏，为了尽到自己的责任，母亲常常陷于无数微不足道的"必做之事"中。

我在本书中时不时提到母亲，我曾希望这样的回忆方式足以令她的形象丰满起来。但却深怕自己未能展现出母亲是个多么满怀"好心"（宗教意义上的"好心"）的人。母亲总是力求至善，从来不因为自我满足而止步不前。对母亲来说，"差不多"是不够的，她不断试图抹掉自己身上和在别人身上发现的瑕疵，总是在不停地纠正自己或别人，力求进步。父亲在世时，母亲的这种做派不得不让步于一种伟大的爱情。当然，母亲对我的爱丝毫不亚于她对父亲的爱，可是彼时，母亲却要求我要像她当年顺从父亲那样听命于她，这导致我们母子之间出现了矛盾，经历了这些矛盾的我坚信我完全像父亲。人骨子里最根深蒂固的遗传特征，很晚才显现出来。

与此同时，我的那位迫不及待地急于培养她自己和我的母亲，我的那位对音乐、绘画以及所有自己不擅长的本领都满怀敬意的母亲，也在尽己所能的同时启发我们的品位与鉴赏能力。我们从来不错过《时代报》诚心推荐的任何一次画展，去看画展时总是随身带着评论此次画展的报纸。

到了现场后,我们一边观画一边阅读评论文章中的赏析,生怕自己没有品到点子上或根本不会品画。至于音乐会,节目的种类很少,曲目保守且单调,演奏时很少有闪失。因此我们能做的无非就是洗耳恭听,听完后跟着大家一起鼓掌喝彩。

母亲几乎每个周日都带我去听帕斯德洛普①的音乐会。不久我们又订购了音乐学院音乐会的季票,一连两年,我们每隔一个周日就去听一场音乐学院的音乐会。其中有些给我留下了非常深刻的印象,就连那些我当时因为太小还听不懂的音乐(从1879年开始,母亲就带我去听音乐会了)也同样有助于我形成自己的音乐鉴赏能力。我当时几乎不加区别地欣赏所有类型的音乐,这是那个年龄孩子的正常表现,由于急需培养自己欣赏音乐的能力,我几乎没有什么偏好,什么音乐都听:《C小调交响曲》和《赫布里底斯交响曲》,莫扎特的协奏曲,里特(或是瑞斯勒)每周日演奏的全套曲目,还有我听过好多遍的腓力西昂·大卫②的《沙漠》。帕斯德洛普和听众们都特别喜欢这首好听的曲子,不过今天看来,它显得过时且微不足道。我被《沙漠》迷住了,就像我第一次和玛丽去卢森堡博物馆时,被图尔讷梅因③画的一幅东方山水的风景画迷住了一样,我当时觉得那简直是世界上最美的画。其背景是深红色与橙红色相间的天空,落日的余晖映照在平静的水面上,一群记不得是大象还是骆驼的动物,正伸长鼻子(脖子)喝

---

① 儒勒·埃提安涅·帕斯德洛普(1819—1887),法国指挥家。
② 腓力西昂·大卫(1810—1876),法国作曲家。
③ 查理·德·图尔讷梅因(1812—1872),法国画家。

水,远处有一座清真寺,高高的宣礼塔直冲云霄。

尽管我对人生中这几段最早的"音乐时光"印象非常深刻,但还是有其他几段回忆足以令它们相形见绌的。1883年,鲁宾斯坦在依拉尔德音乐厅举办了系列音乐会。演奏的曲目经过了精心编排,以展现钢琴音乐从最早期到那时为止的发展演变过程。我并未一场不落地听遍鲁宾斯坦的系列音乐会,因为母亲说一票难求,最终,我只听了其中的三场。尽管如此,它们给我留下的回忆还是非常鲜明的,有时我甚至怀疑,我记住的究竟是鲁宾斯坦本人,还是他弹奏过的那些乐曲。从那时起,我就经常弹奏和练习这些曲子。

但是,不,我重新听到的,眼前重新浮现的正是他本人的演奏。倘若我记不起来鲁宾斯坦当时的演奏场景,就无法在回想中听到那些钢琴曲,比如说库普兰①的某些曲子,贝多芬的升C调奏鸣曲(第55号作品)以及E调奏鸣曲中的回旋部分(第90号作品),还有舒曼的《预言鸟》。

鲁宾斯坦声誉卓著,长得有些像贝多芬,有人把他说成是"贝多芬之子"(我未曾为了证实这一比方是否恰当而去查证他们的年龄)。鲁宾斯坦脸部平坦、颧骨高耸,宽大的前额上搭着浓密的头发,眉毛蓬乱、目光时而迷离时而傲慢,下巴固执地翘着,肉嘟嘟的嘴巴张口说话时显得怒气冲冲。鲁宾斯坦既不讨好也不引诱别人,而是征服和压制别人。他的目光中带着一丝放荡不羁的味道,让人觉得他喝醉了。确实有传言说他经常喝醉。演奏时鲁宾斯坦会闭上双眼,

---

① 弗朗索瓦·库普兰(1668—1733),法国作曲家与键盘乐器演奏家。

就好像完全没有意识到台下还坐着听众。他似乎不是在表演，更像是在探求，在演奏过程中发现或编排乐曲，不像是即兴发挥，而像是内心越发明白、不断接受启示，其间连他本人都震惊不已、欣喜若狂。

我听过三场鲁宾斯坦的音乐会，分别是古典音乐、贝多芬以及舒曼专场。肖邦专场本来我也非常想听，可母亲觉得肖邦的音乐"病态十足"，拒绝带我去听。

次年，我不太去音乐厅听音乐会了，更多的是去剧院听剧。我常去奏乐堂剧院和法兰西剧院，尤其爱去喜剧剧院，我在那里几乎听遍了当时流行的全部经典剧目，包括格雷特里①、布瓦尔迪厄②还有希罗德③的作品。我当时觉得这些剧目旋律优美、曲风高雅，听上去令人愉悦，但在今天的我的耳中，它们却显得单调枯燥、并不出众。不，令我不满的并不是这些作曲家，我讨厌的是音乐剧，也就是通常意义上戏剧中的那些音乐。也许这是因为我小时候看过的戏剧太多了。假设由于机缘巧合，我再一次壮着胆子进入剧院，那么除非有个朋友陪我一起看戏，否则我恐怕很难耐着性子看完第一幕，很难坚持到第一幕结束后再不失体面地退场。直到不久前，在我领略了老科隆比耶剧院的风采以及科波剧院全部的艺术与激情后，才多少开始与戏剧重续前缘，重新体验戏台上的乐趣。不过，我要就此打住我对音乐和戏剧的

---

① 安德烈·格雷特里（1741—1813），比利时籍的法国作曲家，他革新了法国的喜剧传统，素有"歌剧界的莫里哀"之称。
② 弗朗索瓦-阿德里安·布瓦尔迪厄（1775—1834），法国作曲家。
③ 斐迪南·希罗德（1791—1833）法国作曲家。注意，后文还会提到纪德的一位同龄人，也叫斐迪南·希罗德，两者只是同名同姓。

评论，言归正传。

在接下来的两年里，一个年纪和我相仿的男孩总是过来和我们共度假期。母亲经历了好大一番周折才给我找到这么一个玩伴，在她眼中，这个陪玩计划一举两得。一方面，可以让一个穷苦人家的男孩换一种环境，如果没有这个计划，这个男孩整个夏天都无法离开巴黎；另一方面，我也可以借此机会从那种爱在教鞭下沉思的状态中迅速解脱出来。阿尔芒·巴弗雷泰尔是个牧师的儿子，他的职责就是陪我一起外出散步。第一年，阿尔芒是和埃德蒙·理查德一道过来的，第二年是跟着理查德先生过来的，当时我已经住在理查德先生家了。阿尔芒是个看上去弱不禁风的男孩子，他五官精致，堪称俊俏，眼睛非常明亮，目光却又总是躲躲闪闪，令我不由得想起松鼠。放松时的阿尔芒既顽皮淘气又惹人发笑，来到拉罗克的第一天晚上，身处我家大客厅的阿尔芒还没有适应过来，因为尽管安娜和母亲热情洋溢地对他表示欢迎，这个可怜的小家伙还是泪流满面。那天晚上，我也尽可能热情地接待了阿尔芒，看到他居然哭了，我不禁感到震惊。我觉得他没有像常人在受到欢迎时该做的那样，领受母亲的一番好意。我甚至差点儿认为阿尔芒不尊重母亲。我当时还太小，无法理解在穷人面前露富可能会有多么不讨穷人喜欢。这倒不是说，拉罗克的那间客厅里有什么非常奢华的摆设，我的意思是，穷人置身于那间客厅时会感觉自己终于找到了庇护所，再也不用担心会有恶犬跟在身后吠叫不止的烦恼了。那也是阿尔芒第一次到别人家做客，我认为，他那是在接触到陌生环境时自然流露的本能反应。不过，头天晚上阿尔芒不愉快的记忆没过多久就消失了。他很快就听任母亲和安娜宠着他，她们有千万种更加怜爱阿尔芒的理由。我也很高兴又有了一个肯听我指挥的玩伴。

我们觉得最有意思的活动便是以古斯塔夫·艾马尔[①]在《阿肯色猎手》中描写的那种方法穿越森林，即不屑于走林间小道，也从来不流连于灌木丛或沼泽中，反而非常着迷于碰到茂密的矮树丛，因为此时我们才有机会手脚并用，甚至脸贴着地爬行，我们认为一遇到障碍就绕道是可耻的。

我们在勃郎克麦斯尼度过周日的下午，不厌其烦地玩捉迷藏，这种捉迷藏难度很大，局面瞬息万变，因为是在一个很大的农场里玩，里面有谷仓、马厩、牛棚和其他建筑，我们躲进能找到的所有建筑里。我们发现了勃郎克麦斯尼的秘密后，就继续在拉罗克搜寻新的秘密。利奥内尔和他的妹妹布兰丁娜也会去拉罗克找我们玩。我们会前往韦斯克农场（父母常常叫它主教农场），那里的新环境给我们带来未知的惊喜，我们因而玩得更起劲儿了。布兰丁娜常常与阿尔芒组对，我和利奥内尔组对，一组躲起来，另一组去找。我们蹲在柴捆后，伏在一垛垛稻草和一捆捆干草下。我们爬上屋顶，钻入能找到的所有建筑物出口和活动天窗，甚至冒险钻进苹果榨汁机上方的孔洞中，那是用来倒入苹果的。屁股后面有人追着时，我们上演了多少杂技戏法啊……不过，尽管捉迷藏妙趣横生，但我们最大的快乐源泉却来自地里出产的各种果实，我们一头扎进丰收的庄稼地深处，沐浴在农场散发的各种气味当中。哦，晒干的苜蓿散发出香气，猪圈、马厩

[①] 古斯塔夫·艾马尔（1818—1883），法国作家。

和牛棚飘出阵阵恶臭!苹果榨汁机散发出醉人的浓厚果香,再往后的远处立着一些巨大的木桶,冷冽的空气中飘动着丝丝霉味,其中掺杂着酒桶特有的难闻气味。①是的,后来我才得知,那其实是令人沉醉的佳酿挥发出来的气味,但是,正如求得苹果以畅快其心的书拉密②一样,与葡萄汁那寡淡的香甜气味相比,我更喜欢吸入这种味道强烈的乙醚。利奥内尔和我走到那巨大的沿着缓坡慢慢滚到谷仓空地上的金黄色玉米堆处,脱掉外套,把衬衫的袖子尽量往上卷,然后把手臂插进去,没至肩膀,感受一粒粒冰凉的玉米滑过张开着的手指的感觉。

我们几个人商量后决定,每个人都要悄悄建好一间"私宅",然后邀请别人到自己的"私宅"做客,被邀请的人则要带上食物。

大家决定从我开始玩这种游戏。我选择了一块巨大的石灰岩作为招待客人的"私宅"。那块岩石是白色的,光滑且高大,不巧的是,它位于一大片荨麻之中,我只能在长距离的助跑后借助一根杆子奋力一跃,才能越过荨麻落在那块岩石上。我把这座与众不同的居所命名为"何不居"。然后便把它当成自己的宝座,在上面坐等客人来访。访客们最终来了,可他们一看到和我之间还隔着一座荨麻"堡垒",就大喊大叫起来。我把我用过的那根杆子递给他们,让他们仿效我跳上来。可他们一接过杆子就笑着一哄而散,把杆子连同带来的吃喝都拿走了,把我抛弃在这个恶魔巢穴般的绝境,让我听天由命,我费尽九牛二虎之力才从那块岩石上安全地下来。

---

① 拉罗克所在的卡尔瓦多斯省是法国著名的苹果酒产地。
② 典出《圣经·雅歌》第2章第5节。原文如下:求你们给我葡萄干增补我力,给我苹果畅快我心,因我思爱成病。

阿尔芒·巴弗雷泰尔只和我们一起度过了两个夏天。1884年的夏天，我的表亲们没来拜访我们，即使来也只是很短的时间。独自待在拉罗克的我与利奥内尔相处的时间便大大增加了。每逢周日，大人们都安排我去勃郎克麦斯尼喝茶，我们二人便借此机会公开见面，但我们并不满足于只在周日见面，于是便像情侣那样经常幽会，每次赶赴幽会时，我们都心跳加速、惴惴不安。我们商量后决定，在只有我俩知道的一个隐秘地点设立"邮局"，以商定每次幽会的时间与地点。我们用暗号写成的古怪而神秘的信件交流，只有在破译了暗号或盘问了我们之后，别人才能看懂那些信。写好信后，我们把信放在一只封闭的木盒里，把木盒藏在一棵老苹果树脚下的苔藓中，这棵树生长在森林边缘的一片草地当中，距离我们两家差不多一样远。无疑，我俩这种略显夸张的互道衷肠虽说毫不虚伪，却也有那么一点儿做作，在我们发誓终生为友之后，我觉得为了能和对方在一起，我俩即便是赴汤蹈火也在所不惜。在利奥内尔的劝说之下，我也认为，这样严肃的盟誓需要有信物。于是，利奥内尔便把一簇铁线莲掰成两半，一半给我，一半给他自己，我们商定将这半簇铁线莲当成护身符随身携带。我把我的那一半装进一个刺绣小香囊中，像缠上肩胛绷带一样把它挂在脖子上，我第一次领受圣餐时，这个香囊还挂在我的心口处。

尽管我俩之间的友谊非常热烈，但其中并未掺杂丝毫肉欲。首先是因为利奥内尔奇丑无比。此外确信无疑的是，彼时的我已经觉得从根本上来讲，灵魂与肉体不可以混为一谈，我相信这一理念是令我与众不同的一个要素，不久之后，它成了我生命中最排斥的简单想法之一。另外，利奥内尔也就是基佐先生那位值得骄傲的外孙，也沾染上了高乃依笔下英雄的臭毛病。一天，我在快要离开时走到他面前，想给他一个兄弟般的拥抱，可他却没有同意。

"不，"他严肃地说，"男人之间从不亲吻对方。"

利奥内尔很乐意让我更加深入地了解他的家庭生活。如前所述，他是个孤儿；彼时，勃郎克麦斯尼的产业属于他叔叔即基佐先生的女婿，德·R兄弟俩娶了一对姐妹。德·R先生原本是国民议会[①]议员，本来是可以终生保留这一身份的，可是在德雷福斯案件[②]初期，他居然胆大包天地反对自己所在的右翼党派。德·R先生是一位非常优秀且值得尊敬的男士，但还不够有骨气，也缺乏坚毅或类似的品格，因而当大家坐在同一张桌子上时，除了年长，他并不能借助其他优势使自己显得更有威信、更能镇住大家。他家人口众多，小辈们在饭桌上时常不守规矩。不过这位值得尊敬的男士已经竭尽全力让自己在妻子面前能抬得起头来。他妻子盛气凌人，风头完全盖住了他。尽管气质高贵，德·R夫人却非常沉着冷静、格外温柔，也足够亲切。她的言行举止中并无专横霸道的味道，从来不会为了说话而说话，每每开口，讲出的不是非常独到的见解，就是非常深刻的领悟，而且总能一语中的（我儿时的回忆后来得到了其他回忆的佐证）。因此德·R夫人的那种仿佛是由于天生具有权威而对每个人施加的管束，便成了格外真实

[①] 法国实行两院制，中央政府有参议院和国民议会，相当于有些两院制国家的上议院与下议院。

[②] 1894年，法国一名犹太籍的陆军上尉德雷福斯被诬陷犯有叛国罪，此案当时被右翼势力加以利用，在法国掀起了反犹浪潮，直到1906年，德雷福斯才获得平反，此案一度在国际上闹得沸沸扬扬。

的管束。我并不认为德·R夫妇有夫妻相，不过，德·R夫人曾当过丈夫的秘书与知己，人们对密切关系着她声望的那些重要的往事记忆犹新，这无疑提高了她的声望。

德·R先生全家，包括他自己，都对政治多少有些兴趣。我在利奥内尔的房间里见他时，他总是让我在奥尔良公爵①的照片前摘帽（我当时完全不知道照片中的那位奥尔良公爵是谁）。

利奥内尔的长兄当时正在南方的一个选区拉选票，他屡败屡战地参加了一次又一次选举，但无一例外都落选了。每天，往往当一家人还在餐桌上时，邮差就会从丽雪运来一只邮袋。一看邮差来了，他们家的每个人，不管是大人还是孩子，都立刻抓起一张报纸埋头看起来，并且看上好一会儿，让我这个客人别想在餐桌上看到哪怕一张脸孔。

礼拜天上午，德·R夫人会在客厅主持祷告会，父母、孩子和用人也要参加。利奥内尔吩咐我坐在他身旁。祷告期间，我们双膝跪地，利奥内尔把我的手拉过去紧紧攥在自己手中，仿佛是在向上帝昭告我们的友谊。

不过，利奥内尔并非总是表现得超凡脱俗。举办祷告会的那间屋子（如前所述，那是一间客厅）的隔壁是图书室，一间摆放着一排排书的宽敞的方形屋子，大部头的法语百科全书紧挨着高乃依的作品，一个好奇心十足的男孩子不仅能够轻易地取下这些书，而且读了之后

---

① 法国贵族的头衔，通常封给王室子弟，地位相当于亲王，历史上有很多个奥尔良公爵，因为封地在奥尔良得名。

还能满足自己的求知欲。利奥内尔一旦得知图书室里没有人,就兴奋地到里面乱翻。我们看完一篇文章后还想再看一篇,那些文章生动、有趣、活泼。那些18世纪的作家统统是鲁莽的强人,自有一套无与伦比、妙趣横生的方式,能够寓教于乐。

我们穿过图书室时,利奥内尔常常用肘部轻轻地蹭我(每逢礼拜日,他家总是人满为患),向我眨眼睛,示意那屋子里放着许多淘气的孩子爱看的杂书,可我从来都不够机灵,无法领会他的眼色。就察言观色而言,我要比利奥内尔迟钝,或者说,我的注意力和精力总是落在其他方面,对这类事情远不及他好奇。读者明白我这话的意思吧。后来当利奥内尔向我讲述他翻看那本词典(百科全书)的过程并告诉我他有何发现时,我糊里糊涂地听着,不明所以,惊愕多于兴奋。只有在细节都毕露无遗时,我才能明白某些道理,甚至直到一年之后,当利奥内尔用他时不时装出来的高人一等、无所不知的语气告诉我,他在他哥哥的房间里找到了一本标题颇具挑逗性的书《猎狗回忆录》时,我还以为那是一本关于打猎的书。不过,那本百科全书纵然新奇,还是敌不过时间的消磨,慢慢变得索然无味。终于有一天,利奥内尔再也不能从中学到新的知识。

那时我俩一起做过的最叛逆的一件事就是共同阅读一些非常严肃的著作。我们读博须埃①、费奈隆②、帕斯卡。又过了一年,我长到了16岁。彼时的我正在准备基督教的坚信礼③,我与利奥内尔这位表亲之

---

① 雅克-贝尼涅·博须埃(1627—1704),法国主教、神学家与演说家。
② 弗朗索瓦·费奈隆(1651—1715),法国主教、神学家、诗人与作家。
③ 基督教的一种仪式,举办过坚信礼后,教徒就能成为某个教会的正式成员。

间的通信关系开始对我产生影响。那一年的夏季过后，我们继续在巴黎见面，常常轮流拜访对方。我不知道最终我们从阅读那些严肃的著作中收获了什么，总之，我们读了之后变得夸夸其谈，完全不像是那个年龄的孩子。我们极其自以为是，居然敢研究之前提到的那几位伟大作家。我们在评论哲学文章方面相互较劲儿，挑那些最难懂、最深奥的文章下手，专门探讨诸如此类的论文：《论贪欲》《论关于上帝及一个人自身的知识》等。我们无可救药地迷恋上了华丽的辞藻，只要没有使用故弄玄虚的词汇，就认为自己采用的词语过于单调。倘若今天的我再听到当时我们用来高谈阔论的那些文绉绉的讲评注释与长篇大论，肯定羞得满脸通红。不过，那些文绉绉的字眼儿有助于培养智力，可笑的是，我们因为使用这些字眼儿而获得了自我满足。

我对利奥内尔的回忆必须打住了，尽管我们曾相处甚欢，那段友谊最终未能发展下去，后来也没有机会重续旧情。接下来的数年里，我们时不时地会面，但得到的快乐越来越少。利奥内尔不喜欢我的品位、观点和作品，他起初还试图提高我的水平，最后却发展为不再来看我。我认为利奥内尔是那种只能和不如自己的人交朋友的人，他们在这样的友谊中居高临下，以朋友的保护人自居。即便在我们关系最好的时候，他还是让我觉得我的出身不如他。那一年，蒙塔朗贝尔伯爵[①]与他的朋友科尔努迪的通信集刚刚出版。那本书（1884年的新版）当时放在拉罗克与勃郎克麦斯尼住处客厅的桌子上，利奥内尔和我都很赶时髦，如饥似渴地读着那些信，蒙塔朗贝尔在信中的口气不

---

① 即夏尔·富尔贝·勒内（1810—1870），生于伦敦的法国记者与历史学家。

小，像是个了不起的人。我们认为他和科尔努迪之间的友谊很感人。在利奥内尔看来，这很像我们之间的友谊，不用说，我就相当于科尔努迪。

这也是利奥内尔无法忍受别人告诉他任何消息的原因。凡事他总要在你之前得知，有时他把你的观点再向你复述一遍，弄得好像那是他的观点一样，却忘了他是从你那里听到这个观点的。有时，他又以屈尊的方式向你透露一条信息，可你其实早已告诉过他了。总之，他把从别人那里拾来的牙慧当成自己的观点。有一次，我们讨论缪塞①时，利奥内尔搬来别人的一句荒谬的评论，却佯装是自己思考后得出的结论，扬扬得意地讲了出来，我听了不免感到好笑。他当时是这么说的："一位心中藏有八音盒的理发师的助手。"（要不是我读过圣伯夫的《备忘录》——基佐先生也曾受到这本书的影响——很可能永远不会发现利奥内尔的这个破绽。）

说完了利奥内尔，我们再来说说阿尔芒。

我还继续去巴黎看望阿尔芒，但间隔的时间越来越长。阿尔芒住在中央集市附近的A街，和他住在一起的还有他的母亲，一位善良、温柔、矜持的女性和他的两个姐姐。大姐比二姐年龄大很多，为人处世十分低调（这很司空见惯），就我所知，出于对年幼妹妹的疼爱和无私的关照，大姐包揽下最繁重、最没人愿意干的家务活儿，这样妹妹就无须受累。二姐和阿尔芒差不多大，是个可爱的小女孩。在这个氛围阴郁的家中，二姐似乎有意扮演着优雅与诗意的角色。明摆着全家

---

① 阿尔弗雷德·德·缪塞（1810—1857），法国诗人、小说家与剧作家。

人都喜爱她，尤其是阿尔芒。不过，阿尔芒却以一种奇怪的方式表达着自己对二姐的喜爱，稍后我会告诉大家。

阿尔芒还有个已经获得了医学学位，正要开始涉足杏林的哥哥，我不记得自己是否见过他。阿尔芒的父亲巴弗雷泰尔牧师成天忙于行善，我从来没有单独见过他。一天下午，巴弗雷泰尔夫人邀请了阿尔芒的几个朋友来家中喝茶，我们当时正在分切一块主显节①前夜的蛋糕，巴弗雷泰尔牧师突然闯入餐厅，引起了大家的一阵骚动。老天啊，他真是太丑了！身材矮小、肩膀方阔，手臂与双手形同猩猩。牧师的黑色外套本来会显得人高贵庄重，但穿在他身上反衬得他更加丑陋。

再看他的脸，哦，天哪！油乎乎的灰白头发稀稀疏疏地打着结，一直挂到油光可鉴的衣领上。眼珠像是煮过的鹅莓，在厚厚的眼皮下骨碌碌地转来转去，鼻子毫无形状可言，像是脸上一处隆起的累赘，松垂而臃肿的下嘴唇发紫，还挂着口水。我们看到他的这副尊容都惊呆了。巴弗雷泰尔牧师在餐厅逗留了片刻，跟我们说了一些无关紧要的话，类似"祝福你们，我的孩子们"或"上帝保佑你们"，就和巴弗雷泰尔夫人一起出去了，他有话要对她说。

次年，完全相同的一幕再次发生。巴弗雷泰尔牧师在同样的场合如鬼魅般露了一下脸，说了几句相同的话，又以同样的方式走出了餐厅，他的妻子也跟了出去。突然，巴弗雷泰尔夫人不合时宜地灵机一

---

① 基督教的一个节日，为每年的1月6日，主显节的前一天晚上，英文字面意思是"第十二夜"。主显节正好是在圣诞节之后的第12天，一般标志着西方基督教国家圣诞—新年长假的结束，类似于中国的元宵节。

动,把我叫过去介绍给她丈夫。到那时为止,牧师只知道我叫什么名字,他把我拉到面前,然后,真是太吓人了!在我还没来得及挣脱之前,他亲了我一下。

我只见过巴弗雷泰尔牧师两次,但他给我留下的印象过于深刻,他那可怖的形象从未从我的脑海中消失过,甚至开始徘徊在我打算要写的一本书里(不过说不准,我也可能不会写那样一本书),就以巴弗雷泰尔牧师为原型塑造一个人物,营造出我在他们家感受到的那种阴暗气氛。在他们家,贫穷不再像富人们通常以为的那样,仅仅是缺吃少穿。你感到它是真实存在、无孔不入、引人注意的。面目狰狞的贫穷控制了这家人的心灵与大脑,钻进了每个角落,触摸到了每个最隐秘与敏感的部位,令生活得以松弛有度的每一根弹簧都失去了弹性。那时我的人生阅历还不丰富,不足以明白很多后来我才看得懂的道理。彼时,巴弗雷泰尔家的许多反常现象在我看来无疑是奇怪的,但那只是因为我无法参透它们,无法把它们与挥之不去的拮据联系起来,巴弗雷泰尔家的人总是力图掩饰自己的贫穷。我其实算不上娇生惯养,母亲曾非常细心地注意不溺爱我,不让我比其他那些家境不如我的孩子更放纵。不过她从未说过,我应当改变自己的生活习惯或走出富贵命这个怪圈。我身在福中不知福,正如我身为一个法国人、一个新教徒而不自知一样,游离于富贵圈子之外的一切事物于我都是陌生的。

正如我们居住的房子得有能通行马车的正门一样,或者就像克莱尔姨妈说的,我们要有能通行马车的正门;正如我们外出旅行总要坐头等车厢;去剧院看戏,我无法想象除了楼厅前座,像我们这样自尊自爱的人还能坐在别的什么地方。不过，要想在这里说明在这种教育方式下我即将体会到什么样的震惊，还为时尚早。彼时的我仍然处在身在福中不知福的阶段，一天，我带阿尔芒去喜剧剧院看一场日场戏。母亲为我们订好了两张楼厅后座的票。我们是头一回自己去看戏，母亲认为我们这种年龄的小孩子，能坐在楼厅后座已经很不错了。可落座后我才发现，我们坐的地方比平时高出了不少，而且周围的人似乎都来自底层社会。于是我一溜烟儿跑下座席，跑到售票处，掏空腰包补了票，坐回到适合自己身份的位置上。我必须要说的是，阿尔芒难得当一回我的客人，要是不抓住这个机会让他享受到最好的待遇，我会非常过意不去的。

　　主显节前夕，巴弗雷泰尔夫人常常邀请阿尔芒的朋友们去她家"选国王"。这种小型聚会我参加过几次，但不是每年都参加，因为冬天时，我们一家通常不是在鲁昂就是在南方。但在1891年之后不久的某一年，我肯定参加过一次这样的聚会，好心的巴弗雷泰尔夫人向在场的其他年轻人隆重地介绍了我，她说我是一个著名的作家，在座的人多少都有些名声。显然，巴弗雷泰尔夫人频频举办这种聚会，有悄悄为自己那前途堪忧的小女儿物色如意郎君的意思。她觉得自己小女儿未来的丈夫也许就藏在这些青年才俊、社会名流当中。为了不露声色、不让别人有察觉地选好自己的小女婿，巴弗雷泰尔夫人用心良苦，可是阿尔芒却无所顾忌、令人尴尬地屡屡暗示，这便把夫人背后的用意粗暴地挑明了。负责切蛋糕的人是阿尔芒，而他又知道蛋糕里的那颗豆子藏在哪里，于是，每次他都设法让豆子滚到他二姐或是某位合适人选跟前，由于并没有其他女孩子在场，合适人选（也就是选出来的"国王")便理所当然地要选二姐做"王后"。之后的事情就非常搞笑了！那时阿尔芒已经患上了那种罕见的怪病，若干年后，他不堪此病的折磨，自寻了短见。

除了深受病魔折磨，似乎找不到其他理由能够解释阿尔芒为何一直毫不留情地欺负他二姐。除了把她弄哭，没有什么事能令他心满意足，光用嘴说还不行，我曾目睹过，阿尔芒径直走到他二姐面前动手掐她。那时的阿尔芒当真厌恶他二姐吗？不，恰恰相反，我觉得他是喜爱她的，能感同身受地体会到她的痛苦，甚至能体会到她因为他而遭受的那些白眼儿。就本性而言，阿尔芒是个心软的人，远非铁石心肠。但他心中藏着一个难以形容的魔鬼，在那个魔鬼的指使下，他以糟蹋自己所爱之人为乐。和我们在一起时，阿尔芒显得精力十足、神采奕奕，他总是以这种活泼而尖刻的脾气对待自己和身边的人，以及他在意的一切事物，于是他不停地唠叨，抱怨家里如何穷困拮据。每次家里来了客人，阿尔芒都故意让人家注意到母亲刻意掩藏的一切——污渍、裂缝，抑或是任何出了差错的东西，不仅把母亲搞得非常窝火，也把客人们弄得心情不悦。每当阿尔芒捅娄子时，巴弗雷泰尔夫人都手忙脚乱，不太情愿地承认自己招待不周，尽可能地收拾烂摊子，最后甚至道歉，从而落得个前功尽弃："当然了，若是在纪德先生家里举办这样的聚会，主显节前夜的蛋糕无论如何都不可能被放在这么一个有豁口的盘子里端上桌的。"然后，仿佛还嫌不够丢人似的，阿尔芒突然无礼地大笑，要么大喊："得了吧，看来我又说错话啦！"或是："就这么凑合一下吧，老妈，好吗？"阿尔芒在焦虑不安中不假思索地说出这些话，并不为此感到抱歉。一时之间，场面混乱不堪,阿尔芒在挖苦嘲讽,他母亲在表示不满,他二姐在哭哭啼啼,客人们左右为难,不知道要照顾哪个人的情绪。就在此时,巴弗雷泰尔牧师肃然登场了!

之前我已经解释过,我幼年时曾受到过一些比较特别的教育,因而对贫穷的独特味道格外敏感,但是在上述阿尔芒的这个例子中,除了贫穷的独特味道,又增加了一种奇怪的元素,这一元素显得异常的生硬、勉强,既合理又荒唐,简直令人头晕目眩,片刻之后便完全丧失了现实当中的一切意识。身边的一切,不光是当时的场合、人物和对话,甚至就连我自己的声音(它似乎从很远的地方传过来,听上去非常陌生、令人称奇)都开始在恍惚之间飘了起来,失去了常态,越发接近幻想的边缘。

有时我觉得阿尔芒并未意识到自己这样做有多么奇怪,不仅如此,他甚至还试图做出更加古怪的行为。他为这个大合唱增添的刺耳的音符居然如此合拍,甚至反倒成了正调。我甚至觉得,因为阿尔芒这种打破和谐的举动,就连巴弗雷泰尔夫人本人也陶醉在这种令人癫狂的和声之中。一天,她向德希利先生介绍《安德烈·瓦尔特笔记》[①]一书:"那本令人啧啧称奇的书,你肯定看过,"夫人对德希利先生说,"该书得过音乐学院朗诵比赛的第一名,所有的报纸都在称赞它。"夫人也以同样的口吻逐一对其他客人介绍此人。没过多久,德希利、我,还有其他人,便在我们自己营造出来的一种气氛的驱使

[①] 此书是纪德的处女作,出版于1891年。后文中在再次提到此书时,有时称为《安德烈·瓦尔特》,有时称为《笔记》。

下，像极其逼真的木偶那样手舞足蹈地高谈阔论起来。当我们离开巴弗雷泰尔家又回到街上时，那种感觉简直恍如隔世。

我后来又见过一次阿尔芒……那天接待我的是他大姐。家里只有她一个人，她告诉我，我应该再往上爬两层去阿尔芒的房间找他，因为他早已扬言不再下楼了。我知道阿尔芒的房间在哪里，尽管我从未进去过。他房间的房门冲着楼梯，正对着他哥哥的问诊室。房间不算太小，但非常阴暗，窗口朝着一处小院落。一块用瓦楞锌皮做的极其难看的反光板，将一束暗淡的浅灰色光线反射入阿尔芒的房间。阿尔芒和衣躺在床上，床并没有铺好，他没有换掉睡衣，也没有刮胡子，更没有戴领结。看到我进去，他爬起来，紧紧地搂住了我。这不像他的做派，我记不得我们是如何开口交谈的。无疑，我更加在意阿尔芒房间的外观而非他对我说的话。那房间里找不到任何一样让人看了觉得舒心的东西。那种寒酸、丑陋、黑暗令人憋闷，我忍不住问阿尔芒是否愿意和我一起出去透透气。

"我现在根本不出门。"他直截了当地说。

"为什么不出门？"

"我不能这副样子出门。"

我坚持要带他出去，我跟他说，他完全可以简单地收拾一下，戴上一条假领子，不刮胡子也不要紧。

"我也没有洗澡。"阿尔芒反驳道，接着在一阵痛苦的窃笑中告诉我，他早已不再洗澡，这就是为何房间里的味道这么难闻。

他还说，除了吃饭他从不离开房间，他已经有三个星期没出过门了。

"那你都干些什么呢？"

"什么都没干。"

床头柜的一角横七竖八地放了几本书，我试图看清都是些什么书，他见了便问道："你想知道我在看什么书吗？"

他递给我一本伏尔泰的《少女》。我老早就知道这是他的枕边书，还有比高·勒勃伦①的《引文集》、保罗·德·科克②的《乌龟》。阿尔芒摆出一副推心置腹的样子，以一种颇为古怪的方式告诉我，他闭门不出是因为他只有搞破坏的本领，他知道自己容易冒犯别人，别人也讨厌憎恨他。而且，他也没有自己以为的那么聪明，就算还有那么一点儿聪明劲儿，他也不知道该如何加以利用。

现在回忆起来，我觉得自己当初不应当不管阿尔芒，任凭他在那种状态中沉沦，至少应当和他再多聊几句。阿尔芒当时的样子和他说的话，对我触动并未像后来那么深刻。还有一点我必须交代一下：我迷迷糊糊地记得，那次聊天时，阿尔芒突然问我对自杀有何看法，我当时直视着他回答说，我觉得在某些情况下，自杀可能是一种值得赞许的行为。这其实是一句玩世不恭的话，这种话彼时的我张口就来。不过话说回来，我不确定这段往事有没有可能是我想象出来的，是我把我们之间的最后一次谈话在脑海中搬来搬去，连同对巴弗雷泰尔牧师的印象一道，搬进我要写的一本书里时臆想出来的。

比上一段往事更令我印象深刻的是，若干年后（彼时我已经有

---

① 高·勒勃伦（1753—1835），法国小说家、剧作家。
② 保罗·德·科克（1793—1871），法国小说家。

很长时间没有见过阿尔芒了）我收到了他的丧讯。当时我正在外面旅行，无法出席他的葬礼。不久后再次见到他不幸的母亲时，我没敢问她什么。只是间接地得知，阿尔芒是投入塞纳河自尽的。

第七章

那一年（1884）年初，我经历了一次非比寻常的奇遇。元旦上午，我前去拜访安娜，祝她新年快乐，安娜当时住在瓦乌吉拉尔德街上。回来的路上，我兴高采烈、扬扬得意，无论是自己还是老天，抑或是不管哪个人，在我看来都很顺眼，我觉得一切都有意思，万物都很好玩，还觉得自己前程似锦。那天我不知怎的，没有像平常那样取道普拉塞德街回家，而是选择了与它平行、在它左侧的一条小街。这样做只是为了寻开心，为了获得那种因改变而产生的快感。时近中午，空气清新，太阳已经暖洋洋的了，阳光直射在街上，一侧的人行道在亮处，另一侧在暗处。

半路上，我离开亮处那一侧的人行道，想体会一下在阴凉处行走的感觉。我真是太开心了，一路边唱边跳，眼睛瞧着天上。就在此时，仿佛是对我快乐心情的回应，我突然看到有东西朝我落下来，那是个晃动着的金灿灿的小东西，像一缕阳光那样穿过一片阴暗后落了下来。只见这东西离我越来越近，在空中悬停片刻后落在我的帽子上，哦，真如圣灵下凡一样。我伸手把那东西够了下来，发现手中依偎着一只可爱的小金丝雀。这个小家伙像我的心脏一样不停抖动着，而我的心此时就好比是胸中的阳光,也像鸟儿那样长出了翅膀。毫无疑问,我周身上下溢出的洋洋喜气已经能被外界事物感受到了,尽管感觉迟钝的人类可能感受不到。在任何一双火眼金睛看来,我周身肯定散发着诱捕鸟儿的镜子一样的亮光,整个人容光焕发,这才把可爱的生灵从天上吸引了下来。

我兴冲冲地跑回家,把捡到的金丝雀拿给母亲看。我那么激动兴奋,主要是因为我满怀惊喜地确定,那只金丝雀是上帝特意派来告诉我,我是天选之子的。我更加笃定地认为自己肩负着神秘的使命。从那之后,我便觉得自己与上帝签订了密约,后来我听说母亲为我的未来做了规划时,比如说,母亲希望我能够报考林业系,在她看来,我特别适合从事林业工作。出于礼貌,我不太真心地表示默认,就好比一个人虽然同意玩一种游戏,但在玩游戏的整个过程中始终知道自己真正的兴趣在哪里。

我当时差点儿就跟母亲说了:"我怎么决定得了自己的未来呢?您难道不知道我没有权利那样做吗?您难道没有认识到我是天选之子吗?"我分明记得,一天母亲跟我谈起选择职业的问题时,我确实说过类似的话。

那只金丝雀是只雌鸟,我把它与我从拉罗克带来的一窝其他种类的雀鸟一道养在一只大鸟笼中,它们相处得极为融洽。不过,关于金丝雀的故事我还没讲完,更令人称奇的还在后面。几天后,我又前往巴蒂诺尔斯,理查德先生当时住在那里,正当我要穿过圣日耳曼大道时,居然再一次突然看到有什么东西斜着落在马路当中。难不成是我疯了?可那的确又是一只金丝雀!我飞身朝它扑了过去。可这只金丝雀却比我先前遇到的那只（它俩可能是从同一个笼子里逃出来的）野性略大，它看到我扑上来便飞起躲开了。不过，它没有飞远，而是飞一阵子就落下来，片刻之后再飞起再落下，就这样贴着地面一路飞掠向前，完全像是一只习惯了笼居，获得自由后反而不知所措的鸟儿。我沿着电车轨道追了一阵子，这只金丝雀从我手下逃脱了三次，终于，就在一辆电车快要撞到我们的一刹那，我用帽子盖住了它。

我因为追鸟迟到了。我欣喜若狂、不能自已，紧紧地把那只金丝雀拢在手中，一路奔向老师家。理查德先生没有为此非难我，他本来就是个容易分心的人。我们心情愉悦地上完了课，其间，我寻思着要找一只小笼子，好把这只金丝雀装进去带回考迈耶街的住处。我当时一直在为之前得到的那只金丝雀寻找玩伴，亲眼看见上帝又给我降下了一只金丝雀，这对我来说不亚于见证了一个奇迹。如此奇遇居然能在世上这么多人当中偏偏选中我，独独落在我头上，这比我自己完成了某件壮举还要令人自豪。这样的奇遇充分说明，我就是天选之子，就是命中注定要完成某个使命的人。彼时，经历了如此奇遇的我一边走，一边浮想联翩，想象自己能像以利亚那样，盼望着上帝降下喜乐与食物[①]。

数周后，那对金丝雀下蛋并孵出了雏雀，那个笼子虽大，也挤不下这么多鸟儿了。礼拜日，我的表弟爱德华可以不住校，我们便常常在我的房间里放飞这些金丝雀。

它们在我房间里尽情嬉戏，想在哪儿拉屎就在哪儿拉，它们停在

---

① 典出《圣经·列王纪上》第17—19章。

我们的头上，停在家具上，停在我们特意从外面带回家供它们停歇的树枝上，这些树枝是我们从布洛涅树林和墨东森林带回来的，被牢牢地绑在抽屉上，或是横着插进钥匙孔中、竖着插入花盆里。在公寓的一楼，我养了一窝小白鼠，它们在铺设精巧、形同迷宫的地毯间嬉戏打闹。我还养了好几缸鱼，就不跟你们细说了。

理查德一家搬来巴黎事出有因：帕西周边的房租上涨，小布莱西要上高中，理查德先生想换个离学校近点儿的住处。他希望自己门下的几个男生都能进高中读书。此外，贝尔特朗夫人决定带着女儿搬出理查德家另觅住处，这样一来，理查德家的开支将大大降低。最后，那两位投在理查德先生门下的英国小姐也走了，回到英吉利海峡对面的家乡。埃德蒙·理查德那时也回了盖雷。我也不再睡在理查德先生家。每天早晨，我大概九点到达理查德先生家，在他家吃午饭，晚饭前再赶回家。那一年秋天刚刚开学时，我又一次力争重回阿尔萨斯学校，已经坚持在学校里上了一两个月课。可我那最烦人的头疼病又犯了，无法坚持在学校里学习下去，不得不重新接受之前的教育方式，也就是毫无计划，想怎么教就怎么教，尽可能避免枯燥灌输。理查德先生正是熟谙这种教育方式的行家里手，他自己的性情就多少有些散漫。说不清楚有多少次，上课变成了散步！如果哪一天阳光明媚，我们又都精力充沛，就喊道："这么好的天气闭门不出简直就是犯罪啊！"起初我们只在街上闲逛，边走边看，讨论着，交谈着。但那一年，我们有了散步的目的地。出于某种原因，理查德先生突然又想搬家了。他不喜欢目前的住处，得找个更好的地方……于是，出于好玩也罢，或是其他随便什么目的也罢，我们四处物色房子，只要看到挂出"出租"字样的房子，就上去打听。

我们那时爬过多少楼梯啊，数都数不清！上至金碧辉煌的豪宅，下至破败不堪的陋室，我们都见识过了！我们最喜欢一大早出去猎寻理想的出租屋。

我们往往在住户们离开他们的巢穴前堵住他们，当时他们刚刚起床，还在洗漱上厕所。对我而言，这种"窥探之旅"远比读万卷书更有教益。我们搜房猎屋的范围局限在孔多西高中和圣拉萨尔火车站一带，不超出欧洲区。至于这种猎屋游戏玩起来感觉怎么样，我就不明说了，留给诸位去猜想吧。理查德先生也很喜欢玩这种游戏，为了避免尴尬，他往往小心翼翼地走在我前面，有时他突然转过身来，冲我喊道："不要进来！"尽管如此，我还是设法窥探到了许多人家屋里的情景，造访完那些人家回来时，我时常目瞪口呆。倘若换作天性迥异的旁人，这种间接的试探活动可能会产生相当大的危险。但我从这种活动中获得的乐趣却没有搅得我心神不宁，只是令我心情激动。更有甚者，我在这样的活动中瞥见了一些放荡的行为，从内心来讲我是反对这些行为的，目睹之后更加反感了。最后，也许是发生了几次特别见不得人的意外事件，理查德先生才醒悟过来，知道再带着我这样寻找出租屋是不合适的，他突然叫停了。或许是他已经找到了一处很满意的住房，便终止了寻找出租屋的活动。总之，我们物色出租屋的活动终结了。

我读的课外书非常多。彼时，阿米埃尔[1]的《实时日记》风靡一

---

[1] 安里·佛烈迪克·阿米埃尔（1821—1888），瑞士哲学家、诗人、评论家。

时。理查德先生要我重视这本书，他把其中的大段内容大声读给我听。他在此书中找到了一块具有美化效果的画布，倘若把他身上的犹豫不决、屡教不改与疑虑重重画在上面，便会形成一幅美丽的图画。也就是说，理查德先生在阅读此书的过程中，为自身的以上缺点找到了借口甚至是有力的辩护。我在读此书的过程中，情不自禁地感受到了这本从头到尾都在过分讲究道德的奇书那难以形容的魅力，不过在今天的我看来，阿米埃尔的这本书通篇充斥着顾虑、探究与浮夸，令人费解，令我十分恼火。但当时我受到理查德先生的影响，出于表示赞同，或者说正如经常发生的那样，为了回避师生意见相左造成的尴尬，我对此书表示出欣赏。同时，完全发自真心地感觉这本书不错。

理查德先生家的饭桌上还能看到另外两个寄宿生的身影，其中一个比我稍大一些，另一个比我小两岁。大的那个叫阿德里安·吉法尔德，他是个没有兄弟姐妹的孤儿，好像是弃婴。我不知道阿德里安经历了一连串什么样的波折后，才最终寄身于理查德先生的门下。

阿德里安属于那种毫不起眼的小人物，他们似乎仅仅相当于生活中的"看门人"，在人生这个舞台上勉强凑数。阿德里安既非好人也非坏人，既谈不上严肃也不算活泼，对任何事物都兴趣不大，爱理不理。就在阿尔芒不再来拉罗克的那一年，阿德里安来到了拉罗克。起初的几天，阿德里安非常不开心，因为出于对我母亲的尊重他不敢痛快地吸烟，甚至因此快要病倒了。后来我们发现他喜欢抽烟，便不断弄来烟草给他，他想要多少我们就给他多少，阿德里安便不停地吸烟，简直成了烟囱。

我在练琴时，阿德里安常走过来把耳朵贴在琴身上，只要我还在练习音阶，他就一直沉浸在极乐的状态中。一旦我开始弹奏乐曲，他就走开。阿德里安常说："我对音乐并不喜欢，我只是喜欢听你练琴。"

他自己练习六孔哨。

阿德里安一看到我母亲就害怕，我想兴许母亲对他而言就好比代表着高度文明的音符，他一听就头晕。一天阿德里安出去散步，在穿过一道树篱时，裤子的臀部挂在野生黑莓上被扯破了，他相当笨拙。一想到自己不得不以这副尊容出现在我母亲面前，就不寒而栗，没敢回家，在外面游荡了两天。永远都没有人知道在那两天里，他睡在哪里，吃的什么……

"召唤我回来的东西，"阿德里安后来向我吐露道，"是烟草。离开了其他东西，我照样过得下去。"

贝尔纳·提桑狄尔是个高大、欢乐、健谈、明白事理的男孩，肤色浅淡，一头黑发修剪得整整齐齐、宛如刷子。他非常有理智，喜欢与人交谈，我觉得他很有魅力。每当太阳落山，我们离开理查德先生家时，我们两个日间寄宿生常常一起走上一段路，边走边聊。我们最喜欢聊的话题之一便是孩子的教育问题。我俩一致认为，理查德夫妇教养孩子的方式极其糟糕，我们一起大声嘲笑许多教育理念，彼时的我还不知道，相较后来学习到的素质，天生的品质有多么强大，这就好比无论怎么变着花样地上浆、裁制、按压与折叠，自然的布料都是磨灭不了、不可改变的，有的挺括，有的绵软，当初织成时什么样子就一直是什么样子。当时我正计划写一篇论教育方面的论文，我答应贝尔纳，把这篇论文献给他。

阿德里安·吉法尔德在拉卡纳尔高中上学，贝尔纳·提桑狄尔在孔多西高中上学。现在我要讲述的这件事情是这样发生的：一天晚上，母亲正在阅读《时代报》上的一篇文章，突然感叹道："但愿，"她用一种打探的语气说，"你的朋友提桑狄尔放学后，不会路过避风港巷吧？"（请让我多说一句，以免有人不知道，这条小巷离学校没几步路。）

我从未打探过提桑狄尔放学回家的预定路线，因而一时之间答不上来。

"你应当告诉他，不要进那条巷子。"母亲继续说道。

母亲声音低沉，眉头紧锁，那表情和我曾看到的一位船长如出一辙。那位船长正指挥船只横渡勒阿弗尔[①]和翁弗勒尔之间的海面，海上波涛汹涌、险象环生。

"为什么？"

"因为我看报纸上说，避风港巷是条花柳巷，名声很不好。"

母亲不再作声，可我的心思却被搅动起来，一直在想那几个费解的词究竟是什么意思。我多少明白"名声不好"是什么意思，但我一旦展开想象就不能自已了，既不受法律的管辖，也不听习俗的约束。我立刻把避风港巷（我从来没有去过那里）想象成一个淫欲与坏事横流之地，一个地狱，一个优雅与体面被屠戮殆尽的战场。尽管我曾短暂地造访过轻佻女人们的闺房，但彼时已经15岁的我却仍然令人震惊

[①] 勒阿弗尔，法语意为"避风港"，位于塞纳河口右岸，是法国著名的港口城市，巴黎的外港，属滨海塞纳省。翁弗勒尔则位于塞纳河口左岸，属卡尔瓦多斯省。

地根本没有见识过淫荡的环境。我想象出来的一切都是空中楼阁，丝毫没有现实依据。我那些不切实际的幻想完全是由低俗、诱惑和恐惧编织而成的，尤其是恐惧，因为正如我之前说过，我天生就反感排斥淫欲之事。比如，我会在幻想中看到，可怜的提桑狄尔被娼妓们在狂欢中撕成了碎片。当我坐在理查德先生家，看着提桑狄尔这个友善的大男孩，看着他那圆鼓鼓红扑扑的脸蛋儿，看到他冷静沉着、活泼开朗、简单直率的模样时，脑子里就呈现出这些幻想，好奇心便再也按捺不住了。

阿德里安·吉法尔德、提桑狄尔和我正待在一间屋子里预习功课，最后我终于用因动情而哽咽的声音问道："贝尔纳，放学后你不会去避风港巷的，是吗？"

贝尔纳并未回答"是"或"不是"，而是反问了我一个问题。我这个出人意料的问题自然会引出这样的反问。

"你为什么问这个？"贝尔纳惊讶地睁大了眼睛，问道。

突然之间，我感觉自己被某种巨大的鬼怪完全压制住了，一种带有宗教色彩的、令人惊慌失措的恐惧席卷了我，当年我在得知小艾麦尔死去时，在感觉自己与人世隔绝的那一天，曾体会到同样的恐惧。我在抽泣中颤抖着，猛地扑到这位同学面前。

"贝尔纳！"我喊道，"哦，我求求你了，不要，不要去那里！"

我声音高亢、感情激烈、眼泪滚滚，简直像个疯子。阿德里安把他的椅子往后拉了拉，眼睛睁得老大，都快要挣脱眼眶了。但和我一样在新教徒家庭里长大的贝尔纳·提桑狄尔片刻都没有疑惑，立刻明白了我为何这么激动。

"那么依你看，"贝尔纳非常自然地以一种最能让我冷静下来的腔调说道，"我会不知道那种营生吗？"

这就是他的原话，我敢发誓。

我的激情瞬间消退。马上意识到，这件事贝尔纳知道得不比我少，甚至还要多。而他却能正视这种事，并且坚定甚至略带讽刺地看待它们，这无疑与我那种忧郁的态度形成了鲜明的对比，他的这种态度是令人安心的。但这正是令我震惊的原因，也就是说，我想象出来的这条恶龙在别人眼中，居然如此温驯冷静，丝毫没有令人不寒而栗的恐惧感。"营生"这个词在我听来很刺耳，直到那时，我还只是把卖淫看作一种丑陋与雅致并存的戏剧性产物，可"营生"这个词却为卖淫增添了一股真实且通俗的味道。我真的相信，那时的我从未意识到钱居然还能与放荡扯上关系，或者说居然还可以花钱满足淫欲。或许是因为（毕竟我读的书也不算少，不想让自己在别人眼中显得比真实的我更蠢更傻）看到比我更小，也就是说更加少不更事的人，居然能意识到卖淫也是一种营生，我才那么沮丧。

在我看来，仅仅知道这种事情就足以令人萎靡不振了。这种对卖淫的新认识中夹杂着某种感情，也许连我自己都不知道的是，理智因此起了一点儿波动，产生了想给予别人哥哥般保护的念头。此外，当我发现这一新的认识并不合理时，便感到了恼怒⋯⋯

与此同时，贝尔纳在看到被他反问后我一直愣在原地，因为意识到了自己的荒谬而若有所思，便拍了拍我的肩头，发出了一阵愉快、爽朗、淡然的笑声，一切便又恢复了正常。"没事的，"他说，"你没必要为我操心。"

我竭尽所能描述了在声泪俱下中体验到的令人喘不过气来的窒息感，我在前三次陷入这种感觉的过程中体会到了莫大的惊讶，但从未有过类似感觉的人恐怕无法理解我的感受。那时，我逐渐适应了这种古怪气息的侵袭。今天，这种气息虽谈不上很久才出现一次，倒也变得温和，变得因有所节制而寡淡，因此我不再那么害怕它，就像苏格拉底不忌惮折磨他的魔鬼一样。正如我不久之后即将认识到的那样，没有饮酒却沉醉，无异于陷入真情流露的狂喜。我被这种神圣的疯狂震撼的快乐时光，恰恰是酒神狄俄尼索斯邀我痛饮的时刻。可是，哦，对一个曾经认识上帝的人而言，在旷日持久的压抑灵魂的过程中，显得多么孤苦伶仃和绝望透顶啊！

如果说贝尔纳·提桑狄尔没有为我招人怜悯的情绪爆发所感动，那么相反，他笑着说出的善意的回答，使我大为感动。正是那次对话之后，我开始注意街上的某些场景。德马雷斯特姨妈住在圣日耳曼大道上，就在克鲁尼剧院正对面，准确地说，姨妈家住在通往法兰西学院的那条陡坡的路上，站在她家五楼的阳台上可以看到法兰西学院的正面。那栋房子当然是有能通行马车的正门的，姨妈可是个品位很高、原则性很强的人，我想不通她怎么会选择住在那样一个街区。

夜幕降临后，在米歇道和莫广场①之间，站街女们开始四处揽客。阿尔伯特曾经提醒我母亲："姨妈，我觉得，"他当着我的面说，"你们来我家吃晚饭后，最好让这个大男孩和您一起回家。"（我们

---

① 巴黎学生的用语，米歇道就是圣米歇尔大道，莫广场就是莫贝广场。

每隔两周去德马雷斯特姨妈家吃一顿晚餐。)"我还觉得,你们在回家的路上最好走在马路中间,甚至可以在电车轨道旁行走。"

我不知道自己是否完全理解这些话。按照平时的做派,我会马不停蹄地从巴克街跑到姨妈家,当我赶在电车前跑到姨妈家时,简直堪称荣耀一刻。一个晴朗的春夜,我跑进姨妈家时一眼便看到了母亲,那天下午,母亲是在姨妈家度过的。但有一天晚上,我并没有像平时那样跑着去姨妈家,而是比往常提早了一些出发,我走得很慢,意在享受一下那个季节出现的首个温暖的晚上。就在我快抵达目的地时,我注意到街上有几个形迹可疑的女人,她们没戴帽子,正漫无目的地走来走去,仿佛是尚未决定要去哪里。她们就在我的必经之路上踱来踱去,我要想继续前行就得从她们身边走过。就在那时,我的脑中闪现出提桑狄尔曾说过的"营生"一词。我迟疑了片刻,在想自己是否应该一直待在人行道上,以免离她们太近。但我的天性中却总是有某种能压倒恐惧的东西:这是怯懦的恐惧。我继续前行。突然,另一位我先前并没有注意到或是从一扇门里走上前来的风尘女子直愣愣地盯着我看,并拦住了我的去路。我不得不猛地侧身躲过她,当时我双腿打战,无比慌张!她本来正哼着小曲儿准备搭讪我,见我这样便作罢了。

"没必要这么害怕嘛,我的小帅哥!"她嚷道,那声音既有点儿吓人又带着嘲笑,还很有魅惑力,完全像是开玩笑。

我的脸涨得通红,就像是逃过一劫那样心有余悸。

多年以后,我回想起那些物色猎物的尤物时仍然感到非常害怕,她们仿佛是会往人身上泼硫酸的人。

我接受的是新教徒式的教育，鼓励人克制天性，头脑非常简单的我自然不为生性保守而发愁。我对异性缺乏好奇心。即便只要打一个手势就能发现女人所有的秘密，我也懒得打。我深深陶醉在这个念头中：我这种强烈厌恶女人的情感是不被认可的，并且是道德低下的表现。我过着既沉默寡言又束手束脚的生活，但我的理想却在挣扎反抗着这样的生活。如果说我曾妥协过，那也是向我早年养成的坏习惯妥协，任何外在的挑衅对我都起不了作用。何况在那个年龄，面对那些问题时，又有谁不自欺欺人呢？在那些我突然意识到自己可能会信奉魔鬼的日子里，一想到自己在某些情况下像圣人般的厌恶，像贵人般的战栗，我就仿佛听到了那位大反派在其藏身之所大笑和搓手的声音。但我又如何能预见到前方有什么样的陷阱在等着我呢？不过，这里并不适合谈论这些事情……

前文在描述我们的公寓时没有提到书房。自从父亲死后，母亲就把书房上了锁，不许我再进去。尽管书房位于那间公寓的最里头，可在我看来，却是那间公寓的中心。我的思想、抱负、欲望统统围着它转。在母亲眼中，书房似乎成了圣地，里面保存着她对父亲的珍贵的回忆。倘若我过早地取代了父亲在她心中的地位，则是对父亲的亵渎。我还觉得，母亲竭尽全力地将一切可能令我觉得自己越发重要的事物从我的成长之路上挪走。最后，我要说，母亲认为把这么多书放在求知欲如狼似虎的我伸手可及的范围内是不慎重的。在我快满16岁时，阿尔伯特开始为我说情。一次他和母亲讨论此事，我无意中听到了只言片语。

"可要是那样的话，他会把整个书房洗劫一番的！"母亲嚷道。

阿尔伯特轻柔地回答说，我对阅读的喜好值得鼓励。

"他有很多书堆在走廊里和他自己房间里呢，我们可以等到他把那些书全都读完了再说。"母亲反驳道。

"难道您就不怕书房里的书会因此具有禁果般的诱惑力吗？"

母亲反唇相讥道："那样的话，人们就不该禁止任何事物。"母亲这样抵抗了一段时间后还是妥协了。每当阿尔伯特向她提出反对意见时她都会妥协，因为她非常喜欢并尊重他，还因为理性最终总是在她的头脑中占据上风。

但是，不，我实事求是地说，尽管那间书房曾是我的禁地，但它对我的吸引力并未因此增大，或者说，这仅仅给它增添了一丝神秘。我不是那种一被打压就想反抗的人。相反，我总是很听话，甘心遵纪守法，善于妥协让步。更有甚者，我特别害怕偷偷摸摸地行事。如果说后来我才发现，有时自己必须要掩盖真相，只是，这种情况太常见了，唉！从来不外乎这么一个原因：在那一瞬间我想保护自己。不过即便如此，我也一直希望并且坚定不移地想在不久之后就把一切公布于众。如果不想揭露真相，我为何还要写这本自传呢？还是回到我读书这个话题上来吧，我不记得自己曾背着母亲读过哪怕一本书。我把不欺骗隐瞒母亲看作一件光荣的事情。那么，父亲书房里的那些书究竟有什么特别之处呢？首先，它们装帧精致。其次，堆在我房间和走廊里的那些书几乎是历史、解经或评论方面的著作，而在父亲的书房里我却发现，那些书讲的是作者自己的事情。

阿尔伯特几乎要说服我母亲了，但母亲没有立刻彻底让步，而是采取了折中的办法。她允许我进入书房，但只能由她陪着进入。我可以根据自己的喜好选择书，还可以读她选定的书，但必须大声读出来，并且读给她听。我看上的第一本书是戈蒂耶①诗集的第一卷。

我喜欢高声读（自己选的）书给母亲听，可她想形成自己的品位，又不相信自己的判断力，因而更喜欢听我读另一类风格迥异的书。比如保罗·阿尔伯特②写的那些平淡且冗长的散文，还有圣马克·吉拉尔丁③的讲义集《论戏剧文学》，该讲义集厚达五卷，我们当时以每天一章的速度读完了它。

我居然没有被这样的"精神食粮"恶心到堪称奇迹。恰恰相反，我喜欢它们，我的胃口很大，偏好最富有教育意义、最容易填饱肚子、最需要费力咀嚼的精神食粮。今天的我认为，母亲如此重视评论作品并没有什么错，她错在未能从中精挑细选。不过话说回来，母亲身边也没有能指点她的人。此外，就算是当时还很年幼的我已经读过了圣伯夫的《星期一》或泰纳④的《英国文学》，能像日后再读它们时那样受益匪浅吗？重要的是，要俘获我的思想。

母亲并没有鼓励我读历史书，或者说至少没有在让我读评论作品的同时鼓励我读历史书，如果有人觉得这很奇怪，我的回答便是，在我思想形成的过程中，我觉得自己特别讨厌历史。对历史这一我的弱

---

① 泰奥菲尔·戈蒂耶（1811—1873），法国诗人、剧作家、小说家、记者、艺术与文学评论家。
② 保罗-阿尔伯特·贝斯纳尔（1849—1934），法国画家与版画家。
③ 真名马克·吉拉尔丁（1801—1873），法国政客与文人。
④ 希波利特·阿道尔夫·泰纳（1828—1893），法国评论家与历史学家。

项我必须多说几句。如果我能遇到一位好的历史老师,如果这位老师能够清楚地分析出历史事件背后历史人物所起的作用,也许我对历史的兴趣兴许就能被成功唤起了。可正如背运时总会发生的那样,除了讲课枯燥乏味的学校老师,再没有别人教过我历史。自那以后,我多次尝试过强迫自己倾心于历史并尽己所能地学习历史,可脑子却不听使唤,无论听到的历史故事多么精彩我都记不住,只能记住历史事实之外的细枝末节——页边的注释,即卫道士可能会从历史事件中总结出来的那些道理。我后来(那是我在学校念书的最后一年)在叔本华的书中看到他试图明确指出历史学家与诗人的思维有何不同时,是多么心怀感激啊。"这就是为何我会对历史一窍不通!"我兴高采烈地告诉自己,"那是因为我是个诗人!我想当诗人!我是个诗人!"

Was sich nie und nirgends hat begeben

Das allein veraltet nie.①

我一遍遍地把叔本华引自亚里士多德的这句话念给自己听:"比起历史,哲学更重要,诗歌更优美。"不过我得言归正传,继续讲述阅读戈蒂耶作品的经历。

大家可以想象一下,一天晚上,我正和母亲一道坐在她的房间里,手中捧着她允许我从那个专门用来放诗歌作品的光亮的小书架上

---

① 原文为德文,意为:只有从来没有在任何地方发生过的事件,才说不清楚发生的时间。

拿来的那本书。

我开始大声读起了《阿贝都斯》。《阿贝都斯》或《灵与罪》……彼时,戈蒂耶这个名字仍然散发出多么高贵耀眼的光环啊!就在那时,《神学诗篇》这个目无尊长的副标题吸引了我。对我以及当时学校里的同学们来说,戈蒂耶这个名字象征着对传统礼俗的蔑视,象征着解放和自由。无疑,我选择读什么样的书时也会有点儿赌气。母亲不是想和我一起看我选的书嘛!很好!我倒是要看看,究竟是谁会首先服软。我如此赌气其实是在自讨苦吃。比如几个月前,我就在虚假的自信心的支配之下,痛苦地强迫自己走进圣普拉塞德街上的一家令人厌恶的小店铺,那家店铺出售各种各样的物品,其中也包括歌曲,我买了其中最傻最粗俗的一支歌:《哦,玛蒂尔德身上的味道真香啊!》,我买它目的何在呢?我再说一遍,纯粹是出于赌气,可以完全确定,我一点儿都不想买那首歌。是的,我那样做就是想强迫自己干不愿意干的事情,因为前一天当路过那家店铺时,我曾经对自己说:"反正,那是一件你不敢做的事情。"现在,我却做成了。

我继续读着《阿贝都斯》,并没有看母亲,母亲此时正坐在一张巨大的扶手椅上忙着她的十字绣。开始读时我还是轻松愉快的,但随着诗的内容越发下流,我的声音变得发虚。在这首"哥特风诗歌"中,两个主要人物之一——一位女巫,为了引诱阿贝都斯,化身为一名可爱的少女,作者为此展开了无休止的描写……母亲听着听着,穿针时更加有力了。我在读诗时,眼角的余光能瞥见针尖来回闪烁的亮光。我已经读到了第101行:

最圣洁的圣人，如此美丽的女子，

为了她，宁愿冒着被地狱烈火炙烤的危险，

哦，多么美妙的景象啊！因为羞愧，脸红得像玫瑰……

"把书拿过来给我看看。"母亲突然打断了我，这可真是给我解围了。彼时甚至在那之前，我已经眼巴巴地看着她了。

她把那本诗集置于灯光下，抿着嘴、皱着眉，摆出一副秘密审讯犯人、听取令人难堪的证据的法官的架势，快速浏览着接下来的几节诗句，我在一旁等着。母亲翻过了那一页，然后又往回翻看，迟疑了片刻，然后再翻过那一页，继续往下看去。最后她终于把书还给我了，指着一处地方，告诉我可以从那里继续读下去："就是……这里！'她一个人就相当于整座后宫'。"母亲说道，引用了这句在她看来能对她审查过的那些诗句下一个最佳结论的诗句。令我非常失望的是，很久之后我才读懂了这句诗。

令我很高兴的是，这种痛苦且荒唐的试验没有再开展下去。有一段时间，我刻意忍住了读书的欲望，没有再提及书房，当母亲再次允许我进入书房时，便不再说要陪我一道进去了。

父亲书房里最多的是用希腊文和拉丁文写的书，当然也有法律方面的书，不过后者并不占据显赫地位。占据显赫地位的是欧里庇德斯的悲剧作品（其版本是不朽的格拉斯哥版本），还有卢克莱修[①]、埃

[①] 卢克莱修（前99—前55），古罗马诗人与哲学家。

斯库罗斯①、塔西佗②的大作，海恩出版社出品的维吉尔作品精装版，以及三大拉丁语哀歌诗人的诗作。我觉得父亲把这些书放在书架的显眼位置，与其说他偏爱这些书，不如说他想收藏不同装帧与开本的书籍，好让整间书房看上去和谐而悦目。有的藏书包裹着白色羊皮纸做的书皮，这与书房那阴沉暗淡、光辉闪烁、五颜六色的整体气氛相比并不显得特别扎眼。巨大的书橱进深很大，后排足够摆放开本更大的书籍。在一众希腊哀歌诗人的作品中，可以看到几本精美的夹在贺拉斯的作品和修昔底德的作品之间的书籍，这几本书的书皮以蓝色的摩洛哥革制成，被摆在布尔曼出版社出品的象牙白色书皮的奥维德③作品和同样包着羊皮纸书皮的李维乌斯的一部七卷本作品的前排，显得十分低调。书橱中间维吉尔作品的下方有一只橱柜，里面存放着各种簿册。在这只橱柜及其正上方的书架之间，另有一只充当书桌的架子，你可以把正在翻看的书搁在上面。橱柜两侧的书橱前排，摆放的是一些开本较大的对开本书籍：希腊文作品选集、普鲁塔克的一部作品、柏拉图的一部作品、查士丁尼④的文摘。尽管这些外观精美的书对我很有吸引力，但我最钟情的却还是那个小玻璃书柜里的书。

　　小书架上几乎是清一色的法文书，而且几乎全部是诗集……我那时早已养成了一个习惯：走路时会随身携带一本雨果的早期作品，是

---

① 埃斯库罗斯，（前525—前456）古希腊悲剧诗人，素有"悲剧之父""有强烈倾向的诗人"的美誉。
② 塔西佗（55—120），古罗马伟大的历史学家。
③ 即普布利乌斯·奥维迪乌斯·拿索（前43—17），古罗马著名诗人。
④ 即查士丁尼一世或查士丁尼大帝（482—565），东罗马帝国皇帝。

从母亲那里拿来的那种迷人的小巧版本,我觉得这是安娜给她的。我就这样边走边学会了《心声集》《暮歌集》《秋叶集》里的几首诗,我会把这些诗念给自己听,而且百读不厌,同时,我也期望能把这些诗念给埃玛努埃莱听。我当时酷爱读诗,觉得诗就是生活之花,有了诗,生活才充实有意义。很久之后我才认识到(还是不要过早地认识到这一点为妙)比起诗来,优美的散文更加美妙且更加难觅。彼时的我自然也有那个年纪孩子的通病,会把艺术与诗混为一谈。我醉心于那些变化起来生动有趣、按照规定必须要反复出现的诗韵。我能感觉到它们在我心中富有节奏地律动并沉浸其中,这种律动就像一对展开着的翅膀,带着我远走高飞……然而,我在那个小书柜里最激动的发现莫过于海涅的诗作。(我说的是海涅作品的法语译本。)海涅的诗作既不押韵也不讲究格律,这无疑给它们增添了一层魅力,尽管这种魅力颇具欺骗性。这些诗能吸引我,除了情感动人,还因为含有某些特别的元素,我试图让自己相信,不久我就可以模仿海涅作诗了。

  我至今还能回想起当时年方十六、正值青春年华的我以伊特鲁里亚人[①]的坐姿坐在那个敞开的小书架下方地毯上的场景。我发现在海涅的感召下,自己心中那个万物复苏的春天正被唤醒,不由得激动得发抖。但是一个人如何才能描述出一本书给他留下的印象呢?这便是我所讲述的往事,同时也是所有回忆的致命弱点。一个人在回忆时,能够讲清楚那些最明显的部分,可那些最重要、不那么显而易见的部分

[①] 也叫伊特拉斯坎人,公元前8世纪至公元前4世纪,生活在今意大利北部的一支古老民族。

往往不能得到充分的描述。讲述至此，我已经过足了絮叨琐碎之事的瘾。现在是时候说说我是如何醒悟过来，清醒地活着了。

那一年的前一年，我的头疼病更加严重了，迫使我几乎完全放弃了学习，至少让我无法连续地学习。不过就在那一年，我的头疼病却好转了许多，不那么频发了。那时我已经不再继续跟理查德先生学习，母亲认为，理查德先生的教学水平已然无法满足我的求知欲，便把我送去舍夫厄斯街上的凯勒寄宿学校，这所学校在阿尔萨斯学校附近，当时我还是有望重返阿尔萨斯学校的。

凯勒寄宿学校有很多同学，我是他们当中唯一没有上过高中的。

每天早晚我都去凯勒寄宿学校，我会特意赶在没人的时候到校。此时，空荡荡的教室里鸦雀无声，我没有固定的教室，有时在这里上课，有时在那里上课。我喜欢的那间教室很小，有利于学习，也更方便接触到黑板，此外，这样的小教室也方便水平不高的老师倾吐秘密。我总是特别喜欢听人家倾诉秘密，自认为深谙此道，再没有什么能比这一点更令我自豪了。只是很久之后我才意识到，通常来讲，那些倾吐秘密的人其实只是沉浸在想谈论自身的欲望中，而这种欲望是每个人心中固有的。同时，倾吐秘密的人很少关心其倾诉对象是否真心在听。

正因为喜欢在小教室里上课和听人倾诉，我才有机会听到德·布韦先生向我大倒苦水。德·布韦先生是凯勒寄宿学校的首席接待老师，每次上课前他都要叹一口气。他是个肌肉松弛的小个子，肤色偏黑，留着胡子。我记不太清楚他曾教过我哪些课程，而且我觉得我没有在他课上学到多少东西，因为他刚刚上课没一会儿眼神就会暗淡下去，接二连三地叹气，然后就无话可说了。我在背诵课文时，德·布韦先生会在沉思中摇晃着脑袋，哀怨地发出一连串的"哦哦啊啊"声，然后突然打断我："昨晚她又把我锁在门外了。"

德·布韦先生的愁苦来自夫妻不和。

"什么！"我喊道，我当时更多的是感到好笑而非同情，"您又在楼梯上过夜了？"

"哦，你看你也觉得无法忍受是吧？"

他呆呆地看着远处。我想他已经不看我，而且忘了自己是在跟一个孩子说话。

"尤其不能容忍的是，"德·布韦先生继续说道，"这种事情令我成了家里其他人的笑料，他们不明就里。"

"您难道不能破门而入吗？"

"我要是胆敢那样做，她就会打我。你可以站在我的角度想一想。"

"如果我是您的话，我肯定会揍她的。"

德·布韦先生深深叹了口气，抬起牛一般的双眼望向天花板，严肃地说道："不应该动手打女人……"然后他压低声音嘀咕道，"尤其当她身边还有别人的时候。"

不久，丹尼尔先生就接替德·布韦先生成了我的老师。他是个邋遢、无知、醉醺醺的家伙，身上总是带着酒馆和妓院的味道，但他不会向我吐露心事。至于丹尼尔先生之后还有谁教过我，我已经完全忘记了。一连出了好几个无知且粗俗的不称职的老师，让凯勒先生大为忧虑，他是个真正优秀的人，付出了很多的努力，为的就是让他的学校能够维持住当初的好名声。凯勒寄宿学校一度享有盛名，说句公道话，我对此深信不疑。不久，凯勒先生就做出了这样的安排：除了数学课，其他各门功课都由他亲自教我，数学课由西蒙尼先生负责。这两位先生堪称优秀教师，那种与生俱来的优秀，他们根本不会让学生的大脑超负荷运转，反而是殚精竭虑地减轻学生的负担。因此这样的老师在与学生打交道的过程中，似乎践行了浸礼会教友的这句话："他必须增益，我却必须减损。"这两位老师对我的教导大获成功，仅用了约18个月，我就补上了数年间落下的功课。1887年10月，我已经能够重回阿尔萨斯学校了，并且是在次高年级里插班。我在班上与之前的老同学们重逢，我已经很久没有见过他们了。[1]

---

[1] 我想必是记错了，当时插班的那个班上的同学其实比我低一个年级，当初的同班同学则比我高一个年级。——作者注

第八章

在我心里，占上风的总是快乐的感觉。出于这个原因，无论我到了哪里，到达时总是比离开时更加真情流露。离开某地时我常常发现，若是自己表现得兴高采烈将有失体统。我很高兴能够从凯勒寄宿学校毕业，可我并不想过于露骨地流露出高兴的情绪，生怕会伤害到我非常喜爱的雅各布先生。我们喜欢称呼他的教名，凯勒先生，也可能是他自己坚持让我们这么称呼他的，这是为了对他的老父亲，即凯勒寄宿学校的创办者与校长表示尊重。就像《远大前程》里的威米克一样，雅各布先生对他的父母（他的母亲当时也在世）有着一种近乎宗教式的盲目尊重。

尽管雅各布先生自己也日益年长，可他的思想、计划和生活却仍然以那位老人家的意志为转移，学生们几乎不认识老凯勒先生，他只在最庄重的场合露面。尽管如此，老凯勒先生却在全家人面前一言九鼎，当雅各布先生离开父亲独居的那间位于三楼的卧室走下楼梯时，好像承袭了老人身上的那种权威（此时的雅各布先生好比领受了摩西十诫后从西奈山上下来的摩西）。我只被允许进入那个神圣的房间一两次，而且是在母亲的陪伴下进去的，我可不敢独自一个人进去。但我可以负责任地说，那位老人家真的存在。走进他的卧室，展现在眼前的是一间基督教福音派风格的小房间。老人安坐在一张绿色的大扶手椅上，一坐就是一整天。椅子靠着窗户，窗户朝着操场，坐在椅子上的老人可以看到操场上嬉戏的男孩子们。老人家开口说话时往往会先表示一下歉意，因为他无法站起身来接待我们。他的右肘斜搭在一只桃花心木办公桌上，桌子上摊着报纸。左侧放着一张独脚小圆桌。我注意到，小圆桌上放着一本厚厚的《圣经》和一只蓝色的小碗，给老人当痰盂用，因为他患有黏膜炎。尽管老人家非常高大，但岁月的重担并没有压弯他的脊背。他目光坚定、声音严厉，这让人不能不认为，经由雅各布先生传达给全校的各项指令，其实都是老人家直接从上帝那里领受来的。

至于凯勒老太太，也就是那位甘心先于其丈夫离开人世的老妇人，我唯一的印象就是除了祖母，她比我见过的任何一个人都更加干瘪、沧桑。她比我祖母还要矮小，尽管脸上没有那么多皱纹。

雅各布先生已经结了婚，育有三个孩子。孩子们的年龄和我差不多大，平时与学校里的其他同学打成一片，我只是非常短暂地接触过他们。雅各布先生努力装出不苟言笑、不好接近的样子，想在学生面前隐藏起与生俱来的好脾气，可他却做不到，他骨子里是个极温和的人，或许，我该用"温文尔雅"来形容他。在我心里，这个词意味着某人的说话方式有些孩子气。

雅各布先生天性乐观，但不够机智，习惯说双关语而非俏皮话，常不厌其烦地重复同样的笑话，好像要让别人明白他是个好脾气的人，而且因为他平时还要操心很多其他事情，妨碍他无法想出更有趣的笑话。例如，当我匆匆忙忙地翻译维吉尔的诗集而误译时。他是多么优秀的人啊！瑞士是他这种人的家园，他简直是直接从托普费①的书中走出来的。

礼拜日早晨，雅各布先生会在女士街上的新教教堂演奏簧风琴，霍拉尔德先生和德·普莱桑塞先生在那里轮流布道。德·普莱桑塞先生是《时代报》编辑的父亲，他是一位年事已高的牧师和参议员，几乎和巴弗雷泰尔先生一样丑陋。德·普莱桑塞先生能言善辩，喜欢喋喋不休地揪着一个话题不放。他饱受慢性头伤风的折磨，有时他的那些最能激起同情心的大段布道会被这种病给毁了。开始唱赞美诗之前，坐在簧风琴旁的雅各布先生会即兴创作一些简单明快的前奏。我这个人完全缺乏音乐方面的想象力，所以非常佩服雅各布先生居然具备如此强大的创造力，这让我有些震惊。

离开凯勒寄宿学校重返阿尔萨斯学校之前，我想用某种微妙的方式表达自己对雅各布先生的感激之情，感谢他对我的友善与关心。也许我完全可以偶尔去拜访他一次，以便和他保持来往，这样做很方便，因为凯勒寄宿学校就在我前往阿尔萨斯学校的必经之路上。但这样一来我又不知道该和他说些什么，而且我还觉得仅仅偶尔拜访是不够的。这种荒唐的敏感，或者更准确地说，我在想表明自己的情感有多么微妙的驱使下，不断试图"在精金上镀金"。我有时饱受愚蠢荒谬的顾忌的折磨；有时会在自己过于微妙的情感的影响下莫名其妙地

---

① 托普费（1799—1846），瑞士小说家、幽默画画家，著有《日内瓦新闻》《蜿蜒曲折的旅行》。故事风趣幽默。

去关心别人，就连关心的对象都无法理解我的用意。就拿这件事情来说吧，我没来由地决定每周去凯勒寄宿学校吃一顿饭。我还幻想着浅尝一下寄宿学校生活的滋味，所谓品尝不过是用嘴唇略沾一沾。于是就这么决定了。每周三在凯勒寄宿学校吃午饭，周三是吃小牛肉的日子。我认为就餐时应当与其他男生坐在一起，可雅各布先生却坚持以对待贵客的方式对待我，他对我如此尊敬，让我受宠若惊。有15名男生在一张巨大餐桌的一头吃饭，凯勒先生和凯勒夫人坐在餐桌的另一头（那里是主人的位置）。我坐在凯勒先生身旁，与其他男生隔着很长一段距离，双方之间空无一人，仿佛我是和凯勒先生一道主事的。最要命的是，凯勒先生的几个儿子也坐在远处，他们没有和父母坐在一起，而是坐在其他男生中间。因此我原本是想让自己屈尊从众的，结果却事与愿违。事实上无论何时，只要我成心不想让别人注意到自己，最后反而会弄巧成拙。

从这时起，我对每件事物都表现出了极大的兴趣，主要是因为我到哪里埃玛努埃莱便出现在哪里。但凡我有了什么发现，首先就想告诉她，只有她分享了我发现的快乐，我才算是快乐到极致。我读过的每一本书中，凡是遇到可能会引起我俩羡慕、惊叹或喜爱的句子，我都会把她名字的首字母写在页边的空白处。要是没有埃玛努埃莱与我做伴，活着便毫无价值，我曾梦想着永远和她在一起，就像当年在拉罗克的那些夏日的早晨，我们一起在森林中漫步。我们出门时家人还在睡梦中。小草不堪露水的重负被压弯了身子，空气中透着丝丝凉意。天上玫瑰色的朝霞已经退去很久了，斜射下来的晨光带着令人愉悦的清爽，向我们露出了早安的微笑。我俩手拉着手一起前行，若是走到狭窄之处，我便在埃玛努埃莱前面先行几步。我们悄无声息地走着，落下脚步时很轻，生怕惊到了上帝或鸟兽。兔子、松鼠或狍子会在这段没有天敌出没的时间里尽情嬉戏。每天早晨，在人们尚未苏醒、白天尚未开始令人困倦之前，这些动物就已经在打造自己的天堂了。纯洁且令人目眩的阳光啊，在死寂的时光里，愿对你的回忆能驱散阴霾！曾经有多少次，在灰蒙而炎热的正午时分，我的灵魂在你的露珠中获得了新生啊……

我和埃玛努埃莱分开后就开始了不间断的书信往来……不久前，我想重新读读写给她的那些信，却发现那腔调已经令我无法忍受，信里的自己显得面目可憎。我试图说服自己，只有思想简单的人才天生单纯朴实。我不得不从一大堆缠在一起的乱线中理出代表自己的那根线。即便如此，我仍然无法意识到，我不得不从中穿过、找到出路的那团乱麻是多么错综复杂。我感觉自己下不了笔，却说不清究竟是何原因。由于尚未掌握解开困住我的那些绳结的技巧，我便不分青红皂白地把它们割断了。

大约就是在那时，我开始发现了希腊诗人的妙处，他们对我思想的形成产生了巨大的决定性影响。当时勒贡特·德·李勒[①]翻译的希腊诗作刚刚出版。时人对他的译著议论纷纷，鲁塞尔舅妈（我想是她）为我弄来了一套。这些诗有着锐利的锋芒，散发着陌生的魅力，用词富有异域情调，语言铿锵有力，令我沉醉其中。尽管有些诗很艰涩，

[①] 勒贡特·德·李勒（1818—1894），法国高蹈派诗人，曾主修过希腊文，翻译过不少古希腊诗人的作品。

人们也表示了感激，正是由于其难以理解，读者才需要倍加留意、格外用心地去读它们，这样便没有人会亵渎这些优美的诗作了。通过这些译成法语的希腊诗作，我第一次看到了奥林匹斯山，看到了人类的苦难和神灵带着笑容而严肃的面容。我开始了解神话，紧紧地拥抱美丽，把它放进我炽热的心中。

埃玛努埃莱喜欢读《伊利亚特》和古希腊悲剧作品，她的极度崇敬感染了我，与我的赞赏极其吻合。我甚至觉得，即便是在复活节的庆典期间，我俩之间的沟通也没有这么顺畅。真是奇怪啊！偏偏就在我准备坚信礼成为基督徒期间，心中这股狂热的异教徒之火燃烧起来。在今天的我看来，当时这两种截然不同的宗教情结居然没有打架，堪称奇迹。如果说我曾像一个慕道友那样不温不火，可能是有某些原因的。可是，不！马上我就会讲到我的这一腔热情以及我令它达到何待狂热的程度。事实上，我们心中的圣殿好比面朝东方的清真寺，如此一来，阳光、音乐和香气就以神圣的方式流入其中。排斥异己是对宗教的亵渎，任何美丽的事物都会得到我们由衷的欢迎。

帮我准备坚信礼的古夫牧师的确是世界上最可敬的人。可是老天啊，他的坚信礼预备课程也太冗长了吧！听他讲课的总共十几个学生，既有女孩也有男孩，可我对他们一点儿印象都没有。我们在古夫先生公寓的餐厅里上课，公寓位于卢森堡公园对面的圣米歇尔大道。

上课时，我们围着一张椭圆形的大餐桌坐好，在复述过古夫先生之前让我们学习的一段《圣经》经文后就开始上课了，课前和课后，古夫牧师要各做一次祷告。第一年是在研读《圣经》中度过的，那一年我从头到尾都在盼望下一年的课能更加生动一些。可古夫先生却始终以透着冷漠的严肃指导我们学习教条以及历史上对基督教教义的阐释，我觉得这是他表明自己信仰正统的方式之一。自始至终他都用一成不变的声音讲课，我们须得记下一条条笔记，因为下一次课上我们得交一份听课摘要。那些课令人厌烦，课后作业更加烦人！古夫先生说话时一本正经，声调四平八稳，就像他的内心一样毫无波澜。再没有什么能比他这种从容镇静更令我厌烦，更搅得我心神不宁了。同时他又是个极其心软的人，但课堂上可不是显示心软的地方……我绝望透顶，我原本是向着那神圣的奥秘之所进发的，就像接近艾留西斯①的古希腊人一样。我向古夫牧师提问时，禁不住会瑟瑟发抖！因为我得到的唯一答案，只能是先知的数目或圣保罗几次传道之旅的预定路线。我从心底里感到绝望。由于我的问题并未得到解答，我便寻思自己正被引导着要坚信的这种宗教——我的意思是基督教新教——是否能回应我的需求。我本来也想对天主教有所了解的，因为我不可能对围绕天主教产生的艺术无动于衷，可在古夫先生的课堂上，我从未像阅读博须埃、费奈隆和帕斯卡的作品时那样，感觉心中有种情感被唤醒、被搅动起来。

　　我那时头脑十分简单，把我的疑虑向古夫先生和盘托出，还在一次私下的会见中告诉他，我不确定在一心探求上帝的过程中，究竟哪一座祭坛对我最具吸引力……这个善良的人给了我一本书，书上非常忠实地诠释了天主教的教义。这当然不是致歉，但没有什么比这样做

---

① 雅典西北方向约20公里的一个地方，以一年一度纪念生产女神德墨忒尔和冥后普西芬尼的神秘节日而闻名。

更富有攻击性,更适合打击我。那本书就像一份清单那样枯燥,像古夫先生自己的阐述那样乏味,令我非常吃惊。

那时的我和现在一样,内心的渴求一直得不到满足,除非我能找到渴求的源头,而我一直都在满怀激情地寻找着这个源头。我比以前更加彻底地阅读《圣经》,饥渴且贪婪地读着。同时也讲究阅读的方法,我从开篇读起,同时选择数个方面阅读。每天晚上,在母亲的房间里,我坐在她身边,朗读《圣经·历史书》《诗歌·智慧书》《先知书》中的一章或几章。我用这种方式很快就从头到尾把《圣经》读了一遍,然后我一部分一部分地重读,从容不迫地,带着难以满足的求知欲阅读。我怀着虔诚和崇敬的心情沉迷在《旧约》中,可从中体会到的情感却不具备纯粹的宗教色彩,这就好比我在读《伊利亚特》和《奥瑞斯提亚》①时体会到的也不全然是文学的味道一样。或者毋宁说,艺术与宗教在我心中真诚地互结连理,它们在哪里结合得水乳交融,我就在哪里品尝到极乐的味道。

可是,还有《福音书》……啊!最后我在《福音书》里找到了爱的理由、爱的对象、爱的永不消逝的春天。我在阅读《福音书》时体会到的情感非常真切,同时加深了我对埃玛努埃莱的感情。可以说前者并未排斥后者,反而加深了后者,并且让后者真正在我心中占据了一席之地。只有到了晚上,我才会视《圣经》为一个整体并从中汲取养分,到了早晨我又由衷地沉浸在《福音书》里。整个白天,我一次

---

① 古希腊著名的悲剧三部曲,作者是"悲剧之父"埃斯库罗斯。第一部是《阿伽门农》,第二部是《奠酒人》,第三部是《报仇神》。

又一次地从中汲取养分。我在口袋里揣着一本《新约》，从不离身，随时拿出来读一读，不仅独自一人时读，身边有人时也读，哪怕担心那些人会嘲笑我，哪怕他们的笑声听来是不怀好意的。例如，我曾经在电车上、在凯勒寄宿学校的娱乐活动期间，还有后来在阿尔萨斯学校，都被这样的人嘲笑过。我被嘲笑后，会把自己的困惑和羞愧说给上帝听。我参加了首次圣餐领受仪式后，习惯并未发生丝毫变化，也没有产生如获新生般的极乐感，甚至已有的喜乐感都未曾增强。相反，领受圣餐的那一天，我被人们围绕着自身开展的那种正儿八经的游行震惊到了，我觉得这种游行几乎是对圣餐领受仪式的亵渎。但正如圣餐领受仪式那天之前，我从未有过不温不火的情绪一样，那天之后，我也没有丝毫的意气消沉。相反，坚信礼仪式结束后，我那股狂热的劲头儿仍然愈演愈烈，并且在第二年达到了顶点。

当时正值夏天，我一连几个月都像天使般纯洁地活着，我想这是心灵圣洁的结果。我几乎完全放弃了去上课的念头，学校对我格外照顾，允许我只上那些在我看来真正有益的课，也就是说我几乎没上课。我拟了一张时间表并严格遵照执行，这张表安排得严密细致，我恰恰能从这种严谨中获得深深的满足感，我以能够丝毫不差地按照这张表安排自己的生活和学习而感到自豪。黎明时分起床，把头扎进前一天晚上准备好的一盆冰水中清醒一下。然后在开始学习之前先读上几节《圣经》，或是重读前一天晚上标好的供次日慢慢咀嚼的那几节经文。读完后进行祷告。我的祷告好比一种可以被人理解的心灵运动，人们能够从中觉察到我的灵魂正更加深入地投入上帝的怀抱。我时不时重新开展这种运动，把它当作学习中间的休息，每当我要更换所学科目时，都先在上帝面前开展一下这种运动。为了体验苦行，我睡在木板上，半夜时分爬起来跪下祷告，与其说我是在体验苦行，不如说是因为喜不自禁。那时候的我已经为自己体验到了极乐的滋味。

我还能再说什么呢？啊！我从这些回忆中重拾的激情与欢喜岂是言语能穷尽的啊！这种对往事的追述还有陷阱：那些最徒劳无益、最毫无意义以及能够用言语讲述的事件，会接二连三地抢占其他事件的地盘。唉！那我还有什么可讲的呢？曾令我不断膨胀的内心充实起来的事件都可以用三言两语加以概括，我努力让它们更丰满、更加有血有肉，到头来却发现这只是痴心妄想。哦，那样的喜乐是多么的延绵不绝啊！哦，那样的喜乐之光曾在我肉欲的另一面投射下多么被人忽视的阴影，曾经令我多么满不在乎啊！也许，在模仿上帝爱人类的过程中，我对表姐的那份爱很满足，哪怕不能拥有她，我也满足了。一种性格中最明显的特点在我们还没意识到之前就显露了出来。但是，我身上正在形成的性格特征究竟有何意义，我弄明白了吗？

一次课间休息时，皮埃尔·路易①发现我手中捧着的居然不是《新约》，而是德文原版的海涅的《诗歌集》。我们那时正在写一篇法语作文。在我暂时离开阿尔萨斯学校的那段日子里，皮埃尔·路易一直在那里上学，我返校后在修辞班②上遇到了他。路易不仅聪明绝顶，他

---

① 皮埃尔·路易（1870—1925），法国象征主义唯美派作家，代表作《比利提斯之歌》《阿芙洛狄忒》。
② 当时在法国的高中（修科学的学生除外）里，最高年级的班级叫修辞班和哲学班。修辞班是为学生们参加第一阶段的中学毕业会考做准备的，哲学班针对的是第二阶段的备考。中学毕业会考是指升入大学前的预备性考试。

体内贮藏着某种天赋，他干得最漂亮的那些事情都完成得极为优雅。在法语写作课上，路易总是能轻松折桂，其他人都望尘莫及。我们那位脸上常常挂着会心微笑的班主任老师迪亚兹会告诉众人，其他课的老师会经常在他面前宣称："第一名，路易。"第一名，那是一个没有人敢表示异议的名次，没有人会梦想得到名次。我当然也不比别的同学更渴望能得到第一名，多年来我早已习惯了一个人学习，当着25名同学的面突然受到表扬，对我来说感受到的不是激励，而是非常紧张局促。这一次的作文，我根本没想到自己居然会染指第一名。

"第一名，纪德。"迪亚兹宣布道，成绩单就放在他面前。

迪亚兹老师高声说，仿佛是终于赢下了一场挑战似的，他攥起拳头重捶了一下讲台，双眼透过眼镜镜片愉快地扫视了一圈全班同学。此时的迪亚兹面对着自己带的这个班级，就像一个坐在琴前的管风琴手，他能够随心所欲地调动我们的情绪，让我们发出最出人意料、最不愿意发出的声音。有时似乎可以说，就像一位演奏名家往往会表现出来的那样，迪亚兹老师因为自己有如此强大的感染力而乐不可支。不过，他上的那些课可真是精彩啊！每次上完他的课，我都兴奋得要爆炸。我非常喜欢听他那带着暖意的声音，欣赏他装模作样地蜷缩在扶手椅里的慵懒模样，他把一条腿搭在椅子的扶手上，膝盖抬得快和鼻子一样高了！

"第一名，纪德！"

似乎所有人都看向了我。我费了好大一番劲儿，力图不羞红脸，可却越发地脸红。我有些头晕，尽管我为自己获得了第一名而高兴，却更担心会惹恼皮埃尔·路易。他会如何看待这样的冒犯？万一他记恨我怎么办？整个班上我只对他一个人感兴趣，当然他没有觉察到这一点。直到那天为止，我和路易说过的话加起来都不超过20个字。

他总是精神焕发，与学校里的其他同学相处得非常融洽，而我却腼腆得令人失望，因为沉默寡言而显得有沟通障碍，因为顾虑重重而不知所措。不过后来我还是下定决心，要主动走到路易面前，对他说："路易，你必须和我谈谈。如果说这里有人能懂你的话，那个人就是我。"是的，我真的感觉自己快要和他说上话了。然后，突然之间，灾难发生了："第二名，路易。"

我远远地，比以往任何时候都更遥远地看着他，他正坐在那里削一支铅笔，似乎什么都没听到，但我还是觉得路易此时有些焦虑，脸色略显苍白。我从指缝间看着他，因为每当我觉得自己脸红了时，都会用手捂住眼睛。

接下是课间休息，我像早已习惯的那样走进那条通往操场的有玻璃窗的走廊，其他同学正在操场上大声嬉戏。我在操场边上独自待着，此时此刻，我是安全的。我从口袋里掏出那本《诗歌集》，读了起来：

  大海深藏着珍珠，
  天上闪烁着星星，

诗中流露出的爱意抚慰了我那颗渴求友谊的心。

  而我的心，我的心啊，

我的心中满怀着爱。

我听到身后有脚步声，转身一看，正是皮埃尔·路易。他穿着一间黑白格子的大衣，袖子短得不像话，衣领被扯破了——他经常打架；脖子上系着一条末端分叉、飘来飘去的领带……他当时的样子至今仍浮现在我的眼前。路易体态优雅，修长的四肢显得有些笨拙，完全是个大孩子的模样。眉宇间透着英气，眉毛半遮半掩在乱蓬蓬的头发下面。我还没来得及缓过神来，他就已经走到了我跟前。

"你在看什么书？"他开口便问。

我一时之间说不出话来，便把书递给他。他接过书来回翻看了一会儿。

"这么说，你喜欢诗喽？"路易继续问道，他此刻的声音和微笑都是我之前没有见到过的。

如此看来，他走过来并不是要与我为敌。我的心软了下来。

"是的，我读过这些诗句，"他继续说道，把书还给了我，"但是，就德文诗而言，我更喜欢歌德的诗。"

"我知道你也写诗。"我胆怯地试探道。

就在不久之前，全班同学还都在传诵着一首打油诗，那是迪亚兹勒令路易写的，因为他胆敢在课上发牢骚，便让他写诗以示惩戒。

"皮埃尔·路易先生，你回去写三十行《论牢骚》，下周一交上来。"迪亚兹当时是这么说的。

我曾经用心背过那首诗（我相信现在还记得它），虽说那首诗只是学生的习作，却写得非常漂亮。我把那首诗背给他听，他笑着打断了我:"哦,那首诗只不过是写着玩的。如果你喜欢,我可以给你看看别的诗,真正的诗。"

此刻的他浑身洋溢着青春活力,我在体内骚动不安的情绪的刺激下无法自持,说话结结巴巴的,宛如一壶煮开的水,水蒸气将壶盖顶得砰砰作响。当时的我觉得,这是世上最迷人的场景。

上课铃响了,我们的谈话戛然而止。那天我高兴极了。可接下来的几天我的心情却急转直下。究竟发生了什么呢?原来,路易不再和我说话了,他似乎忘了我。现在想来,路易当时想必是产生了一种情人般的害羞,才把我们之间刚刚萌发的友情当成一个要加以保守的秘密,不想让别人看出来。可当时的我却没有这样的洞察力,我对格拉特隆、古韦和布洛奇很是嫉妒,因为我看到路易和他们几个说过话。但我是不会接近他们的,不是因为害羞,而是出于孤傲。我不喜欢和其他人混在一起,不能忍受路易那样对待我,就好比我也是其他人当中的一员。我在寻找机会,单独找他谈谈。不久,机会来了。

之前我说过,路易喜欢打架。但脾气火爆的他却不是特别强壮,常常吃尽苦头。阿尔萨斯学校的同学之间时常会有一些争斗,但这种争斗点到为止,不会太激烈,与蒙彼利埃中学发生的那种残暴的打斗相比,简直小巫见大巫。

可路易偏偏是个爱出风头的人,容易被激怒,一旦有人敢碰他,他就像野猫一样猛烈回击。有时在打架的过程中,他的衣服会比人更加遭殃。我逮着机会的那一天,路易的帽子在混战中被打掉了。那帽子飞出去老远,落在我跟前,我偷偷把它捡起来藏在大衣下面,想放学后还给路易。(他家就住在学校隔壁。)

"他肯定会被我的一番好意感动的。"我心中暗想,"我希望他邀请我进屋,一开始我还要假装客气一下,但最后还是要进去的。我们会聊一聊。说不定他还会给我读读他写的诗。"

这些事情都要等到放学后才能付诸实践。放学了,我故意等到其他人都走了才最后一个走出校门。路易走在我前面,没有东张西望。他一走到街上便加快了步伐,我也加速跟了上去。他走到家门口了。我看到他消失在一条黑暗的过道中,我跟进去时听到他上楼的脚步声。路易住在三楼。他走到三楼的楼梯平台,按响了门铃……然后,就在那扇门打开随即又要关上的一瞬间,我赶紧开口叫住了他,本来我力图让自己听上去友好一些,可由于我动了感情,声音便有些哽咽:"嘿,路易!我把你的帽子给你送来了。"

可是,从楼梯的顶部,也就是再往上两层楼的地方,传来了令人泄气的话,我那可怜的小小希望立刻破灭了:"好,把它放在门房那儿吧。"

我的失望并未持续多久,两天后,我和路易之间开展了一番推心置腹的谈话,失望的情绪随之烟消云散。之后,我们又开展过很多次肝胆相照的谈话,不久我便习惯了下午放学后去路易家,只要不影响完成家庭作业,我们想聊多久就聊多久。母亲曾向我打探过,她也想认识一下这个我成天赞不绝口的新朋友。我第一次把路易带回我家位于考迈耶街上的住处时,心里惴惴不安,生怕他会不讨母亲的喜欢。

不过,路易的言行举止十分得体,乖巧又懂礼貌,我向母亲介绍他后,心里的石头便落地了。路易走后,我听到的母亲对他评价,心里真是高兴极了。"你的朋友真的很有教养。"然后母亲轻声嘀咕了一句,像是自言自语,"这让我有些吃惊。"

"您此话怎讲?"我有些紧张地问道。

"你不是跟我说过,他小时候父母双亡,和哥哥相依为命吗?"

"应该相信,他天生就很有教养。"我说。

但母亲认为是教育的缘故。她轻轻打了一个手势(像她姐姐常打的那种手势),意思是:"我非常清楚自己可以问什么,但我宁愿不问。"然后,为了自圆其说,她又说道,"总之,他的言行举止是非常出众的。"

这次见面后不久,路易邀请我陪他到郊外度过礼拜日。比如去墨东森林。说实话,这个地方我早已和卢森堡公园一样熟悉,不过我们正在发展中的友谊,将会让它成为一座满是神秘小道的迷宫。这个计划唯一美中不足的是,我答应过路易把我写的部分诗作带给他看。哦,"我写的诗"!仅仅这样说就已经够出格的了,可想写诗的欲望从未停止过对我的折磨,能给我带来写诗灵感的那位缪斯女神戴着格外沉重的枷锁,比别人的都要重。事实上,我的努力都围绕着一件事进行:把我的思维转换成我格外看重的诗人苏利·普吕多姆[①]的思维,当时我正痴迷于普吕多姆,像我这样多愁善感的学生,最容易以他为表率,默默效仿他。写诗要求押韵,我却发现自己词穷,很难找到合适的押韵词。在我想写诗的时候,押韵词无法信手拈来,它们无法成为我的得力助手,我无法以它们为参照去遣词造句。相反,我得调动

---

① 原名勒内·弗朗索瓦·阿尔芒·普吕多姆(1839—1907),法国著名诗人、散文家,首届诺贝尔文学奖(1901)得主。

一切情绪去挖掘它们,到那时为止,我连一首押韵的诗都没有写成。我们出发前的那个周六,我还在徒劳地做着最后的努力(真是绝望透顶啊!),想把一首才写了两行的诗写下去,那两行诗句如下:

> 我很想说,他不会明白的。
> 我告诉他,我爱他,他笑了……

这首诗后面的部分并不出彩,这让我很恼火。但是为了编个理由搪塞路易,我告诉他,我一心扑在一本书上,我正在构思的一本书,这耗费了我所有的精力,令我根本无暇他顾。这本书便是《安德烈·瓦尔特》,当时我已经动笔了,我把一切分裂我、困扰我、令我感到费解的问题、念头和情感,统统倾注到这本书中,首先便是我全部的爱,爱是这本书的核心,我围绕着爱安排了一切。

这本书起到了一叶障目不见泰山的效果,我从未想过应该越过它,看得更长远一点儿。不知为何,我不敢把它看成我的处女作,反而看成我唯一的作品,不敢心存奢望。我觉得这本书会让我江郎才尽,写完它之后,等着我的便是死亡、疯狂以及某种令人害怕的空虚,而我在塑造本书主人公的过程中,也正奔向最后的死亡、疯狂和空虚。不久我就不知道我和本书的主人公究竟是谁在领跑。在他身上确实找不到一点儿我自己未能首先感受到的特点,也就是说,找不到任何一种我未曾亲身尝试过的体验。但与此同时,我常常把这个如同我孪生兄弟的主人公赶到前面去,然后在后面急匆匆地跟着他,准备沉沦在他的疯狂之中。

直到一年之后，我才真正能够正视这本书。可我却又养成了写日记的习惯，这是因为我想把自己在隐约的焦虑不安中形成的想法记录下来。我在《笔记》①中照搬了许多页这样的日记。我那时就活在这种忧虑的状态中，这种状态有一个严重的不足之处，我把本该用来注意外部事物的能力都用来反省了。我写着的和想写的无一不是私密之事，我轻视历史，把重大的事件看成是不尊重私心、干扰心智的闯入内心的杂事。今天的我重读《安德烈·瓦尔特》时，也许只会欣赏它的叙事方式，其他便乏善可陈、惹人生气了。可我当时根本不明白，艺术只能存在于、形成于特殊的环境中，而是坚持认为艺术应当规避的意外情况，并且认为一切规划设想都会造成意外，那时的我一味追求典范。

倘若我当时是在皮埃尔·路易的怂恿下才产生了那种认知，肯定会不知所措。幸运的是路易非常谨慎，并没有这样做，他是个十足的艺术家，正如我是个正宗的音乐家。无法想象有哪对朋友比我们的性格更相左的，正因如此我才发现，有他陪伴在身边我受益匪浅。但我们那时尚未认识到我们之间有多么的不同。我们同样热爱艺术与文字，这把我们结合在了一起，我们曾以为（难道我们错了吗？）这种热爱是唯一重要的。

次年我们便分开了。乔治·路易搬去了帕西。我的朋友皮埃尔在詹森高中度过了最后一年的校园生活。我不知道究竟是为什么，决

---

① 这里的《笔记》，以及上面几行提到的《安德烈·瓦尔特》，都是前文提到的《安德烈·瓦尔特笔记》。

定离开阿尔萨斯学校转入亨利四世高中。即便不转学我也决定不再上学，而是自己准备毕业会考，同时接受家教辅导。在我的希望和计划中，哲学班应当成为我智慧开启的地方，而在我看来，要想开启智慧就要离群索居。第一学期刚一结束，我就逃离了学校。

第九章

我只顾着讲述自己的故事,没能及时交代一下安娜之死。1884年5月,安娜永远地离开了我们。安娜去世前十天,母亲和我把她送进夏尔格伦街的疗养院接受肿瘤手术,当时她体内发生了癌变,扩散的肿瘤折磨了她好长一段时间。我离开安娜时,她待在一间干干净净、空空荡荡、凄凉昏暗的小房间里,从后我便没有再见过她。手术还算成功,可做完手术的安娜太虚弱了,无法恢复过来。安娜卑微地离开了人世,她离开时格外安静,根本没有人注意到,直到她死后才被人发现。我想到安娜咽气时母亲和我都不在她身边,她未曾向我们告别,临终前看到的是一张张陌生的面孔,心里很不舒服。一想到安娜独自走完了最后一段人生旅程,我就无比痛苦,这种感觉一连好多个星期,甚至几个月都挥之不去。我仿佛听到安娜那可爱的灵魂发出最后一声绝望的呼喊,之后便再一次沉了下去,除了上帝,所有人都抛弃了她的灵魂。在我的作品《窄门》的最后几页中,一再回响着的正是安娜灵魂的这最后一声呼喊。

我一结束修辞班的学业,阿尔伯特·德马雷斯特就提出要给我画像。我已经说过,我对这位表哥怀有一种温柔且炽热的崇拜之情。他在我眼中就是艺术、勇气与自由的象征。但是，尽管阿尔伯特对我表现出了强烈的关爱，我却从未得到满足，而是不断试图找到某种能让他更加关心我的方式，并以此来掂量我在他心中占有的那一点儿微不足道的分量。阿尔伯特大概也在琢磨，怎样让我把感情看得淡一些，我却刚好相反，我在想如何夸大这种感情。我因为他的克制拘谨受到了一点点伤害，直到今天我还禁不住会想，要是他当时能放开些，不那么拘谨持重，或许能给我提供更大的帮助。

阿尔伯特的提议让我吃惊。起初，不过就是让我摆个姿势他来画那么简单，他要把这幅画送给一家绘画沙龙，那里需要一幅小提琴手的肖像画。阿尔伯特让我拿好小提琴和琴弓等道具。我长时间地坐着，屈指搭在琴弦上，力图表现出小提琴和我自己的灵魂。

"尽量摆出愁苦的表情！"他说。事实上这并不难做到，因为我要长时间维持一动不动的姿势，不久便感觉这太折磨人，快坚持不下去了。我弯着的那只手臂已经麻木，琴弓随时都可能从我的手里掉落。

"休息一下吧！我看你累坏了。"

但我害怕一旦停下来休息，就再也摆不出正确的姿势了。

"不，不。我还能再坚持一会儿。你继续画吧。"

可片刻之后，琴弓还是掉在了地上。阿尔伯特见状放下调色板与画笔，和我聊起天来。他跟我讲起他的人生经历。阿尔伯特很想以绘画为职业，无奈在很长一段时间里，姨父和姨妈都不同意他这么做，因此直到很晚，他才开始认真地学习绘画。如今已届不惑的他仍然在绘画的道路上摸索着前行，一路磕磕绊绊、犹豫徘徊，不断地调整脚步，从来不在未曾涉足的地方前进。阿尔伯特敏于领悟却拙于用笔，画笔下的对象无一不令人惋惜，让人觉得并没有发挥出他真正的实力。他对自己的不足之处心知肚明，却又满怀希望地认为自己的情感异常奔放，足以令他克服这些弱点。怀着这样的想法，阿尔伯特每次开始画一幅新画时都激动不已。

阿尔伯特时常眼含热泪，用颤抖的声音向我描述他的"题材"，并且让我保证不透露给任何人。一般来说，他的题材通常不太适合绘画。他总是需要调用各种线条与颜色来帮助自己，当发现它们很不好驾驭时便会绝望。尽管阿尔伯特已经在努力地控制了，可在他的画作中，人们仍然能看出画家作画时心情激动，且充满疑虑，这便在他想通过画作表达出来的那层意思之外又增添了一种感人的优美，这才是其画作真正可贵的品质。要是再自信一点儿，大胆地发挥一下想象，阿尔伯特的笨拙反倒可能帮他的大忙。可是出于有意识的控制和低调谦虚，阿尔伯特竭尽全力地抑制自己的信心与想象力，于是只能让他起初那些迷人的惊艳想法沦为平庸的念头。尽管我当时还没有什么阅历，但不得不承认阿尔伯特心中藏着很多珍宝，可他却并不是艺术界的一位英雄。当时我同样相信情感会打动人，并且和阿尔伯特一起盼望他的"题材画"当中，有一幅有朝一日会突然绽放为一朵美丽的胜利之花。

"你瞧，"阿尔伯特说，"我很想在绘画中倾注舒曼在《月夜》中表达的那种情感。我是这样构思的：画里有座山，山上有个躺卧着的女人，山与人都笼罩在落日下的雾霭当中，女人朝一个向她飞过来的长着翅膀的生灵伸出双臂。我很想把这双翅膀画成天使的那种不停

抖动着的双翼。"说到此处,他伸出双手模仿不停拍打着的翅膀,"就像《月夜》那样温馨与赤诚。"然后他开口唱道:

> 天空紧紧拥抱大地,
> 在爱的一吻之中。

阿尔伯特给我看了这幅画的部分草图,只见图上拙劣地画满了乌云,以遮蔽天使和女人的身形。或者换句话说,遮住画中的败笔。

"当然了,"他用抱歉和评论的语气说道,"我本该从对着模特写生开始学画的。"

然后他忧愁地看了我一眼,继续说道:"你想象不到在我们这一行,模特的问题有多么烦人。首先,请模特的费用贵得要死……"

写到此处,我必须说明一下:在他父亲去世后,阿尔伯特本来完全可以过上衣食无忧的生活,可他偏偏要悄悄揽下某些私人责任——我马上就要提到这些责任——他一直怕自己没有尽到这些责任,因而总是被它们烦扰和压迫着。这种为开销而担忧的心态是他性格的一个方面,他从来就没有大手大脚地挥霍过。

"这样不好,"阿尔伯特常常说,"可我就是舍不得。我一直省吃俭用。这是一个令我羞愧的缺点,可我克服不了。二十年前我去阿尔及利亚,随身带了一点儿钱,那是我为那趟旅行特意准备的。可我害怕花钱太多,居然几乎分文未花,全带了回来。我就像个傻瓜,在那里游玩时什么乐子都没有享受过。"

对一个本就非常慷慨大方的人而言,如此节俭当然不是喜欢敛财，而是性格保守的体现。在阿尔伯特看来，每为自己绘画花费一分钱（因为他从来都不能确定自己的画作是否卖得出去）都值得自责一次。他成天担心自己会浪费画布或用掉过多的颜料，总是节衣缩食，过着紧巴巴的生活。首先便是在请模特这件事上斤斤计较。

"还有，"阿尔伯特继续说道，"我找不到满意的模特。也不能完全这么说，那些模特永远搞不明白你想要的效果。你想象不到他们有多蠢笨，从来都摆不出你想让他们摆的造型。我知道有些画家会通过作品阐释道理，还有些画家不把情感放在眼里。至于我嘛，总是受制于看到的景象。我的想象力还不够丰富，离开模特根本就下不了画笔……另外，模特们一直坐着，我担心他们会累着，我知道这很荒谬！在作画的过程中，我总想让他们休息，这就是我完全能做到却没有做到的原因。"

但是，主要的障碍阿尔伯特却不敢告诉任何人，我也是两年后才逐渐了解到他的隐衷的。十五年来，阿尔伯特瞒过了身边人，甚至连他的哥哥也不知道，一直与一位形同妻子的年轻女子同居。那位女子对阿尔伯特又爱又恨，她讨厌阿尔伯特把自己在画室里一关就是几个小时，尤其是和年轻漂亮的模特关在一起，那位模特的衣着相当暴露，她在模仿《月夜》里的天使。

可怜的阿尔伯特啊，在他把自己的双面生活向我坦白的那一天，我不确定我们俩究竟是谁更感动。他的爱情完全是纯洁、高尚且忠贞的，同时也毫不张扬、毫不自私。阿尔伯特把那个已经以发妻相称、后来迎娶了的女人安顿在邓弗街上的一间小公寓里，他在那里倾尽全力为她营造了样样称心如意的生活环境。那个女人也尽她所能地做些精细的针线活儿，以补贴他们微薄的收入。记得阿尔伯特第一次带我去他家的那一天，我看到表嫂玛丽时最吃惊的是她看上去格外与众不同。昏暗的光线中，玛丽忧伤地低头做着针线活儿，漂亮而坚忍的脸蛋上表情凝重。她很少说话，说话时总是轻轻地嘀咕，噪声和日光似乎都会惊吓到她。我想她大概是因为自卑，才没有要求阿尔伯特公开他们的结合，其实很久之前，他们的结合就已经由于一个小女孩的出生而得到了祝福。阿尔伯特尽管有着赫丘利①式的外貌，却是个最胆小怕事的人。他不敢把这件事告诉他母亲，怕惹她伤心，因为他知道，母亲肯定会认为这桩婚姻门不当户不对。他害怕听到哪怕一句不怀好意的评论，尤其害怕自己的嫂子会说闲话。或者说他害怕公开此事后，自己的家庭将笼罩上一层阴云。阿尔伯特坦率诚实，为了掩人耳目，被迫过着偷偷摸摸、委曲求全的生活。可阿尔伯特偏偏又是个正人君子，不会让任何事情影响自己对母亲尽孝，他认为这是自己应尽的责任。因此便一心二用，一直在一会儿看着这个，一会儿照顾那个中过日子。自从姨父过世，我的另一个表哥结婚后，姨妈便是阿尔伯特身边唯一的家人了，姨妈把他当成一个没出息的大男孩，坚信离了自己他就过不下去。阿尔伯特每两个晚上和母亲一起吃一顿饭，并且从来不会在母亲家以外的地方过夜。为了守住自己的秘密，阿尔伯特借助于一份友谊，这份友谊和他的爱情一样，在他的生活中占据着重要的位置。

---

① 罗马神话中的英雄，即希腊神话中的赫拉克勒斯。他是古希腊神话中最伟大的英雄。在今天的西方世界，"赫拉克勒斯"一词已成为大力士和壮汉的同义词。

交友是能被看出来且能获得承认的，而且，姨妈很是赞成阿尔伯特在外面交友。无论何时，只要阿尔伯特不在家吃饭，别人必定会以为他是和朋友西蒙一起吃饭，一起消磨时间。西蒙先生没有结婚，这两个老光棍会结为朋友似乎很自然，没什么大惊小怪的。夏天，姨妈在拉罗克或库沃维尔避暑的那几个月里，阿尔伯特常常会长时间外出，那时他仍然用交友来掩人耳目。

爱德华·西蒙是犹太人。不过除了五官像犹太人，他身上其他地方都不像。也许是因为我当时还小，认不出犹太人的特征。西蒙过着简朴的生活，但远不至于穷困潦倒。他唯一关心和渴求的便是要对别人有所帮助。他当过工程师，但早就不干了，许多年里，他唯一的职业就是经营慈善事业。西蒙既接触想找工作的工人，也接触想招聘工人的雇主，便在自己家中组建了一家免费的就业咨询机构。整个白天他都在造访穷人，参加各种约见访谈和其他活动。我觉得，驱使西蒙从事慈善活动的，与其说是出于对一个个具体的人的爱，不如说是出于对整个人类的爱，更不如说是出于对公平正义的抽象的爱。他的慈善机构具有社会责任的属性，这非常具有犹太人特色。

看着朋友如此积极地在生活中践行美德，以及这样做产生的显而易见的结果，可怜的阿尔伯特为自己的白日梦感到羞愧。他的朋友无法理解他的白日梦，但又不得不表示对他充满信心。

"我需要得到鼓励、支持，"阿尔伯特伤感地对我说，"爱德华似乎对我正在做的事情有点儿兴趣，但这只是因为他喜欢我。事实上，他只会支持那些有用的事情。哦，我本该画出一幅杰出的作品，那样我就不会不觉得自己一文不值！"

此时,阿尔伯特把他那只青筋暴露的毛茸茸的大手搭在已经开始秃顶的前额上,片刻之后我看到他蓬乱的眉毛立了起来,柔和的大眼睛里噙满泪水。

起初,我对绘画之美不是特别敏感,雕塑对我更具吸引力,不过,我很愿意也渴望了解绘画之美,因而不久之后,我的感官就敏锐多了。一天,阿尔伯特在饭桌上留下了一幅图,他想试探一下我,试探的结果令他非常高兴,因为我一眼就认出那是弗拉戈纳尔[1]画的。然后便轮到我吃惊了,因为我见他竟如此大惊小怪,要知道在我看来,不可能有人会认错弗拉戈纳尔的画。阿尔伯特点了点头,面露微笑地看着我。

"我得带你去看看我的导师了,"他终于说道,"看到他的画室后,你会觉得有趣的。"

阿尔伯特曾经拜让-保罗·劳伦[2]为师,并且总是喊他"导师",他对劳伦的感情就像是狗对主人、儿子对父亲、门徒对耶稣那样。让-保罗·劳伦住在一间不太宽敞的公寓里,侧面有两间较大的单室,其中一间改成了劳伦夫人接待客人的客厅,另一间便是"导师"工作的地方。每逢周二晚上,两间单室之间的隔帘就会被拉上。只有少数几个至交密友应邀出席聚会,其中大部分是劳伦先生的高足。聚会时大家听听音乐,一起聊天,要多亲切就有多亲切,要多简单就有多简单。然而我第一次踏进一片与我之前见识过的圈子都不一样的天地

---

[1] 让-奥诺雷·弗拉戈纳尔(1732—1806),法国洛可可派画家与版画家。
[2] 保罗·劳伦(1838—1921),法国画家、雕塑家。

时，心脏还是紧张得怦怦乱跳……周围的一切都显得和谐而朴素，笼罩在一片暗淡的紫色中，置身于这样的环境，我的心中立刻生出一股近乎宗教式的敬畏之情。我在这里看到的每一件事物似乎都令眼睛和心灵得到抚慰，都有助于展开一番酣畅的深思冥想。那天晚上我开了眼界，我意识到，母亲的那几间屋子有多么丑陋。我似乎觉得自己身上带着那种丑陋的气息，强烈地感觉到自己的一文不值，甚至相信自己就要因为羞愧难当昏过去了，幸亏我的老同学，让-保罗·劳伦的长子，亲切备至地试图让我放松下来。

保罗-阿尔伯特[①]年龄和我一样大，可由于我的校园生涯不停地遭到打岔而中断，我自九年级以后就没见过他了，当时我们在同一个班级。

我记得，保罗是个可爱迷人但难以管教的笨蛋。他坐在教室的后排，上课时自始至终都在抄写本上画有趣的图画，我认为他的那些画非常完美，堪称奇作。有时我会故意讨罚，这样就能幸运地坐到保罗身边了。保罗把笔杆末端嚼扁后蘸上墨水便成了画笔。他十分沉迷于画画，每一笔都非常用心，但是，倘若老师突然喊他回答问题，他便会一脸惊恐，迷茫地睁大眼睛，同学们见了便哄堂大笑。再次见到保罗并且发现他还记得我，我非常高兴，可我仍然怕他把我当成一名中产阶级，并且因此倍加煎熬。自从坐着为阿尔伯特充当模特（他当时刚刚完成了我的肖像画）后，我变得十分在意个人形象。我太想在别

---

① 保罗-阿尔伯特，后文中也称保罗·劳伦，注意不要和他的父亲让-保罗·劳伦混淆。

人眼中成为自己想象中的那种人，成为自己想成为的那种人，也就是说，我太想成为艺术家了。因而我总是不能如实地展现自己，成了一个装模作样的人。我用作办公桌的那只小五斗橱（这是安娜留给我们的，后来母亲把它安置在我的房间）上有一面镜子，我照镜子时，时常不知疲倦地久久盯着自己的五官，仔细地端详它们，像演员那样训练它们，试图从双唇和双眼之间捕捉到能够表达自己渴望感受到一切情感的表情。首先，我想让自己得到别人的爱，并且愿意用心去交换这份爱。在那些日子里，我无法写作，几乎都无法思考了，或者说，离开这面小镜子我就不能写作了。为了领悟到我的感情甚至是思想，我首先必须从自己的眼神中去体会它们……我和纳喀索斯一样顾影自怜，那段时期里我写下的句子，都因为这种做作而有瑕疵。

没用多久，我和保罗·劳伦就从熟人发展成了朋友。不过我暂时不会讲述这段友谊是怎么发展起来的，而是把它留到后面我回忆一两年后我俩一起踏上的那次旅行时再讲述。现在，我要回过头来继续追述阿尔伯特的事情了。

阿尔伯特之所以向我吐露其地下婚姻，不全是因为他喜欢我。不久后，他便坦承他这么做另有原因。他的女儿安托瓦内特已经十二岁了，显示出了不凡的音乐天赋。阿尔伯特弹钢琴时手指异常笨拙，就像在画布上挥舞画笔时一样不够灵活，他幻想着或许女儿可以弥补他在艺术方面的缺憾，于是便把自己的希望与抱负都转移到了女儿身上。

"我想把她培养成钢琴家，"阿尔伯特说，"那样我才会安心。我小时候没有条件好好学琴学画，让我吃尽了苦头。她现在就应该开始学琴了。"

彼时母亲终于意识到，我之前上的钢琴课其实很不够，我完全可以从一些水平更高的课上受益良多。因此大概是在18个月前，母亲把我的音乐教育委托给了马克·德·拉纳克斯，拉纳克斯是一个教导极为有方的老师，得到他的指点后我突飞猛进。阿尔伯特问我能否给他的女儿上课，以便把拉纳克斯先生的部分真传转授给她，他担心学费太贵，不敢劳驾老师亲自教授。我立刻接受了这项任务，我看到自己的地位竟如此重要，看到阿尔伯特对我如此有信心便大受鼓舞，想竭尽全力不负他的厚望与重托。在接下来的两年里，我每周给安托瓦内特上两次钢琴课，我把这看成一件不可错过的光荣之事，那些课对我和我的学生都很有益。最后，安托瓦内特被转交给拉纳克斯，由他亲自调教。如果我也不得不需要挣钱糊口的话，恐怕会当一名老师，很可能是一名钢琴老师。只要学生值得不惜折腾地调教，我就有开展教学的热情，还有永不枯竭的耐心。我曾经多次做过试验，并且十分自信，我上的钢琴课可以与最好的老师媲美。到目前为止，我尚未交代拉纳克斯先生的课对我产生了什么样的影响，因为我害怕大家嫌我太啰唆，不过，现在是时候谈谈这个话题了。

德·高克琳小姐、希弗麦克先生，尤其是梅里曼先生的钢琴课，都比我所形容的更加令我不快。有时我还会回忆起多瓦尔先生，记得他小心翼翼地呵护着所谓的"圣火"，好让它一直燃烧下去。不过即便这圣火长燃不熄，多瓦尔先生的课也从来不能令我有所长进。他太过自命不凡，很难教好学生。倘若我再早一点儿投到拉纳克斯先生门下就好了，他可能会令我成为一个很了不起的钢琴家！不幸的是，母亲偏偏接受了那个普遍流行的观点，认为在学习钢琴最初的几个阶段，所有老师的教学效果都差不多。甚至从第一节课拉纳克斯先生就大刀阔斧地改变了我的学习模式。我原本以为自己记不住或基本记不住音乐。我从来不能单靠记忆就学会曲目，除非是一遍遍地重读乐谱，还要不停地查看乐谱，视线一旦离开乐谱，脑子里就一片糨糊。拉纳克斯先生开始了他与众不同的教学后，仅仅几个星期，我就在完全不看乐谱的情况下，一口气弹奏出好几首巴赫的赋格曲。我还记得，当我发现自己正在用升C调弹奏的那首曲子其实是降D调时，有多么震惊。拉纳克斯先生的教学令一切都有了生命，都一目了然，都显得合拍有序、切合需要，他细致入微地将晦涩难懂的地方分解开并重新组合起来。最后我终于茅塞顿开，体会到的那种醍醐灌顶的感觉，想必与耶稣的门徒们觉察到圣灵降临在他们身上时的感觉差不多。我觉得在遇到拉纳克斯先生之前，我做的只是在毫不理解的情况下，鹦鹉学舌般地重复某种神圣的语言，遇到他之后，我突然就会说这种语言了。每个音符都有了意义，都成了一个单词。我练琴时怀着多大的热情啊！我满腔激情，哪怕是最缺乏吸引力的练习都成了最爱。一天，我已经下课并腾出座位给下一位学生，走到门外的楼梯平台上后，却迟迟没有离开，想再听听拉纳克斯先生的课。门虽然关着，却并不隔音，我能清楚地听到屋里的动静。那个学生未必有我大，我们学习的是同样的曲目——舒曼的《幻想曲》。他弹奏时表现出的那种活力、才华与自信远远在我之上，我久久地坐在楼梯上听着，嫉妒得不停抽泣。

　　拉纳克斯先生似乎从教我弹琴中获得了巨大的快乐，往往已经过了下课时间还迟迟不放我走。后来我听说，他曾试图说服母亲，说我值得牺牲其他方面的教育专攻音乐。在他看来，我已经接受了足够的各类教育。拉纳克斯先生请求母亲，让他全权负责我的音乐教育。母亲犹豫过，还征询过阿尔伯特的建议，最终还是坚决拒绝了拉纳克斯先生的好意，她觉得我这辈子还有很多更重要的事情值得我去做，而不是去诠释别人的音乐作品，母亲还拜托拉纳克斯先生，请他不要向我提及他的这个建议（我想说一句，其实这个建议完全勾不起我的兴趣），以免我受到注定会沦为泡影的希望和抱负的打击。

多年以后我才从阿尔伯特那里听说了这个插曲，但为时已晚，错过了做决定的最佳时机。

我在拉纳克斯先生的指导下学习了四年钢琴，在这个过程中，我们之间逐渐建立了极为亲密的关系。甚至在他不再给我授课之后（令我极为遗憾的是，某天，拉纳克斯先生告诉我，他已经教会了我如何自学，无论我怎么反对、抗议都不能令他回心转意，无法让他继续给我上那些他认为已经无须再上的课），我仍然经常去拜访他。我有几分崇拜拉纳克斯先生，对他很尊敬，在他面前毕恭毕敬的。不久之后我遇到了马拉美①，我对待他的态度和对待拉纳克斯先生的态度如出一辙。除了这两个人，我从来没有对谁这么崇拜和尊敬过。在我眼中，无论是拉纳克斯还是马拉美，都是罕见的拥有圣人品质的人。我怀着一颗年轻人该有的单纯的崇敬之心仰慕着他们。

拉纳克斯不只是一位老师，他还具有我曾见过的最令人景仰的人

---

① 斯特芳·马拉美（1842—1898），法国诗人、评论家。

格，他的一生都值得羡慕。他把我引为知己，我记下了许多我们之间的谈话，尤其是他临去世之前那段时间的谈话。至今我仍然觉得这些谈话极富教益，但本书篇幅有限，不能将它们悉数记载下来，我只能简略地描述一下拉纳克斯先生其人。

马克·德·拉纳克斯和他的表哥勒贡特·德·李勒都出生在留尼汪岛①。其祖上来自西印度群岛，因此拉纳克斯长着一头浓密且近乎卷曲的头发（他把头发留得特别长，从前额往后甩去），橄榄色的皮肤，恬静的眼神。他的性格很奇怪，像是一点就着与没有热情的结合体。他的手不同于我认识的任何一位钢琴家的手，非常绵软，当你紧紧握住他的手时，会感觉他的手快要在你手中融化了，他那修长的仿佛没有关节的身体，似乎是由同样的不含骨骼的物质构成的。拉纳克斯先生上课时，时而走来走去，时而倚靠着一架大钢琴，他一直把这架钢琴放在屋子里，但并不用它练习。他站在钢琴前，双肘撑在上面，往前探着身子，一只手托着凸出的额头。他身穿一件剪裁大胆的紧身长礼服大衣，衣领高高竖起，脖子上系着一条薄纱带子，绕脖子两圈后在高处打一个小小的结。在某个特定的角度下，灯光照出他高高的颧骨和凹陷的双颊，令他看上去酷似自画像中的德拉克洛瓦②。有时他身上会迸发出一线灵光、一股热情，此时，他的脸庞格外好看。

拉纳克斯先生很少当着我的面坐在钢琴前，我想这是出于谦逊，即便坐在钢琴前也只是为了做示范。此外（至少是和我在一起时），

---

① 印度洋上的一个岛屿，属非洲，为法国的海外领地。
② 斐迪南·维克多·欧仁·德拉克洛瓦（1798—1863），法国著名浪漫主义画家。

他还喜欢拿出一把平时收藏起来的小提琴,尽管他声称自己很不擅长拉小提琴,但当我们合奏奏鸣曲时,他用小提琴演奏的部分总是比我用钢琴演奏的要好很多。我本来不应该在这里描述他的坏脾气,因为那会扯得太远,可不说心里又痒得难受,那就讲一件小小的有助于刻画拉纳克斯完整形象的事例吧。

拉纳克斯先生认为他的孙子辈们太娇生惯养了。

"比如说,"一次,拉纳克斯先生向我敞开心扉,"我这就给你讲个例子,小咪咪每周三都在这里过夜。"(咪咪是他两个孙女当中较小的那个。)"咪咪睡觉的房间里有一只钟,她对它颇有怨言。她说那钟嘀嗒响个不停,令她无法入睡。你知道拉纳克斯夫人是怎么解决这个问题的吗?她把那只钟拿走了。你觉得她这事办得咋样?岂有此理!这样一来,那孩子将来还怎么习惯与钟声做伴呢?"

提到这件事情,我想起德·玛希拉克小姐对我说过的一段令人愉快的话。一次在日内瓦,一群老小姐举办聚会,我借此机会拜访了她。其中一位说她的小侄孙女特别害怕金龟蛆——那种白色的大蛆虫。她母亲决定帮她克服这一强烈的畏惧心理。

"你知道她是怎么做的吗?她居然动了真格的,让那个可怜的孩子吃那些蛆虫!"

"可这样一来,"德·玛希拉克小姐喊道,"她余生都会憎恶那种蛆虫的!"

也许人们看不清这两件事之间的关联。那就由它去吧!

阿尔萨斯学校尽管在下层阶级眼中是一所优秀的学校,但在当时更高的社会阶层看来却极普通。在阿尔萨斯学校上完修辞班是很有必要的，可等我上完修辞班后，母亲却听别人说，在普通高中上哲学班可能对我更加有利，于是决定让我转入亨利四世高中。可我却决定独自准备下一阶段的考试，或者在家教、辅导课的帮助下备考。（我之前不就是以这种方式，只花了两年的时间就学完了学校里需要整整五年才能修完的课程吗？）

我认为学习哲学需要非常安静、有助于冥想的气氛，而鱼龙混杂的公立学校是不可能有这种气氛的。因此我在转入亨利四世高中后第三个月的月末便退学了。我在那里上过L先生的课，他同意指引我走出形而上学这座迷宫，同时负责监督我的学习情况。L先生是个矮子，我是说他是个精神上的矮子，尽管他长着一双又细又长的腿，其思维方式却既短视又僵化。他的声音平淡无奇、毫无活力，足以令最鲜嫩、最有发展前途的思想之花未开即败。甚至在他阐述他的思想之前，人们就觉得他早已把这棵思想之树上的花朵和嫩枝都拔光了，只剩下光秃秃的概念，像他那样贫瘠干瘪的大脑也只能装得下光秃秃的概念了……他的教学是对枯燥乏味的经典诠释。我在他的课上再一次尝到了希望破灭的滋味，想当年，我还是在古夫先生的坚信礼预备课上体会过这种感觉呢。天哪！难道这就是我一度希望将启迪生命的那门显贵的科学，那座只有登上它才可能窥探宇宙的智慧高峰？我用叔本华的书来安慰自己，以一种难以形容的激动心情一头扎进《作为意志和表象的世界》，先是通读了一遍，然后又十分用心地重读了一遍。在此期间，一连几个月都没有任何外部事物能令我分心。之后，我又强迫自己去啃我非常喜欢的其他哲学大师的著作：斯宾诺莎①、笛卡尔、莱布尼茨②，最后还有同样举足轻重的尼采。我自认为很快就摆脱了叔本华的影响，但帮助我开启哲学大门的人是他，且只有他。

那年七月，我没能通过中学毕业会考的第二阶段考试，十月份才勉强得以过关。这意味着我人生中接受的第一阶段的教育结束了。我根本不想继续深造，也无意再通过不管是法律认定的，还是严格意义上的任何考试，而是决定立刻开展自己的事业。母亲设法让我做了一个保证，即继续跟着迪亚兹先生学习一年。这无关紧要！从那一刻开始，我体会到了异常自由的感觉，再也没有什么会妨碍我，再也不用担心钱不够用。事实上我很难想象，那个年纪就不得不为了生计奔波的人是个什么样子。不过，不，我其实并不自由。我还被两件事捆绑着，一是我对表姐埃玛努埃莱的爱；二是我之前说过的那本正在构思的书——《安德烈·瓦尔特笔记》，在我心里，完成这本书是我诸多责任中最不可推卸的一个。

我做的另一个决定便是尽快迎娶表姐。我构思的那本书在我看来不外乎是一段长长的宣言，是一段爱情的表白。我的意思是那本书格外高调、动人、不容置疑，待它出版之时，双方家长将会撤回成命，不再阻挠我俩结合，埃玛努埃莱也不会再拒绝让我当她的丈夫。同时，舅舅，即埃玛努埃莱的父亲彼时刚刚死于中风。我们在舅舅弥留

---

① 巴鲁赫·斯宾诺莎（1632—1677），荷兰著名哲学家。
② 戈特弗里德·威廉·莱布尼茨（1646—1716），德国杰出的数学家与哲学家。在数学领域，他与牛顿先后独立发现了微积分；在哲学领域，他与斯宾诺莎和笛卡尔并称近代西方的三大理想主义哲学家。

之际一起守护他，关心他，其实已经非常亲近了。我觉得舅舅的丧事算是促成了我们订婚这件神圣的事情。

尽管我在精神方面的需求很急迫，却非常清楚地明白那本书尚未构思成熟，还不能动笔。因此我并不太着急，想再多花几个月时间去学习、训练与准备，特别是多读一些书（我常常一天就啃完一本书）。母亲认为利用这段时间开展一趟短途旅游是度过假期的有益方法，我也颇有同感。但在决定目的地时我们却产生了分歧。母亲主张去瑞士，她同意我可以在没有她陪伴的情况下去旅行，却不同意我独自踏上旅途。当母亲建议我加入一群隶属于阿尔卑斯山俱乐部的旅行团时，我直截了当地宣称若是和这些人做伴我会疯的，而且我非常不愿意去瑞士，我想去的地方是布列塔尼①，背上一只背包就可以上路了，根本无须人陪伴。母亲起初说我这样做根本没门，我把阿尔伯特喊来帮忙，他让我读过福楼拜的《布列塔尼游记》②，肯定可以理解我，为我求情。母亲终于让步了，但还是决定即便不和我同行，也要一路跟着我。最后我们商定，每隔两三天就在约定的歇脚点碰面。

我沿途写了很多游记，有几篇发表在《瓦隆人》③评论杂志上。但那几篇日记修改得非常厉害，因为我很难厘清思路。不仅如此，我还认为任何我能轻易形容出来的事物都是司空见惯和索然无味的。其他关于那次旅行的回忆可以在《安德烈·瓦尔特笔记》中找到。因此我现在不想对那次旅行再说些什么。不过，有件事值得我特意提一下。

---

① 法国西北角的一个地区，布列塔尼半岛位于英吉利海峡和大西洋之间。
② 法语书名直译为《既非田地也非沙滩》。
③ 瓦隆人是讲法语的比利时人。

我当时正沿着海岸徐徐前行,走一段便歇一阵,打算从基伯龙走到坎佩尔①。一天晚上,我来到一个记得叫勒布尔都的小村子。村里只有四栋房屋,其中两栋是客栈。我觉得更不起眼儿的那家更有吸引力,便走了进去。我渴得厉害,想找个地方喝点儿水。一位侍者模样的姑娘把我领进一间墙上刷了石灰的房间坐下,然后在我跟前放了杯苹果酒就不管我了。房间里没几件家具,墙上也没贴墙纸,地上面对墙壁放着一些没有镶框的油画。等到房间里只剩我一个人后,我立刻跑到那几幅画前,把它们一幅幅地翻转过来仔细看,越看越觉得惊讶。我原本以为它们不过是幼稚的涂鸦,但其色彩是那样艳丽、特别、欢快。我完全被迷住了,想继续赶路的念头被抛到九霄云外。我想看看究竟是什么样的画家创作出了如此有趣而特别的画。我放弃了起初拟订的当晚抵达埃讷邦②的计划,走进另一间屋子询问晚餐的时间。

"您是想独自吃饭,还是想在这里和其他几位先生一起用餐呢?"那位女侍者问道。

"其他几位先生"就是那几幅油画的作者,一共三位,不久他们就带着画架和绘具箱来用晚餐了。无须交代,我要求和他们一起用餐,如果他们不介意的话。开饭后我发现,和我这个陌生人在同一张桌子上吃饭,并未让他们感到不便,他们大咧咧地光着脚,衣衫

---

① 基伯龙在今天的莫尔比昂省,位于布列塔尼半岛南部的一个半岛上。坎佩尔在基伯龙的西北方向,是今天菲尼斯泰尔省的省会,是布列塔尼地区最大的几座城市之一。

② 在基伯龙的西北方向,属莫尔比昂省。

不整,说话时粗声大嗓。整个晚餐时间我都激动得呼吸急促,如饥似渴地听着他们说话,并且盼着能搭上一两句,告诉他们我是谁,能够发现他们是谁,可以告诉那个长着浅色眼睛的高个子,他刚才高声吟唱、他的两个伙伴低声唱和的那首曲子不是马斯奈①的作品,而是比才②的作品。

后来我在马拉美家见到了他们当中的一位,高更③。另一位是塞律西埃④。我没能认出第三位来,我想应该是菲拉格⑤。

那年的秋天和冬天,我在迪亚兹先生指导下做了一些零碎的活计:拜访了一些人,与皮埃尔·路易聊天,还为一篇我们不耐烦地挥洒过热情的书评做过计划。春天到来时,我觉得是时候动笔了。为了写书,我不得不离群索居,我在小小的皮埃尔丰⑥湖边的一座小旅馆里临时住了几天。可我刚安顿下来没两天,皮埃尔·路易就发现了我,于是我只好远走高飞,动身前往格勒诺布尔⑦。为了搜寻合适的住处,我从乌利亚奇走到圣皮埃尔-德沙特勒斯,又从阿勒瓦走到……我忘记是哪里了。大部分旅舍尚未开门营业,有些农舍可供出租,就在快

---

① 儒勒·埃米尔·弗雷德里克·马斯奈(1842—1912),法国作曲家与音乐教育家。
② 乔治·比才(1838—1875),法国作曲家,代表作为歌剧《卡门》。
③ 保罗·高更(1873—1903),法国后印象派画家与雕塑家。
④ 保罗·塞律西埃(1864—1927),法国先锋抽象派画家。
⑤ 查尔斯·菲拉格(1863—1928),法国象征派画家。
⑥ 皮埃尔丰位于皮卡第大区的瓦兹省,南距巴黎不远。
⑦ 法国东南部城市,罗讷-阿尔卑斯大区伊泽尔省的省会,该市电子工业非常发达,曾经举办过冬奥会。后面的几个地方都在格勒诺布尔附近。

要绝望时,我在安讷西附近发现了一栋迷人的农舍。那间农舍位于蒙松①,几乎就在湖边,周围有果园,农舍主人同意租两间房给我住,可以一直住到月底。我把其中较大的那间屋子用作书房,然后派人去安讷西搬来了一架钢琴,因为我觉得自己离开音乐就活不了。我在一家夏季营业的湖滨餐馆用餐,由于距离旅游旺季还早得很,整个月我都是那家餐馆唯一的客人。泰纳先生就住在附近,我那时刚刚读过他写的《艺术哲学》《智慧》《英国文学》。不过我控制住了想去看他的欲望,一是因为不好意思,二是因为怕因此分心,不能好好工作。在完全与世隔绝的环境中,我胸中的一片热情高涨到了白热化的程度,始终沉浸在灵感汩汩而出的狂喜之中,我认为只有这种状态才适合写作。

今天,当我翻开《安德烈·瓦尔特笔记》时,字里行间那种引发联想的腔调便扑面而来,真令我恼火。我那时喜欢使用能让人尽情发挥想象力的词语,比如不定、无限、不可名状……来襄助我,就像阿尔伯特会画一些雾霭来遮住他觉得画不好的模特的身体部位。事实上德语里面有很多这类的词,这让我觉得德语是特别富有诗意的语言。直到很久之后我才意识到,法语的与众不同之处在乎力求准确。这本《笔记》虽然是我青春时期躁动不安的神秘主义的证明,但整本书里我想传诸后世的段落却极少。然而我在写这本书时,却认为它是世上最重要的书之一,以为自己是在描写一个最具代表性和紧迫性的心

---

① 安讷西和蒙松已经距离格勒诺布尔较远了,它们位于伊泽尔省东南的邻省,普罗旺斯—阿尔卑斯—蓝岸大区的上阿尔卑斯省。

理危机的故事。我当年如何能认识到,这个故事何尝不是我自己的故事呢?我从小接受的是视肉欲为魔鬼的新教式教育。我当年怎么会知道,我会本能地避开最广为人接受的发泄肉欲的方法,因为我的新教徒思想会严厉谴责它。此外,就像我必须明白的那样,童贞是暗藏危机的,是靠不住的。既然我不能采取其他泄欲手段,只好再次堕落到童年早期的那种邪恶中去,每当我堕落时都进一步感到绝望。除了这些,《笔记》还大谈特谈爱情、音乐、形而上学与诗歌,这些就是它的主题。

我已经说过,这本书是令我不见泰山的那一片叶子,它不仅是我的处女作,还是我的《大全》①。我觉得此书写成之时必定是我的一生走完之时,我的一生应该在这本书里终结了。尽管如此,当我的主人公陷入疯狂时,我的灵魂兴高采烈地甩掉那个在它身后拖了很久的、奄奄一息的沉重负担——尽管它没有完全放开手脚——从而让我的主人公得以看到一线生机,瞥见几缕令人目眩的希望之光。我当时还构想了系列作品《平信徒讲道集》,类似格雷特里神父的《源头》那样的作品。在这本书中,我将游历世界,把那些桀骜不驯的人带到福音书中的上帝面前(这些人其实并不是人们通常想象的那种人,我会在该书的续集中加以说明,续集的宗教色彩将更加浓厚)。当时我还构思了另一则故事,灵感来自安娜之死,这本书本来要叫《神圣地死去》,后来改成了《窄门》。最后我怀疑,这个世界太广阔了,我对

---

① 纪德在这里指的可能是中世纪的著名神学家与哲学家托马斯·阿奎那的代表作《神学大全》,阿奎那生命中的最后15年里一直在写这本巨著。

它一无所知。

我记得一天散步时，我走出去很远，一直走过了湖的另一端。离群索居令我既异常兴奋又相当苦恼。我大步流星地走着（走得非常快，感觉像是在飞，其实差不多是在跑），心中的渴求格外强烈，抑制不住地大声呼喊着一位志同道合者，他应当和我一样满怀热情，我会告诉他我的感受，还会大声地和他讲话。然后我放声痛哭起来，因为身边并没有这样一位志同道合者。

我决定选保罗·劳伦做我的同志（尽管彼时的我几乎不认识他，我在前文描述过他以及我接受邀请进入他父亲画室的经历，应该推迟到以后去说），并且，我还特别神奇地预见到，我们俩有朝一日会并肩而行，信步同游，一路走下去。

那年夏末，我回到巴黎时，《笔记》已经写完了。我一回到巴黎就把它读给阿尔伯特听，可他听了之后却感到失望，因为那本书虔诚得有些过头，随处可见《圣经》引文。从这本书现在还残留着的大量经文中，足以想象它当初满篇皆是经文的模样。要知道，我当时听了阿尔伯特的建议后已经删去了三分之二的经文。随后我又把这本书念给皮埃尔·路易听。我俩之前曾经商定，各自的处女作中要留出一张空白页让对方写点儿东西。阿拉丁当年也是出于类似的客套，才把自己宫中的一间阳台留给他岳父装饰的。我们从这则故事[①]中得知，阿拉丁的岳父永远无法令阳台的装饰风格与宫殿的其余部分相配。同样的

[①] 也就是《一千零一夜》当中阿拉丁神灯的故事，故事中，阿拉丁从穷小子变身为驸马。

一幕也发生在我和路易之间：他的十四行诗我一首都写不来，同样，他也无法为我的《笔记》再添上一篇日记。不过，为了不至于完全放弃当初的设想，路易提议为我的处女作写序，这会令这本书真正具有一种死后才出版的作品的味道。①

那个年代，各种演讲稿式的文章对年轻人极具吸引力。我觉得《笔记》是对保罗·德斯查尔丁②《当前的责任》一文的回应。我在读了一篇宣称其目标读者是"20岁的年轻人"，作者为麦勒科瓦·德·沃格③的文章后便相信，全世界都在等着看我的回答。是的，我当时心想，我的这本书就是对如此巨大和急迫的一个需求的回应，就是对如此明确的一个公众需求的回应。同时我也颇感奇怪，为何没有人抢在我前面想到要写这样一本书并出版呢？我生怕《笔记》问世过晚，一直在生印刷商杜穆兰的闷气，因为我早就把此书的定稿交给他了，却迟迟未见付印。后来我才得知，原来那本书令杜穆兰处在非常尴尬的境地中。杜穆兰是别人推荐给我的，人家说他是巴黎最好的印刷商之一，他是个正统的天主教徒，思想极其正统，也渴望自己能表现得极其正统。当初他看都没看一眼就接下了《笔记》的印刷订单，后来有流言传到他耳中，说这本书有些离经叛道。迟疑了一段时间后，出于爱惜羽毛，他借用了一家同行的商标印刷了它。

这批《笔记》是限量版，精装装帧并优先印刷。同时，我准备

---

① 这篇简短的序言署名P.C.[路易的首个笔名皮埃尔·克里希斯（Pierre Chrysis）的首字母缩写]，只有佩兰出版社出品的《笔记》上才有这篇序言。
② 保罗·德斯查尔丁（1859—1940），法国哲学家。
③ 麦勒科瓦·德·沃格（1848—1910），法国外交官、东方学家、考古学家。

另印一批便宜的平装版以满足大众的需求，我想平装的印数肯定不会少。可由于杜穆兰有所顾忌，再加上他和借给他商标的那家同行的谈判持续了很久，因此尽管我已经倍加小心，却还是未能阻止便宜的平装版首先面世。

书中的印排错误颇多，让我十分沮丧，此外我不得不承认，其销量几乎可以忽略不计。因此当开本更小的精装版准备上架时，我决定把另一个版本化成纸浆。我从装订工那里把精装版的样书几乎全部拿了过来，留了70本左右用作宣传的样书，亲自把剩下的书送去销毁。令我高兴的是，我为此得到了一笔钱，那些样书是按重量计费的。但除了藏书家，没有人会对它们感兴趣……

是的，《笔记》一书未尝胜果。但我天赋异禀，居然从失望当中收获了快乐。对长了耳朵的人而言，每一次失败后深挖下去，都能在最下面发现一个教训，当时的我便听到了这样的教训。既然煮熟的鸭子飞走了，我也就立刻放弃了对胜利的期盼，或者说我开始期望另一种形式的胜利。我相信，赞许的含金量重在其质量而非数量。

彼时，我跟阿尔伯特的一些谈话促使我加快做出一个决定，这个决定很符合我的天性，我采取了一种自那时起就饱受诟病的态度——始终与成功保持距离。现在我该就此解释一番了。

我无意粉饰自己，无意令自己看上去比真实的我更加道德高尚，我也曾热切地渴求过名声，但我很快就总结出这样一番道理：通常表现出来的成功其实只是对成功的模仿，里面掺杂着假象。我喜欢人们在如实了解我的前提下真心实意地喜欢我，倘若我觉得赐予我的褒奖是误解的产物，就会觉得痛苦。吹嘘出来的赞扬并不能令我满意。人们在听到客套的恭维话，或是为了维持利益、社会关系甚至友情而说出的赞扬时，能有什么快乐可言呢？

只要一想到别人赞扬我是出于感激，是为了争取我的支持或否定我的批评，那些赞扬便立刻变得毫无价值，我可不想得到这样的赞扬。我最关心、最想知道的是我的作品究竟有什么样的价值，那些无论怎么看都像很快就要凋零的桂枝，对我派不上用场。

我是突然之间改变态度的，并且改变得非常彻底。改变时当然会有些不悦，但这种不悦并未维持多久，此外，如果说这种情绪是促成我形成新态度的最初的动机，那么在我保持新态度的过程中就已经看不到这种情绪了。正如我不久之后认识到的，这种态度虽然可能会被说成是装腔作势，却与我的性格非常相配，我如鱼得水，自此后再没想过要改变它。

我的处女作多印了很多册，多到令人难堪。我以后的书只会印需要的册数，甚至比实际需要的更少，我打算对我的读者进行筛选。在阿尔伯特的鼓励下，我还打算在新书上市时放弃宣传，还打算……我这么做，很大程度上带有玩乐和好奇的心态：我打算去碰碰之前从未有人碰过的运气。感谢上帝，我衣食无忧，生计不愁，不必考虑利润。我对自己说，如果我的作品真有价值肯定会流传下去的，我等得起。

我更加发狠地下决心要难倒那些批评我作品的人，甚至要难倒读者。我用一种天生的闷闷不乐难倒他们，用我那阴晴不定的情绪难倒他们。在这种情绪的支配下，我刚刚结束一本书，就立刻转换为完全相反的另一个自我（这也是为了实现内心的平衡），去写一本可能不受同一批读者喜欢的书。

"你从来都不会让我相信,"我的一位上了年纪的远房亲戚费歇尔男爵夫人愤愤不平地说,(什么!我还没有提过她?)"你从来都不会让我相信,一旦你在哪种写作风格上获得了成功,你就会坚持采用这种风格。"

事实的确如此,我宁可不成功也不想固守一种风格。哪怕顺着这种风格写下去会收获尊重与荣誉,我讨厌沿着已经铺好的路走下去。我喜欢碰运气、冒险、经历未知的事物,我不喜欢在人们料想到的地方现身。我想在哪里出现就在哪里出现,并且安静地待在那里。所有事物中我最看重的,莫过于能够自由地思考。

《笔记》出版后的一天晚上,阿道夫·莱特[①]用令人恶心的恭维话往我脸上贴金,我实在难以忍受,不得不打断他(其实,我在这种场合下做的一切,更多的是出自本能,远非故意为之。我无法以别的方式行事),然后突然起身不告而别。这件事情发生在小母牛咖啡馆或是源头咖啡馆,是路易把我拉过去的。

"你这样对待别人的恭维,"再次见面时,路易对我说,"以后你就得不到任何恭维了。"

不过我还是喜欢别人拍我的马屁,可要是拍马屁的技术很差,我便会被惹恼。要是马屁拍到了马腿上,我便会像刺猬一样立刻竖起刺来。与其听到愚蠢的好话,不如一句好话也不听。我很容易说服自己,我被吹嘘夸大了。我谦虚得不可救药,让人们一眼就看出我的缺

[①] 阿道夫·莱特(1863—1930),法国诗人、作家。

点。我知道自己的弱点在哪里。由于我害怕自欺欺人,认为欺骗对智力的发展具有致命的坏处,因而我一直小心翼翼,力求低估而非高估自己的价值,并且以放低姿态为自豪。但愿人们不把我所说的这些话过分地视为矫揉造作,我做的这些剖析都是自发的。如果动机是复杂的,我又能有什么办法呢?我不追求复杂化,复杂只存在于我心里。每一个姿态都暴露了我的真情,但我从中看不出我内心的矛盾之处。

往事重提,这一切并不能让我满意。我本来可以说自己特别害怕劳累,以此作为自己羞于社交、突然离开的理由。一旦我发现自己在当前的环境中不能充分表现天性,就会觉得所有的陪伴都令我疲惫。

我方才提到的那位远房亲戚婚前也姓纪德,她是费歇尔将军[①]的遗孀,尼姆有条街就得名于费歇尔将军。在我的青少年时代,费歇尔夫人住在贝勒柴斯街上一家精致的私人宅邸的三楼。那栋房子的前门处有游廊,当你穿过庭院走入游廊时,看门人早已摇了两次门铃——你看不到门铃在哪里——告诉屋里人有客人到访。当你走上楼梯后,门早已打开,一个高个子的男仆站在门后恭迎你,准备引你入内。门铃发出水晶般清脆的声音,与我家中一只玻璃奶酪罩发出的声音如出一辙。只有在家里有"大人物"来赴晚宴时,那只罩子才会被拿出来。与费歇尔夫人有关的一切,都让人联想到奢华与排场。

我年幼时,费歇尔夫人常常在一间小房间里接待母亲和我。房间里摆设着桃花心木家具。我印象格外深刻的是一张大五斗橱,我常目不转睛地盯着它,因为我知道到了一定的时候,费歇尔夫人就会从

---

① 阿德里安·维克多·费歇尔(1785—1857),法国军事家与政治家。

里面拿出一盒果脯分发给众人，那种感觉就像是在剧院里看戏，幕间休息时有人给观众分发橘子和巧克力一样。那是造访费歇尔夫人家时的一段惬意的休息时间，造访这位夫人似乎要花很长的时间，不知道什么时候才能离开。夫人见我母亲格外有耐心，便抓住时机向她大倒苦水，喋喋不休地唠叨她的女儿、财产管家、律师和牧师是如何惹她生气的，她讲的那些故事真是令人厌烦，她和这些人的关系都不好。费歇尔夫人想让别人一直听她发牢骚，便迟迟不肯分发果脯，而是瞅准时机，在客人快要失去耐心的那一刻才拿出来。她撩起裙子，从丝绸衬裙的口袋里掏出一串钥匙，从中找出一把，打开她身旁多宝格的抽屉，再从抽屉里拿出另一把钥匙，用它打开那只五斗橱的抽屉，最后才从里面拿出那只装着果脯的盒子，同时还拿出一沓纸片，把上面的字读给我母亲听。那盒果脯盒快要见底了，因此你只能勉强吃一点儿，母亲则根本不吃。有一天，我问母亲为何不吃果脯。

"哦，亲爱的儿子，"她说，"夫人并没有坚持请我吃。"

我拿了果脯后，费歇尔夫人会把果盒重新放回五斗橱中，主客之间的第二幕戏便拉开了序幕。几年后当大人们认为我已经足够成熟，听得懂他们说话时，我就不得不听夫人读她分发果脯时拿出来的那些纸片上的内容。这些纸片中不仅有别人写给她的信和她回信的手抄件，也有她记下来的一些对话，其中有不少别人的话，但更多的是她自己的回话。她的回话尽显高贵，一眼就能看出是经过深思熟虑后说的，言简意赅且滔滔不绝，令人过耳不忘。我怀疑费歇尔夫人和李维一样，会写下自己本想说的话而非实际说过的话，这就是为何她会把这些话记下来。

"看看，这就是我的回话，"费歇尔夫人以演戏般的夸张口气说道。一听这话，你就知道她又要唠叨了。

"好的，今天他表现很好，越来越像个大孩子了。"一天下午，正当我们要离开时，费歇尔夫人说，"他今天一次都没有问什么时候可以走了。他也想多陪陪我了。"

终于有一天，我被认为已经长大了，完全能够不用母亲陪着独自拜访费歇尔夫人。再也不能用果脯打发我了。我已经到了能够听别人诉苦的年龄，当我看到夫人把她收藏的那些纸片拿给我看时，真是受宠若惊。

那是在昂丹大街上（此时，费歇尔夫人已经搬家了）的一间富丽堂皇的公寓里，夫人只占用了其中一间屋子，因为她在自己的卧室里吃饭。在通往夫人卧室的路上，人们可以透过几扇玻璃门瞥见两间大客厅，那里的百叶窗一直关闭着。一天，夫人把我领进其中一间客厅，给我看了米尼亚尔①画的一张巨幅油画，她打算把这幅画"留给卢浮宫"。她处心积虑，最大限度地剥夺她女儿布兰西伯爵夫人的继承权，我想有些人是愿意为虎作伥给她帮忙的。她讲的故事不是不能勾起别人的兴趣，而是夸张得适得其反。我尤其记得有一次，费歇尔夫人描述了她与贝西尔牧师的一次见面。当时夫人正向牧师讲述她女儿试图毒死她的故事。

"可是，这种事情只会出现在舞台上啊！"牧师感叹道。

"不，先生，"夫人当时是这么回答的，"还会出现在巡回法

---

① 皮埃尔·米尼亚尔（1612—1695），法国画家。

庭上！"

　　她用悲痛的声音反复念叨着这两句话，在扶手椅里坐直了身子。那是一张很大的扶手椅，两边都有抓手。夫人很少会从那张扶手椅上站起身。直到现在，我还能回想起她当时的模样。费歇尔夫人面若敷粉，一头乌黑的假发披散在两侧，头上戴着一顶蕾丝帽。穿着一条紫褐色的丝绸连衣裙，只要一动，裙子就发出窸窸窣窣的声音。修长的双手戴着黑色的连指手套，几乎完全被连衣裙宽大的褶边遮住。她喜欢以一种特别的方式交叉着双腿，只露出一只小脚来。

　　那只脚上穿着和连衣裙同色的鞋子，若隐若现地从衬裤的蕾丝裤腿下露出来，衬裤很长，几乎一直拖到裙底。另一只脚则舒服地伸进面前的一只皮里暖脚套中。

　　费歇尔夫人年近一百岁才去世，她给我讲那些故事时已经九十多岁了。

第十章

《笔记》一经问世，我立刻进入了人生中最混乱的阶段，一段黑暗丛林期，就像但丁所经历的那样。直到我和保罗·劳伦一起去非洲旅行，才终于走出了这片黑暗丛林。这个时期，我的精力是被过度消耗的，思想是难以集中的……本来我可以图一时之快，完全略过这一段，可我还是希望这段黑暗的经历可以起到一种反衬的作用，有助于读者理解接下来发生的事情。就好比我想找理由说明我为何会在精神紧张的状态下消耗了大量的精力，我在付出了长期的努力仔细打磨《笔记》期间，一直处在这种状态中。如果说我口头上哪怕只是做个最简单的表态，心中也会立刻想主张并坚持与之相反的意见，大家可以轻易地想象到，这样一本夸大其词的书注定会在我心中激起多大的反应。似乎通过描述不安而摆脱了我曾经的不安，当时，除了琐事我的脑子里容不下别的。除了最名不副实的精神、最荒谬可笑的自负，我的大脑不听任何事物的指挥。

我没能设法发现埃玛努埃莱对我的处女作有何看法。她只让我知道了一件事：《笔记》出版后，她拒绝了我的求婚。我当时扬言不会把她的拒绝当成最后的回绝，我准备等下去，没有什么能令我放弃她。虽说如此,有一段时间我还是不再给她写信了。她早已不再回我的信。这种沉默令我心里静悄悄、空荡荡的,感觉自己像一条被割断缆绳的船,漫无目的地在水面上漂着。好在友谊及时地向我伸出了援手,填补了爱情消失后空出的时间和位置。

那段时间,我几乎天天都去探望皮埃尔·路易。他那时和他哥哥一起住在韦讷斯街的尽头,街角处有一栋朝着小小的富兰克林广场的低矮楼房,他们住在三楼。

从路易家书房的窗口极目远眺,最远可以看到特罗卡迪罗广场①,甚至更远。但我们可没有心思欣赏外面的世界,因为我们心中装着我们自己,装着我们的计划和梦想。在詹森高中上学的那一年,皮埃尔·路易结交了三位同学,其中两位,即杜安和基洛,不久就成了我的密友。第三位叫弗兰克·诺翰因②,我与他的关系虽说也不错,但却是时断时续的。

这几段友谊在我的人生中占据着非常重要的地位,尽管如此,我却不想回忆它们,我发现自己难以解释这背后的原因。也许只是因为我害怕一旦打开了这只话匣子就会说个没完没了。正是他们几个才让我体会到尼采的那句话所包含的真理:"艺术家不仅可以随心所欲地发挥自身的聪明才智,还能尽情调用朋友们的才智。"我的这几位朋友在许多领域都思考得比我深入,而在这些领域我正好都跟不上他们的思路,于是,他们便充当了我的探路者。如果我出于共鸣的需要

---

① 巴黎市区塞纳河右岸的一处高地,以前是一座广场,现在是夏乐官的所在地。
② 这是笔名,真名毛莱斯·艾迪安讷·勒格朗(1872—1934),法国歌剧词作者、诗人。

和他们同行一段路，便会出于本能地小心翼翼，避免让自己显得力不从心。因此就每个人擅长的领域而言，我认为朋友当中无一不在我之上，但他们没有像我这样充分发挥自身的才智。尽管在他们各自懂得最多的那个领域我懂得不如他们多，但他们懂的我都懂，我好比站在了他们各自所走道路交会的中心点上，朝他们为我开辟出来的各条道路展望过去。

　　这一现象本来就司空见惯，因为在每个人的头脑中自己都是中心，整个世界都是围绕着他转的。只不过我把自己能够成为每一位朋友心目中最好的朋友看作一件值得自豪的事情。一想到朋友当中可能有人拥有比我还要推心置腹的密友，我就受不了，我真心实意地对待我的朋友，与此同时，我也强烈要求能从他们那里得到同样的回报。当时的我居然认为，在朋友需要帮助时哪怕显示出丝毫的犹豫，都是令人震惊和不够讲义气的。数年后我继承了母亲的财产，有人要我资助基洛，当时他做生意一败涂地，濒临破产，我二话不说就向他伸出援手。

　　在我看来，基洛问我要什么我就该给他什么，这才正常，而且我还要给得更多，甚至不考虑这样做是不是真的能帮到他。因此今天的我会想，当时吸引我那样做的或许并不是行为本身，我关心的并不是朋友而是友谊。我这个人神神秘秘的，说不准什么时候就约见朋友，颇有见识的皮埃尔·路易常常取笑捉弄我。一天下午，我准时抵达与路易事先约好的见面地点，可他却躲在圣萨尔派斯街的一家店铺里，得意地连续观察了我一个小时——这个坏蛋！那段时间，我在雨中围绕着喷泉来回踱步，我有种预感，他并不是真心想见我。最后，我越发佩服我的那些朋友了，甚至超过佩服自己的程度，想象不出还有谁更值得佩服。我有一种执念，认为自己命中注定是个诗人，因此无论碰到什么事情都能坦然接受，并且相信人生道路上遇到的每一件事都是上帝的安排，都是经过神意挑选的，都是要拉拢、襄助、成全我。我至今仍然保留着几分这样的性情：即便身处最糟糕的逆境中，也会本能地四处寻找能给我带来快乐和指示的事物。我无比看重命运之爱，甚至相信除了命定之事，没有别的事件、别的问题更适合我去做、去讨论了。无论命定之事为何事，我都认为它是最好的。

　　此外，我在静静回想这些往事时觉得，倘若我当年能结交一位博物学家，会是多么受益匪浅啊。我对博物学这门研究自然界的科学有着莫大的热情，要是遇到一位博物学家朋友，我恐怕就会抛下文学匆匆跟着他去研究博物学了。或者假如当初我能遇到一位音乐家朋友……在那个以马拉美为中心人物的圈子里——我是在皮埃尔·路易的引荐下进入这个圈子的——人人都宣称自己对音乐有着浓厚的兴趣，但我总是觉得，无论是马拉美还是他的那个圈子，他们在音乐中寻找的说到底还是文学。瓦格纳[①]被他们奉若神明，他们围绕着瓦格纳的作品提出了很多看法。路易会硬拉着我欣赏这种惊叹的评论或那种感叹的观点，这让我反感那些"富有表现力的"音乐。我因而更加执着地回归到"纯粹的"音乐中——就是那些不旨在表达什么的音乐。

　　我反对瓦格纳的复调音乐，更喜欢乐队四重奏而非管弦乐队，更欣赏奏鸣曲而非交响乐，并且至今仍然如此。哦，不，我已经一发不

[①] 威廉·理查德·瓦格纳（1818—1883），德国作曲家、剧院导演与作曲家。

可收拾,一说起音乐就控制不住,按照我的风格,谈到音乐时本应点到为止的。不,也许我需要的是一位能教会我如何对他人感兴趣的朋友,他还能教会我如何跳出自己的成见——我需要的是一位小说家朋友,可我当时却只盯着灵魂,只会欣赏诗歌。当我听到皮埃尔出于对《人间喜剧》的不屑一顾,把居兹·德·巴尔扎克①称为"巴尔扎克阁下"时,不由得义愤填膺。但当他建议我把表现形式方面的问题当作重中之重时,我认为他还是正确的,并且为他提出的这个建议而感激他。

我真心觉得要不是皮埃尔·路易促使我发生了改变,我恐怕会一直像野人那样离群索居。这倒不是说我无意进入文学界并在其中结交朋友,而是说我被一种无法克服的腼腆束缚住了。此外,我还生怕自己会觉得无聊,唯恐我会妨碍了自己觉得最具吸引力的那些人,直到今天,这种担忧仍然让我放不开手脚。皮埃尔比我更加主动、上进、聪明,才能也更加娴熟,他将他写的第一批诗献给了我们不得不表示尊敬的那些前辈。看到他这样做,我也决定把我的处女作拿给埃雷迪亚②看一看。

"我跟他提起过你,"路易反复说,"他盼着能看到你的作品。"

彼时,埃雷迪亚还没有把他的十四行诗汇编成集,《双世界杂

---

① 居兹·德·巴尔扎克(1597—1654),法国作家。《人间喜剧》的作者、法国文豪叫奥诺雷·德·巴尔扎克。
② 何塞-马利亚·德·埃雷迪亚,1842—1905,生于古巴的法国高蹈派诗人。

志》刊登了其中的一些，儒勒·勒迈特①引用过另一些，大部分尚未发表，它们都像珍藏着的宝物一样留存在我们的记忆中。由于平民大众还没有读过这些诗，因而在我们心目中显得尤为出色。当我第一次来到埃雷迪亚位于巴尔扎克街上的公寓门前按响门铃时，兴奋得心怦怦直跳。

  起初，当我发现埃雷迪亚基本上不符合我想象中的诗人形象时，不免有些扫兴。他一点儿都不沉静，也不神秘，说话还结结巴巴的，声音高亢，始终都是同一副腔调。埃雷迪亚略显矮胖，走起路来虎虎生风、昂首阔步、挺胸收腹，一步一个脚印，鞋跟把地跺得噔噔直响。他的胡子修剪得整整齐齐，头发像刷子一样披散着，读书看报时戴着眼镜，昏花的双眼越过镜片投射出飘忽不定的好奇一瞥，那目光中没有丝毫的恶意。由于能够无拘无束地展开思考，埃雷迪亚不管突然想到什么都能直截了当地说出来，这令和他交谈的人感觉很愉快，真是太刺激了。他几乎只对外部世界和艺术感兴趣，我的意思是他始终处于思辨的状态，对他人的理解仅限于行为。不过，埃雷迪亚阅读面很广，由于他没有意识到自己有哪些不足之处，因此从未感到过困惑。他更像是艺术家而非诗人，或者说他最像是手艺人。我刚见到埃雷迪亚时是非常失望的，后来我扪心自问，我的失望难道不是源于对艺术和诗歌的误解？还是说单纯的手艺精进，比我到那时为止所想象的关于艺术与诗歌的一切更加逊色？埃雷迪亚对待客人非常热情，来客往往要花上一段时间才能发现，他的思想其实没有他的臂膀开放。

---

① 儒勒·勒迈特（1853—1914），法国评论家、说书人与剧作家。

但他对文学的投入还是很用心的，有些道理即便他想不明白，他也仍然能够通过文字表达出来。而且在我的记忆中，从未听埃雷迪亚说过蠢话。

每逢周六下午，埃雷迪亚都在家待客。一到下午四点，他家的吸烟室里人头攒动，有外交官司、记者、诗人，倘若皮埃尔·路易不在场，我肯定要拘束死了。埃雷迪亚的妻女也在这一天接待客人，常来的客人们偶尔会在吸烟室和客厅之间往返。在打开门的那一瞬间，里面传来一阵叽叽喳喳、闹闹哄哄的欢声笑语。我害怕被埃雷迪亚夫人和她的女儿们看到，经人介绍认识了她们后，我知道自己理应经常对她们表示尊重。由于担心被她们发现，我便始终躲在吸烟室另一头雪茄与香烟的烟雾中，宛如躲在笼罩在奥林匹亚山顶的云雾之中。

亨利·德·列尼耶①、斐迪南·希罗德②、皮埃尔·吉拉尔德③、贝尔纳·拉萨尔④、安德烈·丰泰纳斯⑤、皮埃尔·路易、罗伯特·德·博尼耶尔⑥，还有安德烈·德·戈恩讷⑦，这些人每周六下午都会去埃雷迪亚家。到了周二晚上，我又会在马拉美家见到他们当中

---

① 亨利·德·列尼耶（1864—1936），法国象征派诗人。
② 这位并不是前文提到的那位同名的作曲家，而是安德烈·儒勒·斐迪南·希罗德（1865—1940），法国作家。
③ 皮埃尔·吉拉尔德（1864—1912）法国象征派诗人、剧作家、翻译家与记者。
④ 贝尔纳·拉萨尔（1865—1903），法国文学批评家、政治记者、辩论家与无政府主义者。
⑤ 安德烈·丰泰纳斯（1865—1948），比利时象征派诗人与评论家，在法国度过了大半生。
⑥ 罗伯特·德·博尼耶尔（1850—1905），法国记者与小说家。
⑦ 安德烈·德·戈恩讷（1853—1912）年，法国诗人。

的前六位。这些人当中，路易和我是最年轻的。

最常去马拉美家做客的是诗人，有时也有画家（说到画家，我想起了高更和惠斯勒）。我曾在另一本书中描述过罗马街上的那间小房子，它部分用作客厅，部分用作餐厅。我们这个时代已经太过喧嚣，今天的人们难以轻易地想象出当年那里的那种清静、几乎带着宗教色彩的气氛。马拉美肯定事先就准备好了谈话稿，那些谈话稿往往与他最苦心孤诣地写下的《徜徉集》没有太大的区别。但马拉美熟谙讲话的艺术，语气中察觉不到说教的味道，每提出一个新观点都似乎是刚刚碰巧想出来的，而且马拉美通常不会妄下断言，而是给听众留下判断甚至询问的余地。他抬起食指，好像在说"我们是不是也可以说……"或是"也许……"，每句话的末尾几乎都要加一句"你们难道不这么看吗？"。正因如此，一些人才会对马拉美有着较深刻的印象。

马拉美经常在他的"徜徉演讲"中穿插趣闻逸事，他妙语连珠，总是讲得滴水不漏，给人急欲表现优美和风雅的感觉，让人觉得他故意要把艺术与生活剥离。

偶尔当聚集在小桌旁的人不是很多时，马拉美夫人会继续坐在那里做针线活儿，她的女儿陪在身旁。但没过多久，呛人的烟味就会令她们逃离。我们面前的圆桌正中放着一只巨大的烟草罐，我们从中取出烟草，为自己卷好一支支香烟。马拉美不停地抽烟，但他更喜欢用一支小小的陶土烟斗抽。大概十一点时钟，吉茵维芙·马拉美会又来到圆桌旁，送来一杯杯掺着热糖水的烈酒。这个非常简朴的家中没有用人，门铃一响，大师便亲自去开门。

现在，我要简单描述一下聚集在埃雷迪亚和马拉美这两位文坛领袖周围，并且和我关系较好的几位年轻人。那个年代，我们这些年轻人并不信任自己思想的指引，而是多少有意识地遵循着一种模糊的指令。

当时正在发展中的那场运动是一场反对现实主义的运动，这场运动顺带掀起了一股反对高蹈派①的浪潮。由于受到叔本华的鼓励，我想不通为什么有的人不太喜欢叔本华，反而更喜欢黑格尔。我把不那么绝对的事物，即鲜活明亮、丰富多彩的整个生活，都看成是未定的（这是当时比较流行的一个词语）。我的伙伴大多也都这么看。但我们并没有错在试图从当时的现实主义所展现的密不可分的杂乱现象中，挖掘出某种统一指令表现出来的美与真，而是错在故意背过身去不理睬现实。我被一种贪婪的求知欲拯救了……言归正传，我再来谈谈我的那些同伴吧。

在我的那些同伴当中，亨利·德·列尼耶无疑是最引人注目的。别的不说，光是他的外表就足够显眼。他可爱迷人、略显傲慢又不失诚挚的行为举止下，掩藏着一颗虽然谨慎却始终自觉高人一等的心。列尼耶又高又瘦、四肢灵活，本来不太讨巧的身材却被他塑造得优雅美观。第一眼看到列尼耶时会感到很吃惊，他的前额高高隆起，下巴、脸和纤细的双手都很长，他总是喜欢抬手去捻下垂着的浅灰色长胡子。这还不够，他戴着一副单片眼镜。勒贡特·德·李勒当年就戴

---

① 法国当时的一个诗学流派，其代表人物便是前文中提到的勒贡特·德·李勒，该派别强调写诗时要克制、客观、精准，反对浪漫主义。

着单片眼镜，引领着风尚，我们这群小伙子中有几个人纷纷效仿。在埃雷迪亚家和马拉美家中时，列尼耶出于恭敬，总是沉默寡言。也就是说，他会非常聪明、不动声色地（在马拉美讲话时）插话，每次只蹦出一两个无关痛痒的词，足以让对话进行下去。但私下交谈时，列尼耶却妙语连珠。通常不到两个星期我就会从列尼耶那里收到他的邀请："如果你没有更好的事情可做，明晚就来看我吧。"今天的我不太确定自己是否该在那样的夜晚收获那样多的快乐，可我当时的确最喜欢那些和列尼耶交谈的夜晚了。在我的记忆中，没有哪个晚上我俩没有大谈特谈，那时的我尚未吸烟。不过，列尼耶的言谈中有一丝慵懒的味道，他的声音听上去有一种奇怪的魅力（不如马拉美的声音动听，但是更加洪亮，每当他提高嗓门时声音就会更加尖锐）。

他表达自己的意见时，我不敢说他表达的是思想，因为那会令思想惨遭奚落，他用的是一种富有幻想色彩的方式，并且经过了令人不解的伪装，还带着一种恶作剧式的在人身上和事物内部寻欢作乐的味道……总之，不管列尼耶交谈时摆出一副什么样的做派，时间总是过得飞快，夜半时我不得不带着遗憾离开。

读者们，请你们理解，我在展开这种描述时喜欢把时间跨度至少十年的几个片段拼凑在一起讲述。后来，又过了很久……我记得那天晚上，列尼耶像是心事重重的样子，他摘下单片眼镜，眼神呆滞，若有所思。

"怎么了，亲爱的伙伴？"我终于问道。

"哦，"列尼耶耸耸肩，随即又用严肃且有些滑稽的口吻说道，"我正打算把30岁生日那天要穿的披风加大一倍。"

我突然意识到他的年龄已经很大了。这已是很久以前的事了！

那时，列尼耶最亲密的朋友是弗兰西斯·维勒-格里芬①。人们经常会将他们二人相提并论，甚至把他俩写的诗搞混。很长一段时期以来，公众眼中唯一允许有些变化的诗就是常见的分节诗，相比之下，自由诗看上去都差不多。每当有新技法被引进时，都会发生同样的事情，无论是音乐、绘画还是诗歌领域。不过再也想象不出比列尼耶和格里芬更不相像的两个人了，他俩之间的友谊正如路易和我的友情一样，建立在误解的基础之上。再没有谁比格里芬更加坦率、诚实、主动的，我说他俩不像，绝不是说列尼耶是个狡猾、虚伪、喜欢欺骗人的家伙，不，列尼耶完全不是这样的人！实际上，列尼耶接受过精心、全面的培育，非常善于控制自己身上那些最温柔、精致、自然的感觉，并且还能令这些感觉高度完善、美化与可控，结果就是他似乎从来不会带着猎奇的心态去感知任何事物，也从来不会去体验任何他尚未体验过并且事先没有决定要去体验的情感。有些人（其中也有我认识的人）力求达到这种状态，认为这是做人的最高境界。我却觉得，他们达到这一状态的过程太简单，速度太快了，并且为之付出了惨重的代价。换言之，我认为这种理想的状态只对那些力求要达到它却未曾取得成功的人有利。无疑，格里芬并未过达到这种状态。他喜欢以幽默的方式，用离奇的俏皮话表达自己的意思。尽管他真诚地热爱着法国，并且也很想对它说些甜言蜜语，但在举手投足之间，格里芬仍不免流露出几分自然奔放、桀骜不驯，简单粗暴地让人感觉到

---

① 弗兰西斯·维勒-格里芬（1864—1937），生于美国的法国象征派诗人。

他的"新世界"。格里芬的声音略微发颤,说起法语来带着勃艮第人①的口音(他那位颇有魅力的同胞斯图亚特·梅里尔②有着同样的口音),即便只说一些最简单的词,听上去也极为粗俗。要不是说话时太喜欢故弄玄虚、似是而非,他的聊天的方式本来是令人愉悦、亲切友好的。格里芬本就非常争强好斗,生性豪爽,特别喜欢拨乱反正。从根子上来讲,他有几分像新教徒,离不开他经常造访的那几个爱走极端、常常感情用事、不受拘束的文学圈子。格里芬会向法语英雄诗人、加图勒·门德斯③、后代的说教诗人、当代诗人以及其他诗人一一发起挑战,讲到最后往往会心一笑,说出这句话:"说真的,纪德,我们究竟要得出什么结论呢?"同时被自己的愤慨逗乐(他生气时也会寻开心)。

格里芬长着一张圆润、开阔的脸,脑门似乎要与后颈连在一起了。为了掩盖早秃,他让一绺头发从一边的太阳穴朝另一边的太阳穴梳过去。尽管他做派随性、举止随和,却对仪表格外重视。他面色红润,眼睛蓝如勿忘我(他的一些熟人向我保证,说他的眼睛是绿褐色的。但除了勿忘我的那种蓝色,我想不出其他可以形容他眼睛的颜色了)。格里芬十分强壮,穿上紧身黑色大衣后像根大香肠。裤子总是紧紧地绷在腿上,两条胳膊像是等不及似的很快就与手连上了,双手

---

① 勃艮第是法国东部的一个地区,勃艮第大区与巴黎所在的法兰西岛大区接壤,在其东南方向。
② 斯图亚特·梅里尔(1863—1915),美国诗人,其大部分作品是用法语创作的。
③ 加图勒·门德斯(1841—1909),法国诗人与文人。

不长，但很宽。据说，一天晚餐后，格里芬打赌可以双脚并拢从餐桌上跳过去，他果真利落干脆地完成了这个动作，没有碰翻任何东西。那个传说就是这么说的，不过千真万确的是，倘若有人想看格里芬一展身手，他就会把客厅里的数张椅子排在一起，然后从上面跳过去，甚至都不用助跑。对一个诗人而言，这足以让人惊讶了。

格里芬是第一个就《笔记》发表评论并写信给我的人。我一直把这件事记在心上，并试图表示感激。本来我想和他好好聊聊的，可他流露出来的似是而非的态度令我十分拘谨。

我发现自己说不过他，便自觉像个傻瓜。很快便只剩下格里芬一个人自言自语，因为他是那种只有在不听别人说话时才能好好说话的人。有时我会带着一些明确的问题去找格里芬，想说给他听，可临走时才发现，我一句话都插不上。

格里芬还有个小小的缺点，令我和他的关系稍显紧张，那就是他过分敏感，时刻防范着别人，生怕别人冒犯他，但这种防范并非总是理由充分的。由于他的这种担心，我一直小心翼翼，生怕显出怠慢他的样子。他的这种担心常常弄得自己也很尴尬，导致别人看不清他到底是个什么样的人。直到他天生的好脾气克服了这种担心，他才会恢复本来面貌。此时，格里芬会发自肺腑地大笑，将之前的不快一扫而空，人们又能看到他那水晶般清澈透亮的眼神了。说了这么多，不如下面这个例子更能说明问题（我重申一下，我现在是把前后跨度超过十年的往事浓缩在一起讲述的）。

那时我已经接替莱昂·布鲁姆①，成了《白色杂志》编辑部的一名文学评论员。我负责评论散文类书籍，古斯塔夫·卡恩②负责评论诗歌。在此我必须要追述的是，当时在某些文学圈子中流传着这样一个说法：古斯塔夫·卡恩"是自由诗的开创者"。在当时引起了轩然大波，曾让不止一位诗人妒火中烧。格里芬属于另一拨人，这些人认为即便没有卡恩，自由诗也会发展得很好，它是自然而然产生的，或者说，自由诗之父另有其人……《艾莱·德·维兰德传奇》问世后，格里芬送来一本给我看，他之前出的书也都拿给我看过。遗憾的是诗歌类书籍并不在我的评论范围内，于是我在自认为无伤大雅的情况下，在表达谢意的回信中写了这句闯下大祸的亚历山大体诗：

我也许可以挖古斯塔夫·卡恩的墙角。

格里芬看了后怒火中烧，认为我的言外之意是自由诗这个领域是卡恩的地盘。于是便热血沸腾起来。反正，三天后，我收到了下面这张我惊得目瞪口呆的便条：

亲爱的安德烈·纪德：

　　过去的四十八小时里，我一直在回味您给我写的那封信。

---

① 莱昂·布鲁姆（1872—1950），法国社会主义政治家，曾经三次出任总理。
② 古斯塔夫·卡恩（1859—1936），法国象征派诗人与艺术评论家。

我必须要劳驾您给我回一封信，麻烦您给我解释一下，您在写下这句奇怪的言论时用意何在：

"我也许可以挖古斯塔夫·卡恩的墙角！"

恭候您的答复。

有幸成为您谦逊的仆人
1900年2月20日

  说真的，我们二人都是一片好意，也都真心实意地喜欢对方，因此我们不愿意让这种误会持续太久。

  格里芬的这种莽撞也是他豪爽性情的一种体现，我在他的影响下曾犯过一个错误，一个本身及其后果都很严重的错误。我说的是我写的那篇诋毁列尼耶的《一对女主人》的文章。我在这件事情上愚蠢地效仿了格里芬，事后我真心感到后悔。格里芬认为，列尼耶在这本书中显示出正在走上错误道路的苗头。在那之前不久，列尼耶曾在《白苜蓿》中展现了自己身上的另一面：更加精力充沛、宛如世外之人的一面，同时也是更像格里芬的一面。格里芬身上没有一丝书生气，也许他对法国文学最大的贡献便是，随着他的到来，文学界嗅到了户外的新鲜空气，开始有了自由的气息。这是一股不娇柔、不造作的天然之风，一股清新自然的风气。必须承认，当时，我们的文学非常需要这种风气。在格里芬看来，《一对女主人》尽管写得还算高雅，却流露出衰落的迹象。此书行文虽说也很跌宕起伏，但格里芬却在字里行间看到了文学研究的痕迹和堕落的矫揉造作。格里芬在我身上做了很多工作，试图说服我为法国文学以及列尼耶做一件大好事，那就是设法让他重归旧路（好像这种事情可行一样），同时直言不讳地指出他的倒退。请让我说得再清楚一点：我无意为自己写的那篇措辞严厉的批评文章开脱，甚至一点儿也不想推卸责任。但我要说的是，我很少有机会为未曾随着自己的本性行事而感到倍加后悔，很少有机会为没有去对抗自己的欲望、抵制自己的本能（尽管这样做也是我的本性），反而是毫不挣扎地被它们牵着鼻子走而感到倍加抱歉。无须多言，为了迎合读者，列尼耶继续坚持自己的写作风格。我的那篇文章起到的唯一作用就是令到那时为止我和他之间一直保持着的火热关系大大冷却了。退一步讲，就算我没有写那篇文章，我们也会因为其他原因很快分道扬镳，因为我们的兴趣本就天差地别。

在经常拜访马拉美、埃雷迪亚、博尼耶尔、朱迪丝·戈蒂耶[1]和勒贡特·德·李勒的众人当中，希罗德是雷打不动的一个。对戈蒂耶和李勒，我只能转述自己的道听途说，因为我从来没有拜访过他们，至于博尼耶尔，我也了解得很少。我只知道，无论我在哪里拜见谁，都能见到斐迪南·希罗德。希罗德每次和别人分别前，都会约好下次见面的时间和地点。让人百思不得其解的是，他居然还有空读书和写作。事实上，希罗德不光写了很多作品，还读过几乎所有的书。对我们当时曾饱含热情探讨过的话题，希罗德都有着永不枯竭的浓厚兴趣。比如，他很喜欢研究头尾对称诗[2]的十四行诗；再如，他还对萨克斯在管弦乐队中所起的作用很感兴趣。他说起这些话题来滔滔不

---

[1] 朱迪丝·戈蒂耶（1845—1917），法国诗人、翻译家、小说家与汉学家。她是前文中提到的泰奥菲尔·戈蒂耶的女儿。

[2] 一种不同寻常的十四行诗，以相同的三行诗开头和结尾。

绝，能够说上几里路。不管什么时候，也不管你离开的是马拉美家、聚会还是剧院，希罗德总会和你一起走回家。母亲特别喜欢希罗德，因为他能陪我走回家，每当母亲知道我超过半夜十二点还要独自在外面时就会担心，此时她便指望希罗德能陪着我走到家门口。希罗德长着一张讨人喜欢的娃娃脸，为了最大限度地让自己看上去有男子汉气概，他留着大大的络腮胡子。他是最优秀的好伙伴，也是最忠实的好朋友，当你需要他的帮助时，他总是在你身边；当你不需要他的帮助时，他更是常常伴你左右。似乎非得等到别人出现在自己身边后，他才能彰显自己的存在。斐迪南·希罗德自从发表了那篇论关于或者毋宁说是反对尊敬的文章后，他就微微向后昂着头、向前扬起胡子，他在那篇文章中证明（这与所罗门的观点恰好相反）不再敬畏上帝才是智慧的开端①。并且不管是什么形式的尊敬，无论是对父母、风俗、权威的尊敬，还是造成人们不同程度盲目愚昧的某些不必要的尊敬，一个人只有在抛弃了尊敬之后，才有望朝着光明前进。

吉拉尔德、拉萨尔和希罗德都非常反对穷兵黩武（不止他们三个如此），他们甚至会带着恐惧的心理看待所有的制服。在他们看来，制服等同于家仆穿的服装，是对个人尊严的粗暴侵犯。在谈到他们具有国际主义思想时，我应当为得罪了他们而感到歉意，毕竟我在质疑他们这方面的观点时，可能错怪了他们，事实上持有这些想法的人是我自己，我当时肯定以为他们同样怀揣此类想法。此外，我也想象不

---

① 典出《圣经·箴言》第9章第10节：敬畏耶和华是智慧的开端，认识至圣者便是聪明。

出来，除了国际主义的思想，任何一个多少有点儿才智、多少接受过教育的人还会形成其他思想。考虑到这些情况便很容易理解，为何我会将服兵役这件事看成是一桩不堪忍受的灾难，如果可能的话，完全应当用除了开小差的一切方法加以规避。

有时，人们会在希罗德的身边看到他姐夫，那是个身材魁梧的比利时人，名叫丰泰纳斯。丰泰纳斯是个最优秀、最友好的人，并且也不愚笨，从他的沉默寡言中人们就能发现这一点。他似乎已经发现，从来不说蠢话的最好方法就是干脆从不说话。

我该对罗伯特·德·博尼耶尔伯爵说些什么好呢？他的妻子年轻漂亮、美名远扬，这和他不管到哪里都受到热情的接待有很大的关系。我记得博尼耶尔曾经做过记者。在我讲述的这一段时期里，博尼耶尔刚刚出版了一部题为《小马吉蒙特》的小说，我没有看，但我听经常参加埃雷迪亚主持的沙龙的那些人兴冲冲地说，就品质而言，在法国传统小说中，该小说属于最上乘的佳作。博尼耶尔当时正在用八音节诗歌体写一部短篇小说集，他特别喜欢大声地把那些诗句念出来。博尼耶尔的脾气相当好，就是有点儿急躁。一天，在埃雷迪亚家，博尼耶尔一直在大声朗读着他努力完成的最新作品，而我差一点儿就闯下了大祸……我记得博尼耶尔当时读的那篇小说讲到了一个傲慢的美人，她无意间或是故意把手套掉在地上。刚刚遭到她嘲弄的那位彬彬有礼的骑士，不顾危险或意外，为她捡起了手套。我记不太清楚了，可席勒的作品中不是也有类似的桥段吗？然后，当那位女士放下身段时，这位骑士反而傲慢地继续走起了自己的路。

它也要走它的路啊，我亲爱的夫人。（Passe aussi son chemin, ma chere.）

小说到这里就结束了。平时像丰泰纳斯那样默不作声的我，突然被一股莽撞的情绪左右了："难道您就不怕sse aussi son会引起误会吗？"我问道。①

一听这话，在场的人都面面相觑。还好，一开始并没有人明白过来。等他们反应过来我是什么意思时，便爆发出一阵哄堂大笑，在这种情况下，可怜的博尼耶尔还能怎么办呢？后来，他改写了那行诗句。

博尼耶尔是个非常聪明的人，这令他无比自信。不管什么事物，他都能发表一番看法，而且其看法不可动摇，人们从未听说过他会听从别人的意见，他只相信自己的判断。天哪！他那盛气凌人的腔调真是激怒了我，他发号施令般地说："每个作家的作品都应该可以用一句格言加以概括，一部作品越是容易概括，就越容易流传下去。任何不能概括的作品注定会消亡。"

一天，在博尼耶尔迫切的邀请下，我决定前去看望他。令我惊愕的是见到他之后，他居然一把攥住我的一粒纽扣，冲着我吹胡子瞪眼睛——这就是他的风格——问我是否已经找到了自己的格言。我畏惧地往后退缩着，假装听不懂他的话，可他却不肯放我走。

---

① 在法语中，passe后面跟着aussi son这两个单词时，最后的三个字母sse恰好很不巧地与它们形成连读，听上去像是saucisson，意为"香肠"。

"听着，"博尼耶尔继续说道，"假设你想用一句话、一个词去评价你未来的作品，你会用哪个词、哪句话呢？你想过吗？你能说出来吗？"

"当然能了！"我不耐烦地喊道。

"那么，是什么呢？来吧！说出来吧！一切都取决于这句话！"

荒谬的是，我还当真有自己的格言，但我不太情愿，不想说给这个荒谬可笑的老浑蛋听，仿佛这是我一生中真正的秘密。最后，我实在被逼到绝境、气得发抖，狂怒之下结结巴巴地说道："我们都必须管好自己的事情。"

博尼耶尔目瞪口呆地看着我，终于松开了攥着我纽扣的那只手。

"好吧，我亲爱的小屁孩！"他喊道（他比我大很多），"很好！那就管好你的事情吧！"

如果说我没有就我的"格言"作出任何解释，那我就太愚蠢了。它就是我当时的主要想法，简直成了我新的主宰。到那时为止，我一直过着恪守清规戒律的生活，后来这种生活逐渐让位于另一种我觉得（虽然是迷迷糊糊地觉得）更加丰富多变、五彩缤纷的生活。我开始领悟到，也许每个人的责任都不一样，可能上帝他老人家也憎恶这种千篇一律，自然造化反对千篇一律，但基督教的理想似乎力求千篇一律，并且压抑天性。现在我只承认每个人都有自己的道德观，有的人还持有相反的信念。我确信每个人，或者至少每位上帝的选民，都在这世上扮演着一个独特的、不同于别人的角色。因此在我眼中，任何一种努力让自己遵从一条普遍规矩的行为都是叛逆，是的，就是叛逆。我把这种行为比作违抗圣灵的"不可饶恕"之罪，一个人要是犯下这种罪,就失去了他独特的不可替代的重要性,失去了不可复得的"味道"。那段时期,我在日记中附上了下面这句作为格言的拉丁语句子,我忘了是在哪里找到它的:

全人类的要务在于,要切合实际地充分发挥出每个人的才智潜能。

事实上,我当时已经得意忘形了,因为我第一次领悟到,生活原来是丰富多彩的,第一次明白,自己完全可以表现出多面性的……

但这一章本来是要描述别人的,因此还是言归正传吧。

贝尔纳·拉萨尔的真名叫拉萨尔·贝尔纳,是个来自尼姆的犹太人。拉萨尔其实并不矮,只是显得又粗又短,让人看着不顺眼却又无法形容。乍一看,拉萨尔的整张脸似乎只剩下脸颊,整个身体只剩下肚子,整条腿只剩下大腿。无论是看人还是睹物,拉萨尔都会透过单片眼镜投去尖刻的一瞥,他似乎很瞧不起自己不敬佩的那些人。他活在最高亢的情绪中,也就是说他一直愤愤不平,总是对同龄人身上的下流品性与流氓习气耿耿于怀。

但他似乎又需要活在这种状态中,并且只有在采取暴烈的态度时,拉萨尔才能意识到自己的存在,一旦怒气消退了,便只能提出苍白无力的见解,拉萨尔著有《传说之镜》一书。

拉萨尔和格里芬都是坏脾气、爱争吵,却因为《政治与文学品谈》凑到了一起。我必须得说一句,这份血红色封面的小型评论杂志经营得非常成功,我的那篇《纳西索斯评论》能在上面发表,着实令我受宠若惊。我总是令人难以置信地缺少一项能力，这种能力是很多大胆行为赖以开展的基础，就是估量自己在他人心目中分量的能力。我总是低估了我在他人心中的分量，不仅无法声称自己得到了别人的尊重，而且在别人表现出哪怕最起码的尊重时都感到无比受用，从而掩饰不住内心的喜悦。直到年过半百，我才开始克服这个缺点。

贝尔纳·拉萨尔令我感到害怕，我模模糊糊地觉得，他身上可能存在着一些无论如何都和艺术扯不上关系的谜团。有这种感觉的不止我一个人，某种程度上，即便吉拉尔德和希罗德没有被这种感觉所左右——他们最终与拉萨尔成了一丘之貉——列尼耶、路易和我肯定都在这种感觉的支配下，日益疏远了拉萨尔。

"那天你注意到了没有，列尼耶很注意分寸？"路易问我，"他几乎快要忘记自己是谁，就要像对待一个真正的好友那样对待拉萨尔了。就在快要伸手去拍拉萨尔的膝盖时，他突然回过味来。你看到他的手是如何停在半空中的吗？"

后来在德雷福斯案件期间，当拉萨尔以夸张的动作亮出剑来，发挥了那个后来世人皆知的重要作用后，我们才意识到他终于找到了真正适合自己的职业，在那之前，拉萨尔一直都在文学宫殿的外庭等候着。很多人终其一生都候在那里。

我还没有提过阿尔伯特·莫克尔，他是一份发行量虽小但颇为重要的法语—比利时语评论杂志《瓦隆人》的主编。由于一个文学流派当中的每一分子（我们无疑都是这样的一分子）都是在不断与其他流派发生摩擦的过程中令自己的品位愈加清晰和高雅的，因而我们当中很少有人犯妄下论断的错误，要犯也是整个流派一起犯。除了这种集体的品位，莫克尔还独具一种高雅的艺术感受。他精益求精，几乎到了吹毛求疵的地步。他曲高和寡，令你觉得自己的品位粗劣低下。①莫克尔说话时用词格外微妙，到处都是需要仔细分辨的话外音，为了能跟上他的谈话，你非得踮着脚尖才够得上他。由于莫克尔太过较真且过于正直，跟他聊天时往往聊着聊着就晕头转向了，只顾着弄清楚谈话的确切内容。聊上一刻钟，你就觉得自己被碾压了。在这期间，他正在写他那本相当幼稚的《弹词》②。

除了我在埃雷迪亚家、马拉美家和其他地方经常见到的上述这几位朋友，我还经常能看到另一位可怜的年轻伙伴。很难说他是我的朋友，但我对他有种奇怪的感情。他叫安德烈·沃克奈尔，是那位学富五车的拉·封丹传记作者的孙子。沃克奈尔身体羸弱但聪明绝顶，不可能意识不到上帝让他有这样或那样的缺陷用意何在。他天生长了一副尖厉的嗓音，用来抱怨自己的命运。沃克奈尔曾经上过宪章学校，后来在玛扎琳娜图书馆担任基层图书管理员。他通过婚姻和姨妈德马雷斯特扯上了关系，我在姨妈家的饭宴上第一次见到了他。彼时的我尚未写完《笔记》，也就是说我当时年近20岁，安德烈·沃克奈尔比我大几个月。他对我表现出的殷勤和关注，立刻让我感到很是受用，为了不负他的友爱，我鼓励自己发挥想象，进而认为沃克奈尔在很多细节方面都酷似我当时正草草构思着的一部作品中的主人公，我打

---

① 马拉美曾经说起过一位非常高雅的女士时说："当我跟她说'你好'时，总感到自己是在对她说'他妈的'。"——作者注

② 弹词是中世纪的一种半诗半散文体的文学作品。

算给这本书取名为《情感教育》。不错,福楼拜早已写过一本标题相同的作品,但我的这本《情感教育》将更加名副其实。得知我将以他为主人公的原型创作一部作品,沃克奈尔激动万分。我当时问他是否同意到我家来坐坐,就好比要给画家当模特一样。我们约定了一个日子。接下来的三年里,只要我住在巴黎,每周三下午两点至五点,安德烈·沃克奈尔都会来我家。

要是他不来我家,我就去他那家,有时我们会一直坐到晚饭时分。我们不知疲倦地聊天,聊起来便没完没了。除了普鲁斯特的写作手法①,我想不出有其他事物能更恰当地形容我们之间那种对话给人的感觉了。我们探讨世上的万物,再琐碎的问题在我们看来也值得争辩。这算浪费时间吗?我不这么看。要是不练习辩证法,就很难形成比较细致的思想与风格。如前所述,沃克奈尔这个可怜虫身体太差,体质异常虚弱,全身生满湿疹,这是他幸免于哮喘的原因。看到他憔悴的面容,听到他气喘吁吁、呻吟不止,我心里就很不好受。此外,沃克奈尔还很想写作,可他什么也做不了,只能在思想上可怕地折磨自己。沃克奈尔倾诉沦为泡影的梦想和屡遭挫败的希望时,我就在一旁听着,尽管我无法安慰他,但我在听他倾诉痛苦时表现出来的兴趣,已经令他感到有理由生活在这个世界上了。

沃克奈尔介绍我认识了一个人,此人甚至比他更可怜,更没有存在感。我无意提及此人的名字,姑且叫他X先生。X先生不算是个大人物,但照样往来穿梭于各家沙龙,他像是裁缝用的人体模特,穿着裁

---

① 即意识流,一种侧重描写人物意识流动状态的文学创作手法。

剪得体的套装。要是有人和他一起去参加聚会肯定会大吃一惊，心想这个人居然没有把自己连同外套一起挂在衣帽间的钩子上。X先生出现在会客厅时，人们会听到从他那丝绸般柔顺的蜂蜜色长胡子下方涌出一道酷似鬼魅的尖细的声音，这声音格外温文尔雅，流露出一股笨拙得令人难以置信的老生常谈的腔调。X先生的日常生活始于下午茶时间，用茶时间一到，他就四处拜访熟人，扮演小道消息散布者、居间传话者和打听者的角色。X先生不停地折腾，直到把我介绍进沃克奈尔也在其中的某些圈子才作罢。不幸的是，我缺乏与人打交道的必备素质，无法在社交活动中显露锋芒。聚会时的我在会客厅里像走错了房间似的闲逛，像落单走失的昼伏夜出的鸟儿。说真的，我的礼服大衣剪裁得很不错，我留着长发，衣领高高立起，一副无精打采的样子，想必也吸引了某些人的目光。可若是有人和我谈话，就会大失所望。我异常迟钝，根本不会推销自己，每当有必要开个玩笑时，我反而默不作声。在博乐夫人、贝格尼耶夫人（她可一点儿都不傻）和J子爵夫人的沙龙里，我只会偶尔担惊受怕地露一下脸。

"哦，X先生！"J子爵夫人说，"一定要给我们背诵一下苏利·普吕多姆的《碎花瓶》啊。"[1]她总是像这样把人名与作品名搞错弄混，常常说自己崇拜英国画家约翰·彭斯（我觉得她指的是伯恩-琼斯[2]）。

乌茹索夫王妃组织的聚会则更活泼，至少参加聚会的人觉得更有

---

[1] 这首脍炙人口的诗的标题其实叫《破碎的花瓶》。
[2] 爱德华·伯恩-琼斯（1833—1898），前拉斐尔画派的代表人物之一。

趣。在她的聚会上，人们无拘无束，谈论的话题越是天马行空就会越满足。乌茹索夫王妃是一位美丽的，一身东方式打扮的贵夫人，和蔼可亲、十分健谈，似乎觉得万物都很有意思，这让每一位客人都感到非常放松。说真的那种场合下的谈话往往疯疯癫癫、几近怪诞，参加聚会的人不免怀疑：女主人是否清楚地意识到，客人们说的某些话可能会产生严重的后果。乌茹索夫王妃自始至终保持着令人愉快的友好态度，使客人们不好意思一味地挖苦讽刺。在一场大型晚宴上，身穿制服的男仆正在给客人们逐一呈上美味的菜肴，此时乌茹索夫王妃会用她那独特的女低音喊道："你那个肿块怎么样了，卡西米尔？"

一天，我临时去拜访乌茹索夫王妃，不知怎的，我竟鬼使神差地突然打开了她的钢琴，弹奏起舒曼的E大调《新事曲》。彼时我尚未能够合拍到位地演奏那首曲子。令我非常惊奇的是，乌茹索夫王妃居然对我弹琴的节奏提出了非常公允的批评意见，并且温柔地指出了我犯下的几处错误，这表明她完全知道并且很懂那首曲子。然后她说道："如果你喜欢我的钢琴，"她说，"那就来我这里练琴吧。我会感到很愉快，你也不会打扰任何人。"

乌茹索夫王妃那时跟我还不熟，她的建议令我尴尬，而不是安心，因而我谢绝了她的好意。我提及此事，只是把它当作一个例证，借以说明王妃的谈吐如何迷人，举止却又如何轻率。不过由于有流言称，乌茹索夫王妃曾一度不得不被关在家里，因而每当我陪伴她的时间略长，就担心她的轻浮可能会变本加厉为真正的精神错乱。

有一次，我带奥斯卡·王尔德①出席乌茹索夫王妃的晚宴。亨利·德·列尼耶曾经在某个场合描述过当时的场景，他绘声绘色地说，王妃如何突然发出一声刺耳的尖叫，声称她在王尔德这个爱尔兰人的头上看到了一圈光环。

　　同样是在乌茹索夫王妃的另一场晚宴上，我结识了雅克-埃米尔·布兰奇②。我在这一章里提到的人中，布兰奇是唯一我至今仍有来往的人。但关于布兰奇要说的话太多了……我必须暂时打住，只能下次有机会再好好介绍一下梅特林克③、马赛尔·施沃布④和巴雷斯⑤。恐怕我已经把那片"黑暗丛林"描述得过分茂密了，我一走出童年时代，就带着种种模糊的期盼和热切的询问迷失在了这片丛林中。

　　我把这本回忆录以上十章内容给罗杰·马丁·杜加尔⑥看，他斥责我的叙事不够充分，令读者意犹未尽。我的初衷一直是有一说一。但自曝经历需要一个限度，越过这个限度就显得矫揉造作、过分勉强了。我的首要目标仍然是追求自然的文风，我心里大概是希望使整个描述更加清晰，所以把一切都简化到了极致。最麻烦的是，我不

---

① 奥斯卡·王尔德（1854—1900），出生于爱尔兰的英国著名作家、诗人、剧作家与散文家，唯美主义的代表人物。
② 雅克-埃米尔·布兰奇（1861—1942），法国画家，擅长画肖像画。
③ 莫里斯·梅特林克（1862—1949），比利时剧作家、诗人与散文家。1911年获得诺贝尔文学奖。
④ 马赛尔·施沃布（1867—1905），法国象征主义作家。
⑤ 莫里斯·巴雷斯（1862—1923），法国作家与政治家。
⑥ 罗杰·马丁·杜加尔（1881—1958），法国小说家，1937年获诺贝尔文学奖。

得不展现那些真正令人困惑的状态,在这些状态下,好几件事情会同时发生并混在一起,但感觉却像是前后相继发生的。我是爱自言自语的人,身上的一切都相互冲突且自我矛盾。回忆录向来就是半真半假的,作者求真写实的欲望无论有多大也是枉然。每件事情原本就比人们所能理解的更加复杂。也许比起回忆录,小说反倒更接近真实。

下 卷

第一章

现在，我开始讲述我的心灵和思想经历的种种事实和变化，我想如实地描述它们，好比是第一次经历它们，不留下过于明显的事后评判的痕迹。这样做主要是因为，我后来对自己的心路历程做出的判断曾不止一次改变过，此外，我审视自己人生的标准时而宽松时而严厉，随着内心的阴晴不定而变化无常。最后，尽管我总是到事后才明白，有个相当重要的演员，也就是魔鬼，可能在我人生的某一出戏中扮演了一个角色，但这并不影响我在没有意识到不对劲儿的情况下讲述那出戏。直到很久之后，我才发现那出戏出过岔子。我现在打算讲述的这些故事，采取的都是这种迂回曲折的叙事方式，都朝着盲目的幸福结局发展。我在年方二十时就坚信自己不可能撞上不幸的事情。直到几个月之前，我还抱着这个执念不放，①并且还把后来突然令我对它产生怀疑的那件事看成最重要的几件人生大事之一。不过，即便动了这样的疑心，我还是很快重拾信心。我对快乐的渴求难以抑制，执念根深蒂固，我相信，即便最初发生的最不幸的变故，细加审察后，

---

① 这句话写于1919年春。

仍然最能令我们获得教益;我相信坏事都有一副好心肠;我还相信,如果说我们时常觉察不到幸福,那是因为幸福到来时换了一副面孔,不是我们料想的那一副。我仍然期待着幸福的到来,如果我以一种已经获得了幸福的姿态来讲述往事——我曾以为这种姿态是难想象的,甚至不太敢去想象——肯定会讲砸的。后来,当我对人生有了更多的感悟,事情就变得简单了。此时,我能够对自己身上鸡毛蒜皮的小毛病引发的巨大折磨付之一笑,能够准确地叫出那些仍然模模糊糊的,并会吓到我的(因为我辨别不出它们的轮廓)嗜好的名字了。在我追述的这段时期时,每一件事情都等着我去发现。我不得不同时创造出折磨人和治愈人的事物,我说不准两者中究竟哪一个更加要不得。我接受的新教徒式的教育要求我极为重视某些事物,这让我从未想过,其实令我焦虑不安的那些问题,往大处看不是人类迫切关注的,往小处看又不是个人迫切关注的。我觉得自己就是被缚的普罗米修斯,我无法理解,要是没有神鹰或神鹰的啄食,我如何能活下去。①于是我下意识地爱着折磨我的那只神鹰,同时也慢慢学会了与它和谐共处。是的,我的问题还是没变,有待解决,但随着我在人生之路上不断前行,我觉得这个问题不那么可怕了,开始学会从一个不太刁钻的角度去看待它。我的这个问题是什么呢?很难用三言两语讲清楚。但万事总得有个开端,存在着一个有待解决的问题难道不是非常要紧的吗?用尽可能简单的表述方式加以概括,那就是:

---

① 在希腊神话中,因为盗取火种给人类而犯下天条的普罗米修斯,被宙斯下令绑在山崖上,每天都有神鹰来啄食其肝脏,晚上,白天被神鹰吃掉的肝脏又会重新长好,第二天神鹰再来啄食,如此循环往复,永无休止。

你以哪位神灵，还是某种理想的名义，禁止我按照自己的本性生活吗？如果我索性跟随本性活着，会活成什么样子呢？

直到那时我接受的都是基督的道德准则，或者至少是新教徒的准则，我受的教育令我把它看成基督的道德准则。在强迫自己屈从于这套准则的过程中我一无所获，只是在内心深处引发了一阵骚动。我不同意过无法无天的生活，我要求身体的需求必须得到思想的赞同。即便这些需求再寻常不过，我仍然怀疑自己是否会少费些周章。因为只要我一想到否认我对万物皆有欲求是自己的责任，那我欲求何物便不再重要了。但我逐渐开始怀疑，上帝是否真的强行定下了这些规矩，不断破坏这些规矩是否意味着不虔诚，是否并不意味着反抗上帝。此外，在令我人格分裂的内心挣扎的过程中，我总是认为与规定背道而驰就一定不对，这种想法是否合理。然后我终于领悟到，这种水火不容的对立局面也许可以有和谐共处的解决之道。最后我顿时明白了，这种和谐共处的局面必定就是我的终极目标，努力实现这一目标便成了我活着的正当理由。1893年10月，当我动身前往阿尔及利亚时，与其说我是心血来潮奔赴一片新的土地，还不如说我是在赶赴那一片金羊毛之地①。

我决定无论如何都要去旅行一次，却一再犹豫是否不该接受表哥乔治·布歇的邀请，陪他去爱尔兰进行科学考察。当保罗·劳伦得到一笔资助他出国一年的旅行奖学金时，我还在犹豫，得知保罗选择我

---

① 希腊神话中，黑海岸边有一个叫科尔喀斯的地方，那里有被希腊人视为稀世珍宝的金羊毛。英雄伊阿宋驾驶阿尔戈号出海寻找金羊毛的故事在西方脍炙人口。

做他的旅伴后，我才下定了决心。于是我便和我的朋友保罗开启了我们的旅程，我们当时满怀热情，与当年在阿尔戈号上扬帆启程的那个勇猛果敢的希腊年轻人相比也不遑多让。

我之前说过，我们俩正好同岁，我们的身高、外貌、身材、品位统统都一致。由于总是与学习美术的学生混在一起，保罗养成了一种略带戏谑的胸有成竹的气质，这种气质掩盖了他极度害羞的天性。此外，保罗还习惯以钢丝上跳舞般的高度灵活性表达自己的意思，他这种舌灿莲花的本领令我既羡慕又高兴，同时也很绝望，因为有时我会把巧舌如簧的他与笨口拙舌的我相比。

和皮埃尔·路易相比，我见到保罗的次数更少，可我却认为，我对保罗的感情更真实，更有发展的空间。皮埃尔多少有些咄咄逼人、不切实际、喜欢对抗，因而我和他的关系总是时好时坏，非常不稳定。保罗的性格则相反，他知道朋友之间要相互忍让迁就，他会根据我的性格来调整自己的做法。在巴黎时，我很少能单独见到保罗，多半是看到他和他弟弟在一起。他弟弟的性情更加强硬，尽管比我俩都小，却常常喧宾夺主，有他在时，我们之间的对话只能是浅谈。那时每周有两个晚上，我会到保罗家上击剑课，这为我们提供了一个共同阅读和长时间聊天的机会。保罗和我都觉得我们的友情在稳步加深之中，并且都欣喜地在对方身上发现了一些亮点，这让我们完全能够结为情同手足的兄弟。我们都走到了人生的同一个阶段，但还有一个不同之处，那就是他了无牵挂，我却在牵挂着我的爱人。不过我当时已经决定不会让我的这份牵挂成为发展兄弟情谊之路上的拦路虎。《笔记》出版后，表姐拒绝了我的求婚。尽管这没有真正令我泄气，但至少迫使我放慢了圆梦的进程。

如前所述,我的爱情近乎神秘,也许我是在魔鬼那意在欺骗的示意下(当时我不可能意识到这一点)才会认为,往爱情里掺杂任何带有肉欲的念头都是亵渎。总之我克制住了自己,把快乐与爱情割裂开来,甚至认为这种割裂是必需的,只有心思与感官永远保持距离,快乐才会更纯粹,爱情也才会更圆满。是的,保罗和我是在下定了决心后才动身的……如果有人问我,在一个天主教而非新教家庭中长大的保罗,怎么可能过了23岁还保持着童贞(尽管这在道德上无可指摘)?何况他还生活在艺术家的圈子里,身边时刻少不了学生和模特的诱惑。对此我可能会回答,我正在讲述的是我的而非他的故事。此外,这种现象通常比人们想象的更加常见,如果人们感觉不太常见,那是因为没有人喜欢自己的此类私事被别人知道。腼腆、害羞、厌恶、孤傲、判断失误的感情用事、不幸经历引起的精神上的畏惧(保罗就有这种畏惧心理),这些都能令一个年轻人悬崖勒马。继之而来的便是怀疑、不安、不切实际的幻想与令人伤感的忧思,我俩对此感到厌倦,下决心要摆脱它们。但我们最强烈的感受仍然是恐惧,我们恐惧罕见、古怪、病态、反常的事物。我们在动身前谈过几次话,我记得在那些对话中,我们激励对方去追求一种均衡、充实与健康的理想状态。那实实在在算得上是我第一次对"现实主义"产生了期盼,难以言表的是,这种现实主义与我生来就知道的基督教的理想有多么的背道而驰。我彻底认清了这一点,于是决定不带《圣经》踏上旅途。这看上去像是小事一桩,其实却是最重要的一个改变,直到那时,我没有一天不翻看《圣经》,不从中汲取力量、求得安慰。但恰恰因为这种力量已经不可或缺,我才觉得自己必须摆脱它。我在和基督告别前,内心并非没有过挣扎,我扪心自问,自己是否真的要从此离开基督了?

我们在土伦①逗留了数日,待在保罗家的世交拉提尔家里。我在逗留期间感冒了,其实在离开法国前我就感到不太舒服,不过我没有告诉别人。

要不是健康问题曾在我的人生中占据着非常重要的地位,我恐怕不会提这件事,更别说在出发时提它了。我一贯体弱多病,军队的医务部门曾连续两年宣布我不适合服兵役,等到第三次我应召入伍时,他们再一次明确表示拒收我。军方文件的说法是"肺结核",我不知道自己应该为被免除兵役而高兴,还是该为军方给出的理由而害怕。而且我还知道,父亲当年就是……总之,我在土伦时患上的暗藏危机的感冒,着实给我敲响了一记警钟,我犹豫不安,想着是不是应该让保罗先走一程,我晚些天再去与他会合。然后我便听天由命了,这几乎是最明智的做法。此外,阿尔及尔②的温暖气候比任何地方都有利于我恢复健康。

与此同时,土伦也正在欢迎俄国海军分遣舰队的来访,港区彩旗飘飘,市区华灯闪闪,就连最不起眼儿的小巷都洋溢着喜庆的气氛。就这样,在我们的想象中,从我们路程中的这一段到下一段,甚至在它刚刚开始的阶段,无论是沿途的乡土还是民众都兴高采烈地迎接着

---

① 法国最重要的军港,位于东南部的地中海沿岸,是普罗旺斯—阿尔卑斯—蓝岸大区瓦尔省的省会。
② 阿尔及利亚的首都。

我们，我们所到之处连自然女神都更加明艳动人了。我已经想不起来为何要让保罗先走一步，前去参加一艘军舰上举办的夜游会。我当时要么是感觉太不舒服，要么就是觉得城里那些小小的街道上到处都是寻花问柳的色鬼和酒气冲天的醉汉，他们比夜游会更加吸引我。

次日，我们是和拉提尔一家一起度过的，他们家在海边有一个非常不错的叫拉希米艾因的住处，我们就是在那里度过的。保罗还记得，当时我给他讲述了我构思中的一部作品的主题，就是我后来写的《田园交响曲》。我还告诉了他另一个更加远大的计划，我应当赶在它被我的种种顾虑吞没前就开始实施。作者应当只能在展开一个题材的过程中，逐渐认识到它的种种难处，倘若他在一开始就意识到了这些难处，必定会失去写作的信心。我那时计划把虚构的一个民族、一个国家的历史写下来，要在其中记载与其相关的战争与革命，以及政府的更迭与突出的大事。虽说各个国家的历史都不尽相同，我却自认为应当可以发现这些国家普遍具备的历史发展脉络。

我完全能够虚构出英雄豪杰、国王君主、将相大臣、乐师画工，完全能够写出一部脍炙人口的野史，能够描述这种历史的发展趋势，并对其展开评论，还能追踪其不同类型的演变过程，转述其中一些大事件的一鳞半爪……而我这么写，是要说明什么呢？那就是人类也许曾有过另一段历史，我们的礼仪、习俗和道德观念曾是另一番模样，我们的品位、准则和审美标准也许曾不同于现在。尽管如此，我们仍不失为人类。倘若我真的开始过这部虚构的野史的写作，也许会非常痛苦，但也可能会有许多乐趣。

我们从马赛横渡地中海抵达突尼斯①的航程中风平浪静。船舱里非常憋闷，第一天夜里，我浑身都被汗水湿透了，床单全粘在身上。第二天夜里，我是在甲板上度过的……远处在非洲那边的天上，片状闪电造成的巨大火舌摇曳闪烁。非洲！我一遍又一遍地念叨着这个神秘的词语。在我的想象中，非洲是一片幅员辽阔遍布骇人事物的土地，既令人害怕又很诱人，同时还是一片充满希望与期许的土地。在那个炎热的夜晚，我始终把渴望的目光投向远方那条闪电覆盖下的地平线，投向那片魅惑的期许之地。

哦，我知道，一趟突尼斯之旅并没有什么特别之处可说的，不过，我们抵达那里时看到的景象却还是非常特别的。说实话，今天的我若是再看到环礁上的那些可可棕榈树，肯定不会再那么大惊小怪了。哦，若是将来再看到它们就更不会大惊小怪了，不会比我从甲板上第一次看到骆驼时更加惊讶。我们的船驶进一条狭窄的航道，岸边是蜿蜒的条状低地，那些骆驼就散布在低地上，它们的影子仿佛天上的剪影。我早已预料会看到骆驼，却从未想象过它们居然是如此奇怪的生物。之后，我们的船停靠码头时，又惊起了一群争相跃出水面的金鱼！下船后，一大群仿佛是直接从《天方夜谭》里走出来的人蜂拥而上，抢着为我们搬运行李。我们当时正值能为一切新奇事物欣喜若狂的年龄，猎奇的渴求达到了空前的程度，与此同时，缓解口渴的需求也得到了大大的满足。一切都是那样令人震惊，完全超过了期望。我们毫无提防，经常陷入街上小贩们设置的陷阱中。不过，我们

---

① 当代北非国家突尼斯的首都突尼斯。

买到的那些阿拉伯式的白布大罩衣和宽松长袍也着实漂亮。我们记得那些店主给我们喝的咖啡美味极了！他们给我们咖啡喝时又是那么的慷慨！

抵达突尼斯的第一天，我们在集市上刚一露面就被一个约莫14岁的小向导吃定了，他一路陪着我们逛了五家店铺（如果有人暗示他是接受佣金后才来找我们的，我们肯定会感到气愤）。因为他的法语讲得相当流利，又很讨人喜欢，我们便约好第二天在旅馆里等他。这个男孩叫塞西，来自杰尔巴岛[1]，据说那座岛上的人吃忘忧果。我记得次日约定的时间到了，塞西没有如约而至，我们焦虑起来。几天后，塞西进入我的房间拿走我们刚刚购买的物品（我们当时已经离开了那家旅馆，寄宿在艾杰吉拉街上的一间三室小公寓里），当我看他半披着白布大罩衣，想为我示范如何裹上它时，心里百感交集，很不是滋味。

我们在勒克莱尔将军那里遇到了朱利安上校，上校给了几匹军马供我们骑乘，还陪着我们在城墙外骑行。在此之前，我还没有正经八百地骑过马，只在一所骑术学校里骑过。学生们在教练挑剔的目光下，在一间阴沉的室内跑马场里兴致缺缺地鱼贯而出，沉闷地骑着马绕了一个小时的圈子。我当时分到了一匹栗色的阿拉伯小公马，它的性情太过暴烈，不适合我的脾气。但当我不再试图驾驭它，而是信马由缰地让它纵情飞奔时，却感受到了莫大的快乐。不一会儿，我发现

---

[1] 突尼斯最大的岛屿，同时也是北非最大的岛屿，位于加贝斯湾中，距离大陆非常近。

自己落单了,既找不着同伴也找不着路。不过我并不担心能否在夜幕降临前找到同伴和路了。落日的金紫色余晖洒落在突尼斯与宰格万山之间的这一片广袤的原野上,每隔一段较长的时间,余晖就会照在罗马渡槽遗址的那些巨大的桥拱上,看上去格外显眼。我想这条渡槽应该是古代的那条著名的渡槽,它曾经把来自水神庙的清澈的水引渡到迦太基①。一汪略含盐分的咸水塘仿佛一片血湖,我沿着荒无人烟的塘边策马前行,惊起了几只火烈鸟。

我们原本打算在突尼斯一直待到入冬,然后再取道南路抵达比斯克拉②,我们一点儿经验都没有,考虑不到万一遇到坏天气怎么办,只是害怕炎热的天气。但见多识广的朱利安上校摆出道理来劝说我们:鉴于天气马上就要变冷,还是不要耽搁,赶紧出发为妙。

朱利安上校更改了我们的预定行程,他为我们中途的停留休息事先打好了招呼,还针对每一段行程的特点向我们做了大量的讲解。如果我记得没错的话,当时我们是由军队护送着穿过吉利特盐湖③的。我们刚刚踏上那段穿越沙漠的旅程时,像孩子般急切地想看到未知的景象,我们一心自认为吉星高照,并且完全相信我们做的一切必将取得成功。我们以25法郎一天的价格雇了一位向导和一位车夫,车夫将为我们驾驶一辆巨大的由四匹马拉的相当华美的马车,打算用四天时

---

① 古代北非强国迦太基的都城旧址就在今天突尼斯的首都突尼斯,这座水神庙建在宰格万山上。
② 阿尔及利亚东北部城市,比斯克拉省省会。当时,今天的阿尔及利亚及其东边的邻国突尼斯都是法国的殖民地。
③ 吉利特盐湖,位于突尼斯的东北部,突尼斯和阿尔及利亚有不少盐湖或盐沼。

间把我们送到苏塞①，到了那里再考虑是否放弃四轮马车，改乘去斯法克斯②和加贝斯③的公共马车。向导和车夫都是马耳他人，年轻而健壮，带着一种我们喜闻乐见的绿林好汉的习气。至今我还感到不可思议，当时我们只花那么少的钱就雇到了如此好的车马与随从，不过我们同样也得支付四天的回程费用。此时，准备工作已经就绪，中途的歇脚点都安排好了，行李、干粮和其他用品也都用绳子绑到了马车后面。保罗和我一屁股坐进一堆大毛毯和宽松长袍中时，活像两个沙俄贵族。

"他们身边的人会因为他们要价这么低而感到惊讶。"保罗说道，他巧妙地用一句话概括了当时的情况。

我们打算夜里宿在宰格万④，一整个白天，我们眼睁睁地看着前方的那座山慢慢地离我们越来越近，粉色的山体逐渐清晰起来。我们经过的这片荒野辽阔无垠、单调乏味、色彩斑斓、空旷无人、寂静无声，这一切慢慢沁入了我们的内心……哦，还有那沿途的风！若是不刮风，就热得令人难以忍受；可若是风大了，又能把人冷得半死。那风刮个不停，宛如大江大河里快速而稳定流动着的水流，它会钻入你的披肩下、衣服里、皮肉中，我感到了刺骨的寒意。我当时尚未从逗

---

① 苏塞，突尼斯东北部沿海城市，在首都突尼斯以南，苏塞省省会，现为突尼斯的第三大城市。
② 斯法克斯，突尼斯东部沿海城市，斯法克斯省省会，现为全国第二大城市。
③ 加贝斯，突尼斯东南部沿海城市，加贝斯省省会。从首都突尼斯出发，沿着海岸线一路南行，依次会经过苏塞、斯法克斯和加贝斯。
④ 宰格万，也就是前文中宰格万山山脚下的一座城市，位于突尼斯与苏塞之间的内陆地区。

留土伦期间偶染的微恙中完全恢复过来,疲劳更是令我本就堪忧的健康雪上加霜,但我是不会放弃的。我发现自己很难做到不追随保罗,他到哪里我就跟到哪里。但我也认为,要不是为了照顾我,他可以干更多事情的。当他见我体力开始不济时,出于友谊和顾全大局,经常体贴地停下来。而一停下来,我就扛不住了。我不得不时刻小心在意,害怕穿得太少或捂得太热。这种情况下启程穿过沙漠是愚蠢的。但我不愿打消这个念头,此外,我还无可救药地迷上了突尼斯的南方地区,沉迷在那个令我们失去理智的温柔美梦中。

宰格万有着宜人的果园和川流不息的水源,它坐落在群山的一处山坳中,是个天然的庇护所。这样一个地方有很多优势资源可以利用,要是我当时能说服自己在宰格万稍作停留,也许我很快就可以痊愈了。

可我当时如何能不去想象,再往南边去究竟会……我们抵达客栈时已经饥饿难耐、疲劳不堪了。一吃完晚餐就立刻爬上床,想好好睡一觉。正在此时,一名骑兵(也可能是一名步兵,我对法属北非地区的军装一无所知)带着口信来到客栈,他说指挥官(我对军衔也一无所知,从来不会数军装上那些代表军衔高低的条条杠杠)已经得知我们到了,正翘首以盼,除了兵营,他是不会让我们住在其他地方的。他还说,那个村庄里有几个人染上了霍乱,继续留在那里是不明智的。这一邀请来得真不是时候,因为我们已经把过夜用的东西取出来了,由于次日一大早就得出发,我们正准备就寝,可我们又如何能拒绝指挥官的一番好意呢?尽管觉得不好意思,我们还是试图婉拒他的邀请,可不久又来了一名骑兵传达了同样的话,我们不得不起床打包上路。我们把打包好的铺盖搬到一头骡子的背上,那头骡子早已在门口候着我们了,然后跟着它朝兵营出发。那座兵营大约在一英里①开外的地方,我们在那里见到了几位军官,他们似乎在百无聊赖地坐等我们的到来。他们打算带我们去一家摩尔式咖啡馆,那里有歌舞助兴,是当地唯一可以找点儿乐子的地方。我借口太累,没有去咖啡馆,保罗独自跟他们去了。其中一名军官主动带我参观为我们安排的宿舍,可其他军官刚一离开,他就死死地缠着我,让我一直坐在他面前的桌子旁,然后拿出一大堆手稿,大声地读起了一本论阿拉伯方言的著作,强迫我听了一个多小时。

不过话说回来,这一夜倒也不算没有收获,我在那里第一次见识了各种虫子。那位军官觉得我实在听得不耐烦时,便领着我(此时的我无异于行尸走肉)进了一间巨大的棚屋,棚屋里只点着一根动物油脂做的蜡烛,烛光非常昏暗,只见屋子一角有两张行军床。那根蜡烛一灭,那些小虫子就迫不及待地赶赴人肉盛宴。起初我没有意识到是虫子在叮咬我,还以为是哪个爱搞恶作剧的家伙往床单上撒了刺激性的物质。我一度挣扎在困得要死和痒得难受之间,可最终还是觉得痒得令人烦躁,困意随之消失。我想再次点亮蜡烛,折腾一番后却没有找到火柴。我记得进来时曾注意到,床头的一张凳子上放着一只凉水壶。借着透过窗户洒进来的月光,我端着凉水壶牛饮了一通,然后把手帕浸湿,试图给自己降温,浇湿了睡衣的脖领处与手腕处。做完这些之后,就别指望能睡着了,我干脆摸黑找到衣服穿上。

---

① 约合1.61公里。

我在门口遇到了正要进来的保罗。"我再也受不了了,"我说道,"我要出去走走。"

"不要忘了我们是在兵营里,你不知道口令。如果你走得太远,可能会有人朝你开枪的。"

此时,静静的月光洒在兵营里,我在棚屋门前来来回回地走了一段时间。我觉得自己仿佛已经死了,成了一个飘来飘去的鬼魂,轻盈且虚无缥缈,宛如一场梦或是一段记忆。我想,假如我看到的那名哨兵当时走上前来盘问我,我怕是要消失在夜色之中了。后来我想必是在不知不觉中进屋和衣躺下了,因为当我被起床号吵醒时,发现自己躺在床上。

我们被告知马车正停在客栈等着我们。在经历了那个炎热的夜晚之后,我从未觉得早晨的空气是那样的宜人。宰格万那里的房子外墙都是白色的,前一天晚上,那些白色的外墙在玫瑰色天空的映衬下曾展现出一抹蓝色。在黎明时分浅蓝色天空的衬托下,它们又像是蓝色的绣球花。我们没来得及看一眼水神庙便离开了宰格万,至今我仍然把那里想象成世界上最美丽的地方之一。

第二天,我们走的那条路时常沦为只剩一半路面的小道,一离开山区,这条路便一头扎入一片非常干旱的地区,甚至比我们前一天经过的那个地方还要干旱。接近中午,我们来到了一处又大又深的岩壁前。向导告诉我们,那岩壁上并不是没有活物的,至少有蜜蜂,还流淌着蜂蜜。晚上,我们抵达了位于安菲代①的示范农场并在那里过夜。

---

① 安菲代,位于宰格万和苏塞之间,属苏塞省。

第三天，我们到了凯鲁万①。这座圣城出人意料地猛然从沙漠当中拔地而起，城墙外面就是严酷的自然环境。四周完全看不到绿植的踪影，只有胭脂仙人掌，这些非同寻常的植物看上去宛如绿色的网球拍，上面长满了毒刺，据说胭脂仙人掌丛是眼镜蛇经常出没的地方。城门附近，护城墙的墙根儿下，有一位巫师正在施法，一条让人胆寒的眼镜蛇在随着他的笛声起舞。城里房屋的外墙刚刚抹了石灰水，仿佛在向初来乍到的我们致敬。除了南方沙漠绿洲里的那些泥墙，我最喜欢这些白墙，就连它们的影子以及奇怪的倒影我也喜欢。一想到戈蒂耶讨厌它们，我就感到高兴。

我们怀揣着写给凯鲁万的达官贵人的介绍信，并且任意地使用它们，因为这座城市大大地限制了我们的自由。我们去哈里发②的宫殿享用晚宴，同时会见一些军官，那座宫殿金碧辉煌、明艳动人。晚餐后，我被安排坐在一架破破烂烂的钢琴前，硬着头皮绞尽脑汁地为即将跳舞的客人们想出一支伴奏舞曲……我为什么要讲述这一切呢？我非常清楚地知道这些并没有什么意思，我只是想缓解一下气氛，然后讲接下来发生的事情。

次日，我们一整天都是在凯鲁万度过的。一座小清真寺里举办了一场艾莎乌阿斯③集会，其狂热、怪异、美丽、高贵、骇人的程度超过

---

① 凯鲁万，突尼斯东北部古城，伊斯兰教的四大圣地之一，位于苏塞以西不远处的内陆地区，现为全国第四大城市。
② 哈里发是古代政教合一的伊斯兰教国家的君主名称，凯鲁万曾经做过某个伊斯兰教小国的国都。
③ 艾莎乌阿斯是北非阿尔及利亚、突尼斯和摩洛哥等地的一种宗教性质的集会。

了我曾见过的任何一次艾莎乌阿斯集会。我后来又去阿尔及利亚旅行过六次，再也没有见过能与之媲美的同类集会。

我们再一次出发了。一天又一天过去，我的健康每况愈下。沿途的风日益阴冷，刮个不停。又过了一天，我们抵达了沙漠中的苏塞，此时我的呼吸已经十分困难了，感觉很不舒服，保罗见状差人请来团里的军医（这一回，我们的介绍信又派上了用场）。不用多想也知道，医生认为我病得很严重，给我开了诱导药以缓解肺部的堵塞，临走时说好第二天还来看我。

不消说，继续旅行是不可能的了。可我还是认为，比斯克拉算是个不错的过冬之地，只要我们放弃取道最远和最艰险的路线抵达那里就行。如果我们回到突尼斯，只需坐两天火车即可到达比斯克拉，乘火车固然平淡无奇，但毕竟是更加现实可行的方法。与此同时，我的当务之急是好好休息，我的身体尚未恢复元气，还不能继续赶路。

我想现在应该描述一下当时听到医生的意见后，我心里是怎么想的了。同时还要说说这次生病引起了大家怎样的恐慌。我记得自己不太重视病情，要么是因为我真的不怕死；要么是因为我对死亡的概念很模糊，觉得离死亡还很遥远；要么就是我当时过于冷淡，反正就是无法产生任何强烈的心理反应。此外，我也特别不习惯成天担惊受怕、病恹恹地活着。因此我便听天由命，感觉也没什么好遗憾的，只是觉得对不起保罗，因为我一病倒便拖累了他。他不肯抛下我独自继续旅行。因此我那次病倒后的第一个结果，我几乎要说是第一个奖赏了，就是我充分意识到，保罗待我的这份友情之宝贵是不可估量的。

我们在苏塞只逗留了六天。但是，在我等待身体康复的那些单调乏味的日子里，发生了一件对我的一生产生了极大影响的小事。如果说讲述此事有伤风化，那么避而不谈就等于自欺欺人了。

那六天，保罗有时白天会离开我外出画画。我的身体并没有虚弱到不能走动的地步，有时我会去看他画画。再说，那次生病期间，我没有卧床休息，更没有足不出户，一天都没有。我每次出门时都带上大衣和毛毯，一看见我出来了，几个男孩子就会走过来，主动提出要帮我拿衣服。那一天陪我出门的是个棕色皮肤的阿拉伯少年，前一天我已经注意到他了，旅馆周围有一群游手好闲的小淘气，他也在其中。

他和其他人一样戴着一顶小圆帽，没有穿任何内衣，上身穿一件粗麻布大衣，下身穿一条宽松的突尼斯裤子。这种裤子较短，裤腿还不到膝盖，让他裸露的双腿显得越发细长。他似乎比他的同伴们更加矜持腼腆，因此通常会被他们抢走生意。但那一天不知道是什么情况，我出门时他的同伴居然没有一个人瞧见我，我在旅馆的一个拐角处撞上了他，我们便一起往前走去。

那座旅馆坐落在苏塞城边上一个多沙的地区，人们心疼地看到，在周围的旷野生长得很好的橄榄树，在这里却有一半树干被掩埋在流动的沙丘之下，再往更远一点儿的地方看过去，会震惊地看到一条溪流，其实就是一条微不足道的水道，在汇入大海之前，这条小溪偶尔冒出沙地，只来得及倒映出天空的一角。一群黑人妇女在这一点点淡水旁蹲下来洗衣服，这就是保罗通常会选择画这幅场景的理由。我事先跟保罗说好在河边见面，但是当我的这位小向导阿里领着我走上了那些沙丘后（尽管在沙地里行走特别累人，我还是跟着他走了），很快，我们来到一处沙坑或者火山口的地方，坑的边缘有一定的高度，足以让里面的人可以俯瞰周围的环境，有人走过来，能够提前发现。我们一走进那个沙坑，阿里就把我的大衣和毛毯都扔在了斜坡上，自己也躺下来，他把身体摊开，双臂朝身体两侧伸开，笑着看向我。我一点儿都不傻，不会意识不到他这是在向我发出邀请，但我没有立刻接受他的邀请。我在离他不远不近的地方坐下来，这回轮到我看向他了，我目光坚定，我在等待着，我很好奇，想看看接下来他要干什么。

　　我等待着！今天的我很好奇那天的我怎么会那么有忍耐力……不过，真的是好奇才让我没有主动采取行动的吗？我不太确定。我们的行为，我指的是那些最果断的行为，背后的动机消失了，不仅在人们回忆起相关的情景时，甚至还在快要出现这些行为的那一瞬间，背后的动机就不见了。难道我仍然在罪的门槛前犹豫不决吗？不，倘若这样的冒险因为我的道德观占了上风而半途而废，我会感到无比绝望的，因为我已经非常厌恶且鄙视我的道德观了。不，其实当时真的是出于好奇，我才会等下去的……等着等着，我看到阿里逐渐收起了笑容，重新合上了嘴唇，盖住了一口白牙，他露出悲伤的表情，迷人的脸上难掩尴尬。

　　"好吧，再见了。"他说。

　　我一把抓住他朝我伸过来的那只手，然后把他掀翻在地。在那一瞬间，阿里又笑了。他用作腰带的那些细绳打了很多复杂的结，但这并没有给他造成什么麻烦，他从口袋里掏出一把小小的匕首，一下就割断了缠成一团的绳结。他的裤子掉了下来，大衣也扔掉了，像神灵一样赤裸着身体。然后，阿里朝天空举起纤细的双臂，片刻后又放下来冲着我笑。尽管他的身体可能是滚烫的，但摸上去却很凉爽，我的双手像是触到了阴凉处一样倍感清凉。那些沙子多美啊！那一天的傍晚，在华美而迷人的暮光的沐浴下，我披上了多么多么喜乐的外衣啊……

天色渐晚，我得去和保罗会合了。我在见到保罗时脸上还残留着狂喜之色，我想保罗肯定猜到了些什么。也许是出于谨慎，他什么都没问，我便什么都没说。

我之前多次提到过比斯克拉，在此不再赘述。绿洲旅馆为我们安排的那几间连接着露天阳台的房间（我曾在《背德者》中描述过它们），正是当年为拉韦格利红衣大主教①安排的，就在快要下榻绿洲旅馆的前夕，大主教在位于佩雷斯-布朗克的传教所去世了。我睡的主教专用的那张床在最大的房间里，我们也把这个房间当客厅使用。隔壁的一间小房间被我们用作餐厅，我们不愿与其他房客一起用餐。饭菜放在一个托盘上，由一个叫阿斯曼的阿拉伯少年端进来，我们花钱雇了他为我们服务。阿斯曼还不到14岁，他的高个子让他在一群男孩子中十分出众，这群男孩子常常在放学后到我们屋前的阳台上玩玻璃弹珠或陀螺。阿斯曼比他们整整高出一头，天然具有一种带头大哥的气场。他总是摆出一副讨人喜欢的好脾气，大大咧咧的，甚至有点儿滑稽可笑，好像在告诉别人，就算他看上去有些荒谬可笑，但并非他

---

① 查理斯·拉韦格利（1825—1892），出生在法国，曾任天主教在北非的迦太基与阿尔及尔两个教区的大主教，同时还是非洲的首主教。

不情愿的。

总之，阿斯曼是世上最优秀、最诚实的少年。他根本不会利用别人、不会占别人的便宜，像诗人一样天生不会挣钱，相反，他随时准备付钱和施舍。当阿斯曼告诉别人他的梦想是什么时，人们一听就会明白，那其实是约瑟①的梦想。他非常喜欢各种故事，脑子里装着很多故事，还会用缓慢而笨拙的方式讲述它们，我和保罗都很喜欢阿斯曼讲故事的方式，认为这就是东方人的叙事风格。阿斯曼生性懒散，特别喜欢收集羊毛，并且具备一种高超的迷人本领，那就是能够夸大自己的快乐，纵使有片刻的担忧，也有办法把它们消散在梦想、希望和烟雾中。阿斯曼帮助我弄懂了一个道理，阿拉伯人虽然具有艺术天分，但创作的艺术品却少得可怜，那是因为他们并不想把自己的欢乐储藏起来。关于这一点可说的还有很多，但我想还是不要离题太远，就此打住。

阿斯曼住在餐厅隔壁的另一间屋子里。那是一间很小的屋子，面朝一座微型露天阳台，阳台位于整栋楼的尽头，他常常在那座阳台上打理我们的鞋。一天上午，我和保罗发现，阿斯曼像土耳其人那样盘腿席地而坐，穿着他最好的衣服，像是要赴宴一样。尽管当时天光大亮，他却在自己周围摆了一圈12根点燃的蜡烛头，每两根蜡烛之间放着一只小锡杯，里面插着一小束花。这严肃端庄场面的正中央坐着一人，正是阿斯曼，他一边挥舞着刷子，有节奏地、兴冲冲地擦着我们

---

① 也就是《圣经》当中的那个约瑟，由于被父亲偏爱而遭到兄弟的嫉妒，17岁时便被卖到埃及为奴，后来当上了埃及的首相，后与兄弟和解，被以色列人尊为十二列祖之一。《古兰经》中有类似的人物与故事，对应的人物叫优素福。

的鞋，一边扯开嗓门吼着一首什么歌，听上去像是圣歌。

当阿斯曼陪着保罗穿过绿洲，帮他拿画架、绘画工具箱、折椅和遮阳伞时便没有这么高兴了。他会突然停下来，大汗滴淋地喘着气，然后用最坚定的语气感叹道："哦，这里太漂亮了，值得一画！"他这样做是想打消主人的那股流浪汉式走个不停的劲头儿。保罗回到旅馆后，常兴致勃勃地跟我说起路上的经过。

我感觉身体还是很不好，不能跟着他们外出，每次看到他们出发都会感到一阵忧伤。起初，我甚至都不能走出我们房门外的公共花园。说实话，我真是个可怜虫。我的肺，用阿斯曼的话来说，我的"心之扇"很不情愿地工作着，连呼吸都很费劲儿。

我们一到比斯克拉，保罗就差人请来了D医生，D医生带来了热烙器并立刻用它对我展开治疗，此后每隔一天来给我治疗一次。在对胸部和背部交替施以"火点"疗法（灼出"火点"后洒上大量松节油）大概两周后，我肺部的堵塞部位终于被固定下来。不过令D医生目瞪口呆的是，堵塞部位居然突然从右肺转移到了左肺。从测得的体温上倒是看不出什么问题，但我确凿无疑地记得从某些症状上来看，自己早晚都会发烧。有人给我从阿尔及尔送来了一架很好的钢琴，可我哪怕调一下音阶，都会累得上气不接下气。由于无法工作，甚至无法长时间保持注意力，我只能闷闷不乐地混日子。我唯一的消遣就是看男孩子们在屋前的露天阳台上玩耍。彼时雨季已经来临，如果天气不错我可以出门的话，就看他们在公共花园里玩耍。我没有爱上他们当中的某一个人，而是不加区别地爱他们每一个人，因为他们青春年少。看到他们如此健康活泼，我就有了好好活下去的信心，我不想让别人来陪我，只想与他们为伴。也许我从他们简单率真的行为方式与儿童般的聊天谈话中发现了一个无言的忠告，那就是要更加放心大胆地信任生命的力量。在气候和疾病的叠加影响下，我感觉自己的苦行生活行将结束，愁眉开始舒展开来。我终于意识到，在我抵制诱惑的背后，掩藏着的是一颗异常骄傲的心。既然我已经不再与之对抗，从今往后便不再叫它诱惑。"与其说是忠诚，不如说是固执。"西纽埃曾经这样评价我。确实，我曾经因为自认为忠诚而骄傲过，但从那以后，我便把所有的固执都用于坚决执行保罗和我为了让我们"重新恢复正常状态"而做出的那些决定。疾病并没有削弱我的意志。我想交代清楚的是，在我接下来讲述的往事中，决心所扮演的角色将显得颇为重要。如果我接下来因为被自己的喜好牵着鼻子走而受到诟病，那我再一次请大家理解，因为那些喜好出自我的心灵而非肉体。我最终被迫承认但当时仍然不打算正视的那种天生习性，在被我抵制的过程中反而越发不可动摇。经过一番抗争，我只是巩固了这种习性，而在绝望地试图克服它的过程中，我曾自以为可以成功地欺骗它。

出于对保罗的支持，我不惜假装自己也有情欲，也就是说模仿了他的情欲，我们相互鼓励着对方。比斯克拉这个过冬胜地为满足男人的情欲提供了一切条件，那里住着许多做皮肉生意的女人。说实话，法国政府对待她们的态度与对待低级妓院里的普通妓女没什么两样。为了方便管理，比斯克拉的风尘女们必须在有关部门登记（多亏了这个制度，D医生才能向我们提供每一位风尘女的必要信息），不过，这些风尘女的态度和习惯还是有别于那些正式登记过的普通妓女。根据古老的传统，乌拉德-内伊尔部落每年都会输出刚刚到了适婚年龄的女孩子，数年后这些姑娘会带着一笔丰厚的嫁资回家，足够为自己买个丈夫。这些丈夫们欣然接受这样的婚姻和妻子，不觉得有什么不光彩的，这种事情倘若发生在法国，必将饱受嘲笑和羞辱。正宗的乌拉德-内伊尔女人以美丽著称，因此那一带从事色情行业的女人都自称是这个部落的。不过，并非所有的风尘女都会回到自己的家乡，因此妓女当中各个年龄段的人都有，有些还很年幼。这些年幼的妓女在到了适婚年龄前，会寄居在某位姐姐或朋友篱下，后者会保护并调教她们。雏妓破处是一件值得庆祝的喜事，城里有一半人会参加这样的盛会。

在比斯克拉，乌拉德-内伊尔妓女聚居在一两条被叫作圣街的街上。这是一种委婉的说法吗？我不这么看。乌拉德人经常举办半世俗半宗教的各种仪式，一些受人尊敬的伊斯兰教隐士参加这样的仪式。我无意表示自己支持乌拉德人的这种做法，但我总觉得，穆罕默德创立的那种宗教不会以不悦的态度看待这些仪式。圣街同时也是咖啡街，入夜后的街道活力四射，挤满了来自绿洲各处的人。乌拉德窑姐们向三五成群的过路人卖弄风骚，撩拨着他们的情欲，她们坐在窄小的台阶下面，那些台阶从街上直通其闺房。这些女人穿戴奢华，脖子上挂着金币项链，高绾的发髻上插满了头饰，一动不动地坐着，宛如壁龛中端坐的神像。

记得数年后，我和来自洛桑①的布尔日医生沿着圣街那些条街道一路走下去的情景。

"真该把年轻人带到这里看看，好让他们对放荡纵欲心生畏

---

① 洛桑，瑞士西南部重镇，法语区的第二大城市。

惧。"这位值得尊敬的先生满怀厌恶地感叹道（每一个瑞士人心中都藏着一条冰川）。哦！关于人心，布尔日医生真是知之甚少啊！至少，他完全猜不透我的心思……最有资格拿来与异域佳丽媲美的是示巴女王，她去拜访所罗门时，"用难解的话试问所罗门"。[1]这里面其实没什么深文大义。有人会爱上与自己相像之人，还有人会爱上与自己不同之人。我属于后者。我会被陌生人引诱，正如我厌恶熟悉的人一样。此外，请让我格外有针对性地补充一句，棕色皮肤上的那些"太阳神菲比斯留下的具有挑逗性的掐痕"对我颇具吸引力。维吉尔的这句话，感觉就是特地为我写的：

  那么，这些黑黢黢的阿曼塔，
  又是什么呢？[2]

  一天，保罗回来时异常兴奋。原来，他在路上遇到了一队正要去"热泉"沐浴的乌拉德妓女。保罗说其中的一位长得非常迷人的妓女，在看到他的示意后从队伍中溜了出来，一场约会就这么说定了。由于我尚未恢复健康，无法去她那里，于是我们便商定让她来我们这里。虽然这些女子并未被勒令不得踏出其住所半步（她们的住所一点儿都不像妓院），但她们还是得遵守某些规矩，比如过了某个时间就不得外出。如果想外出，必须赶在这个时间之前溜出来。于是保罗躲

---

[1] 《圣经·列王纪上》第10章1—10节记载了示巴女王拜访所罗门的情景。
[2] 原文为拉丁语。阿曼塔是拉丁语人名，一般用于女子。

在公共花园里的一棵树后,等着梅利耶姆洗浴归来,他要把她带到我的身边。我们把房间装饰了一番,准备好了和她一起享用的饭菜,还给阿斯曼放了一天假。可约定的时间过去了很久,都没有见到人影。我在难以言表的焦虑不安中等待着,最后,保罗独自回来了。

我要有多难过就有多难过,因为我当初下定决心约梅利耶姆上门时,其实真的没有满足情欲的打算。我就像看到献祭时升起的烟火被扑灭到地上时的该隐①那样大失所望:杀戮是不被(神)接受的。我们觉得以后都不该再去寻找这样的机会了,都不该准备得如此充分了。那扇被希望微微推开的门太过沉重,只开了片刻就被关上,它将一直这样未开即合,我永远被关在了门外。我对自己说必须要给这扇门好脸色,最好的做法无疑就是笑脸相迎。此外,虽然在命运的打击下我们还能展现出自己乐观的一面,却并不会因此感到丝毫的骄傲。我们足够豁达,开始吃饭时还郁郁寡欢,吃完饭后便笑逐颜开。

突然,传来一阵类似翅膀拍打窗户的声音,外边那扇门慢慢打开了……

那天晚上出现了我回忆起来感到激动至极的一段场景,至今我仍然清楚地记得当时梅利耶姆站在漆黑夜幕中的身影,只见她逡巡不前地站在那里。随即,她认出了保罗并且朝他露出了微笑,但在进屋之前,梅利耶姆往后退了几步,伏在她身后露天阳台的栏杆上,朝黑暗中的同行者摆动白色的裹毯。她告诉楼下她带来的那个女佣可以走了。

---

① 《圣经·创世记》第4章3—7节记载了该隐向神献祭却不讨神喜悦的故事。

梅利耶姆懂一点儿法语，足以向我们解释她为何未能与保罗会合，以及不久之后阿斯曼又是如何告诉她我们住在哪里。梅利耶姆披着一件双层罩袍，一进门就脱了下来。我记不起来她穿的是什么样的连衣裙，她脱得太快了。不过，她一直戴着手镯和脚链。我同样记不得，是不是保罗先把她带去了他的房间——阳台另一头的一个独立小亭子间。是的，我记得直到黎明时分，梅利耶姆才来到我的房间。不过我还记得，次日早晨阿斯曼经过大主教的床头时，耷拉着双眼，用让人忍俊不禁、大惊小怪、滑稽有趣的口吻说道："早上好，梅利耶姆！"

梅利耶姆皮肤呈琥珀色，肌肉结实紧致。体态丰满圆润，但仍然稚气未脱，毕竟她才刚满16岁。我只能把她比作酒神巴克斯的女祭司，比如，加埃塔①花瓶上画的那位。之所以有这么一比，还因为她的手镯和脚链总是叮当作响，这是因为她的手脚一直晃个不停。我记得一天晚上，保罗带我去了圣街上的一家咖啡馆，我在那里见过梅利耶姆跳舞。她的表姐安·巴尔卡当时也在那里跳舞。

她俩跳的是旧时的乌拉德舞，头保持正直，胸部不动，双手灵活多变，身体跟着双脚有节奏地踩踏摇摆着。我酷爱这种"穆罕默德音乐"②，它听上去舒缓、凝重、余音不绝，令我沉醉，像鸦片一样让我上瘾，我的大脑在昏昏欲睡的快感中都快麻木了。单簧管演奏者身边的舞台上坐着一位上了年纪、正打着金属响板的黑人，那个小伊斯

---

① 意大利中部的一座沿海小城，位于拉齐奥大区的拉蒂纳省，北距罗马120公里。
② 此处暗指魏尔伦（保罗·魏尔伦，1844—1896，法国象征派诗人）写的一首诗。

兰教徒则正在抒情的狂喜状态中猛拍铃鼓。哦，他长得多么俊俏啊！破烂的衣衫无法完全掩盖住身体，黑瘦的身形宛如鬼魅，嘴巴大张着，眼睛圆睁着……那天晚上，保罗曾走到我身边俯下身子（不知他是否还记得），对我耳语道："你有没有觉得，他比梅利耶姆更令我兴奋？"

保罗是用开玩笑的口吻说的，并没有当真，因为他只对女人感兴趣。可他为何偏偏要在那么多人中独独对我说这种话呢？我没有接保罗的话，但从那时起，这句捅破窗户纸的话就一直萦绕在我的耳边，我早已把它当成我说的了。或者说，在保罗说出来之前，它就已经是我的心里话了。那一夜我在梅利耶姆面前表现得威猛英武，因为我闭上双眼，把怀中的人想象成了那个小伊斯兰教徒。

那一夜之后，我觉得格外的宁静与安慰。我指的并不是只会伴随快乐出现的安心。无疑，梅利耶姆此时对我起到的作用，比医生开的诱导药还管用，想必我以后不敢向别人推荐这种疗法。我的病大抵是因为神经太过紧张引发的，因此毫不奇怪的是，如此肆意享乐一番后我的肺就好多了，身体恢复了平衡。

梅利耶姆后来又来过，是冲着保罗来的，应该也是来找我的，事先都已经约好了，不料就在那时，我们突然收到我母亲发来的电报，她即将到达比斯克拉。在梅利耶姆第一次来我们住处的前几天，我曾经出现过一次大出血的症状。这并没有引起我的重视，却极大地引起了保罗的警惕。他把这件事情告诉了他的父母，他们认为有责任转告我母亲。他们无疑巴不得我母亲能早点儿过来，好帮他们的儿子照料我，因为他们肯定会想，一个领取了旅行奖学金的年轻人应当把时间花在更加有益的地方，而不是浪费在照看病人上。也许就是出于这样的原因，母亲才来到了比斯克拉。

能够见到母亲并且带她参观当地的风土人情，我自然很高兴。尽管如此，我们还是不免有些沮丧，因为我们的生活正要变得井井有条，是否应该不得不在刚刚开始重塑自己的本性时就放弃？我当时笃定地认为不该放弃，不该因为母亲来了就改变刚刚养成的习惯，也不该推迟与梅利耶姆的约会。

我后来将保罗和我的历险故事讲给阿尔伯特听时，居然像个傻瓜似的惊讶地发现，阿尔伯特这个我曾以为思想开明的人，在听说了保罗和我共同享有梅利耶姆（我们认为这很自然）后竟然大受触动、义愤填膺。保罗和我甚至因此收获了乐趣，我们的友谊也因此得到了巩固，就好比是又给这段友谊系了一个结。我们既不会因为梅利耶姆向陌生人献媚而妒火中烧，也不会用她来借花献佛。事实上，我俩当时都带着愤世嫉俗的心态看待与性欲有关的行为，至少在共享梅利耶姆这件事情上，我们没有掺杂一点儿其他情绪。阿尔伯特则相反，与其说他是卫道士，不如说他更像是读着缪塞的诗长大的那一代人中的情种，阿尔伯特只会把肉体的愉悦看成爱情的奖赏，他还认为唾手可得的快乐是可耻的。至于我，之前我已经说过，我是如何在亲身经历和天性使然的双重驱使下将爱情与肉欲分开的，并且几乎到了水火不容的地步，以至于把它们混为一谈这样的想法会令我震惊。不过我无意提倡我的道德观，因为我写的不是辩护书而是回忆录。

一天晚上，在我家的老保姆玛丽的陪同下，母亲来到了我们的住处，玛丽从没来过这么远的地方。她俩入住的房间是那家旅馆仅剩的两间客房，坐落在院子的另一边，正对着我们的露天阳台。如果我记得没错，她俩就是在我们盼着梅利耶姆初次来访的那天晚上下榻的。母亲和玛丽前脚刚一进屋，梅利耶姆后脚就来了。起初，一切都很顺利，可是，次日清晨……

一种羞耻感，或者不如说是为了尊重母亲的感受，促使我关上了房门。梅利耶姆径直去了保罗的房间。保罗住的那个小亭子间地理位置独特，想去他屋里就必须横穿露天阳台。

次日清晨，梅利耶姆路过我窗口时敲了敲窗户，我飞快地从床上蹦起来，挥手向她告别。她偷偷摸摸地一步步走远了，逐渐融入正在变红的天光之中，如同一听到公鸡的初鸣便消失不见的鬼魅。就在梅利耶姆的身影尚未完全消失之际，母亲房间的百叶窗拉了起来。母亲把头探出窗外，目送逃之夭夭的梅利耶姆，片刻之后，她关上了窗户。我们知道东窗事发了。

显然，这个女人是从保罗的房里跑出来的。母亲看到了，也明白了……我除了坐等挨骂外还能怎么办呢？

一大早，母亲在房里用了早餐。保罗出门后，她来到我的房间，在我身边坐下来。我记不得母亲的原话了，只记得我当时非常卖力地说了这样的狠话，因为我不想让保罗一个人挨骂，同时也想确保未来不再挨骂："可您知道吗？她不仅是冲着保罗来的，她还会回来的。"

母亲哭了，一句话都没有说。母亲可能不知道说什么才好，只是哭泣，可她的眼泪却比所有的责骂都更打动我，更令我伤心。母亲哭啊哭啊，陷入了无尽的悲伤之中，没有人安慰得了她。如果说我还有脸告诉母亲梅利耶姆还会回来，我也没有说到做到的勇气，我在比斯克拉仅有的另一次"以身试性",就是到旅馆外面和安·巴尔卡在她屋子里鬼混。那一次是保罗和我一起去的,对他来说,其实对我也一样,那次尝鲜以惨败告终。安·巴尔卡简直太美了(我必须多说一句,她比梅利耶姆大得多),我被她的美貌惊呆了,对她已经近乎崇拜,未曾起过丝毫的色欲。我就像一个没有带祭品的敬拜者一样来到了她面前。这一次,皮格马利翁效应①倒过来了,因为是我怀抱中的这个女人成了雕像,或者说是我变成了大理石人像。我们既没有爱抚,也没有调情,什么都没有干。我什么话都说不出来,走时除了钱未能给她留下其他念想。

此时,春天之手已经触摸到了比斯克拉绿洲。棕榈树下开始传出一阵阵细微的欢声笑语。我的身体越发康健了。一天早晨散步时,我鼓起勇气走出去好远,比平时远得多。乡野的景色尽管单调,对我却有着无穷的魅力。我感觉自己又活过来了,头一回真正充满了活力,已经离开了死亡阴影笼罩的幽谷,正在被真正的生命唤醒。是的,我正在进入一种新的生存状态中,这种状态下的我愉快地接纳每一份快感,无一拒收。一股天蓝色的雾气令眼前的景色仿佛成了远景,物体变得难以看清、形状莫辨。而我这个没有重量的生灵则在踱步,就像是在阿尔米达的花园里漫步的里纳尔多②,灵魂和肉体都在颤抖着,

---

① 皮格马利翁是希腊神话中塞浦路斯的国王,他不喜欢身边的女子,于是自己雕刻了一件少女塑像,待她如同自己的妻子。皮格马利翁的行为感动了爱神,爱神便赐予这件雕塑生命,使其真成了他的妻子。皮格马利翁效应由此得名。
② 阿尔米达和里纳尔多都是意大利文人托尔夸托·塔索(1544—1595)的长诗《解放了的耶路撒冷》里的人物。阿尔米达是大马士革的异教徒魔女,里纳尔多是十字军英雄。

因为看到了无法用言语形容的奇景而眼花缭乱、目瞪口呆。我以从未有过的方式去倾听、观看和呼吸，当由各种声音、气味和颜色组成的感官洪流冲入空荡荡的内心时，我感觉自己的心在热切的感激中融化了。

"带走我吧，带走我的灵魂和肉体吧，"我哭喊道，呜咽着向某位未知的阿波罗神献上我的敬辞，"我是您的，听命于您，顺服于您。让我内心的一切都敞亮起来吧！敞亮且通透！我过去曾反抗过您，但被证明都是徒劳的。但是现在，我认识了您。您必将大功告成！我不会再抵抗了。我现在就在您的手上，带走我吧！"

我的脸被泪水打湿，进入了一片满是笑声与陌生事物的迷人天地。

此时，我们在比斯克拉的逗留已接近尾声。既然母亲已经来帮保罗照顾我了，保罗便得了空闲，可以在不用担心我的情况下继续他的旅行。但当母亲看到我尚未完全恢复健康，仍然需要悉心照料，便提出替保罗照顾我时，保罗却宣称，他不会撇下我不管。从这件事上能再次看出，保罗是真心待我的朋友，因为我事先并没有向他表示若是他离我而去我会心碎的。于是母亲和玛丽便回了法国，保罗和我则从突尼斯启程前往西西里和意大利本土。①

---

① 说得更具体一些就是我们离开突尼斯时原本打算去的黎波里（今利比亚首都），以此作为由于我生病而被迫放弃的一切行动的补偿。但是这个计划中途生变了。横渡地中海的经历太糟糕了，我们完全丧失了勇气，到了马耳他后，就直接去了锡拉库萨。——作者注

我们只是走马观花地路过了锡拉库萨①,没有看到仙女和陵墓,也没有看到采石场。我的身体还很不好,难以看风景,也很难看到什么风景。直到数年后,我才有机会把手浸入阿雷图萨喷泉②。我们当时急着赶路,想早些抵达罗马和佛罗伦萨,如果说我们在墨西拿③逗留了几天,那也是为了要喘口气,因为那段旅程的第一阶段就已经把我累坏了。天哪!身体不好真是太拖后腿了!我们费尽心思制订的各项计划都因为我糟糕的身体而叫停了,我们不得不一而再,再而三地掂量我的健康状况。无疑,健康堪忧远比资金不够更阻碍我们顺利地展开旅行。幸运的是就资金而言,我们没什么可抱怨的,母亲已经增加了打到我账上的钱,因而我无须担心缺钱用。由于我不停地着凉感冒、中暑发热、身体不适,我便拖着保罗入住最好的旅馆。直到后来我才领略到旅馆里的离奇趣事、冒险艳遇才是旅途中最具吸引力的事情。但不管怎么说,保罗和我面对面吃晚饭时,曾经展开过多少次没完没了的对话啊!我们把各自的想法拿出来检验、权衡、分析、筛选,盯着它们在对方脑中产生反响的过程,看着它们发展与成熟,检验它们究竟能演变扩散到何种程度。我坚信,倘若今天的我再次听到这些对话,仍然会和当时一样认为它们很精彩。总之,我从未像那时那样从聊天中收获如此大的乐趣。

---

① 意大利西西里岛东南部的一座港口城市,是一座古城,古称叙拉古。
② 锡拉库萨的一座著名的喷泉,相传是月神与狩猎女神的侍女为了躲避河神的追求变成的。
③ 西西里岛东北角的港口城市,隔墨西拿海峡与亚平宁半岛相望,是西西里前往意大利本土的必经之地。

到了那不勒斯之后，我仍然无法游览当地及附近的美景，我病弱的身体处处碍事，甚至连乘坐马车都有些吃不消。我又变得拖拖拉拉了，和当初在比斯克拉时身体状况最糟糕的那几天的情形一样。在太阳下会热得出汗，到了阴凉处又会冷得发抖，只有在平地上才能完全不费力地走路。在这种情况下，大家可能都会猜到我对罗马这座七丘之城会有什么样的印象了。那是我首次参观永恒之城，除了平乔公园，我几乎没去过别的景点。我坐在公园里的一张长椅上，在那里度过了一天中最惬意的几个小时。即便如此，那天我到达平乔公园时还是累得上气不接下气，尽管公园距离格利高里安纳大街仅有一小段距离。我当时住在这条大街的一栋房屋里，当你从平乔公园返回时，我住的那间屋子就位于大街的左手边。尽管屋子很大，但保罗为了更自由，还是搬去了同一条大街尽头的另一间屋子，那间屋子带有一间小阳台，他希望能在阳台上工作。但保罗却在我的屋子里接待"夫人"。"夫人"是我们给一位高级妓女起的名字，她是美第奇别墅的一位学生介绍给我们的。我相信自己确实曾试图勾搭她，但我如今却只记得，我非常厌恶她那种与众不同的清高和做作。我一度只能忍受梅利耶姆，因为她是个无所顾忌的小野妞，和她在一起时至少能预料到她的表现。梅利耶姆的言谈举止间看不出有任何模仿爱情的痕迹，而和罗马的这位"夫人"在一起时，我则感觉内心最神圣的感情遭到了亵渎。

到了佛罗伦萨后，我的身体还是很虚弱，参观不了美术馆或教堂。因此我几乎没有指望从古代大师们留下的示范课中受益，就像我在罗马时也未能好好欣赏拉斐尔①的作品一样。我认为大师的作品都是过去时代的产物,但由于当时任何不具备现实意义的事物都无法立刻打动我,直到多年以后,当我更加用心,也接受了更好的教育后,才领悟到了那些作品中蕴含的教益,才能够把它们视为活生生的力量。我觉得,保罗在考察那些艺术品时同样不够用心与动情。他去乌菲齐美术馆②时,总是待在乔尔乔内③的画作《马耳他骑士》前。毫无疑问,保罗完美地临摹了那幅画,可除了学会几个绘画技巧他一无所获。

我和保罗是在佛罗伦萨分手,直到那一年夏末我们才在库沃维尔重逢。离开佛罗伦萨后,我直接去日内瓦请安德烈亚医生给我治病。安德烈亚医生是查理·纪德的一位挚友,他不仅绝顶聪明,而且优秀、明智,我得感谢他拯救了我。安德烈亚医生很快便令我相信,除了神经紧张我没别的毛病,他还让我先在尚佩尔④接受水疗,然后再上山过冬,他说这其他预防措施和药物都更加有益于我。

此时,皮埃尔·路易绕道来尚佩尔看望我。他搞到了几张拜罗伊特⑤夏季演出的票,正在赶往拜罗伊特的路上。可他无法忍受这么长时间看不到我,同时也很想趁着我的新鲜劲儿还没过去听我讲述一下旅途见闻。此外,路易特意绕道来看我还有一个原因,他希望借机甩开

---

① 拉斐尔·桑西(1483—1520),意大利著名画家,"文艺复兴后三杰"中最年轻的一位,代表了文艺复兴时期艺术家从事理想美的事业所能达到的巅峰。
② 佛罗伦萨的一家著名美术馆,是意大利乃至全世界的顶级美术馆之一。
③ 乔尔乔内(1470—1510),意大利威尼斯派画家。
④ 日内瓦郊区的一个地方。
⑤ 德国巴伐利亚州东北部的一座城市,该城以每年七八月的音乐节闻名,号称"歌剧之都"。

斐迪南·希罗德。

希罗德毛遂自荐充当了路易的旅伴，像个蚂蟥似的黏着路易。当他听说朋友皮埃尔要去拜罗伊特时，便第一时间跟了过来。他俩一起出现在温泉浴场酒店时，我正在那里接受最后的治疗。我非常喜欢把保罗和我的历险经历讲给路易听，我刚刚跟他讲了梅利耶姆的风流韵事，他就心血来潮地想立刻动身去找她，同时想丢下希罗德，让他独自前往拜罗伊特。但希罗德根本没有猜到路易的心思，当路易跟他说了自己的新想法后，希罗德立刻喊道："我要跟你一起去。"

皮埃尔·路易无疑有着许多缺点，他反复无常、敏感易怒，轻浮多变且颐指气使，他不停地试图让别人接受他的思考方式，并且认为自己有权强迫朋友遵从他的意愿。但他也极为慷慨大度，而且活力十足、热情似火、勇气可嘉，能让你在一瞬间忘了他所有的缺点。他自信地说，作为朋友，他理应看在我的分儿上把梅利耶姆搞到手做他的情妇。于是，他在七月中旬带着希罗德这个跟屁虫出发了。梅利耶姆曾送给我一方丝帕，我把它交给路易当作引介的信物。他还带去了一架手摇风琴作为送给阿斯曼的礼物，可阿斯曼却以几个法郎的价格卖掉了它，他还是更喜欢长笛。

没过多久我便听说，路易和希罗德此行一帆风顺，他们在比斯克拉逗留了足够长的时间，还患了热病（那里热得如同地狱），便把梅利耶姆从那里带出来了，之后，他们一起在君士坦丁[①]城外安顿了下

[①] 阿尔及利亚东北部重镇，现全国第三大城市，得名于拜占庭帝国皇帝君士坦丁一世，是距离比斯克拉最近的大城市。

来。就是在那里，皮埃尔·路易完成了他那堪称完美的《比利蒂斯之歌》[①]，为了纪念梅利耶姆·本·阿塔拉，他把此书题献给我，这就是此书的首页上我名字后面那三个神秘的首字母的由来。[②]如果说，梅利耶姆并不是比利蒂斯的原型——因为如果我记得没错，该书中的很多诗早在路易动身前往阿尔及利亚之前就写好了——至少也可以说，梅利耶姆的身影在此书中若隐若现，翻看此书时，她的形象不时地闪现在我眼前。

我可以说说在梅利耶姆的促成下，路易和我开的那个荒谬的玩笑吗？一天，路易写信问我："梅利耶姆让我问你，你想让她捎点儿什么给你？"

我一刻都没有迟疑，立刻写道："希罗德的胡子。"

在此我必须复述一下，希罗德的胡子是他身上最气派（如果谈不上最重要的话）的部分。人们不敢想象没了胡子的希罗德会是一副什么尊容，无异于没有光环的殉道者。我要希罗德的胡子纯属开玩笑，这就好比让别人给自己摘月亮。可令人大跌眼镜的是，一个晴朗的上午，我居然收到了希罗德的胡子。是的，的确是邮寄过来的。路易把我的话当真了。趁着希罗德呼呼大睡，梅利耶姆剪下了他的胡子，皮埃尔·路易把它装在信封里寄给了我，一道寄来的还有滑稽地模仿布

[①] 《比利蒂斯之歌》是皮埃尔假托比利蒂斯之口，称译自考古家发现比利蒂斯地下墓室里所刻的古希腊诗歌。皮埃尔仿照希腊女诗人萨福的风格创作了146篇优美的散文诗，本书被誉为女同性恋者的《圣经》，作曲家德彪西曾为之谱曲。

[②] 只有该书的第一版上才有这样的题词。——作者注

耶①的《白鸽》一诗写成箴言的两行诗：

> 伟大的高蹈派诗人几乎不知道什么叫作畏惧，
> 那个乌拉德-内伊尔女人剪下了他那金黄色的胡须。②

我是在尚佩尔把自己大约写于此时的《石榴圆环》读给我的这两位高蹈派诗人朋友听的，我记不清是在哪里写这本书的了。写的时候，事先并没有任何具体的指导理论，只是单纯地想尽可能忠实且积极地再现出当时回响在我脑中的那种节奏。我当时已经在构思《人间食粮》了，不过，这将是一本不得不凭借一己之力写出来的书，因为尽管我当时把关于此书该说的想法都说给他俩听了，却未能从他们那里得到多少鼓励。高蹈派奉行的典范与我的不一样，无论是路易还是希罗德，都是除了高蹈派的典范，其他典范一律不予奉行的。③两年后《人间食粮》问世了，当时几乎无人能看懂此书，直到20年后该书才开始引起人们的注意。

自从我又能畅快地呼吸后，一个狂热的欲念就攥紧了我的心，我热切地想活着。我之所以会这样，不仅是因为在尚佩尔时得到了温泉的疗愈，还因为我听从了安德烈亚医生的那个出色的建议。

---

① 路易·布耶（1822—1869），法国诗人与剧作家，曾经是大文豪福楼拜的同学。
② 布耶原诗为："伟大的奥林匹亚人几乎不知道什么叫作畏惧，那些小不点儿揪着他们的胡须。"
③ 高蹈派诗人上承浪漫派诗人，其主要的代表人物是泰奥菲尔·戈蒂耶、埃雷迪亚和勒贡特·德·李勒，下启象征派诗人，其主要代表是马拉美。

"每一次,"他说,"当你看到一片你能进去泡一泡的水域时,就去泡,不要犹豫。"

我就是这么做的。哦,你们这些泛着泡沫的激流!你们这些瀑布与冰湖!从树荫下流过的溪流、清澈的泉水、半透明的海水通道,你们那清凉的水对我有着多大的诱惑啊!沐浴过后,躺在往后翻卷的波浪旁的黄色沙滩上休息,又是一件多么甜蜜的美事啊!

因为我爱的不只是沐浴,还有沐浴过后的那份期待和神秘的等待——等待着上帝用赤裸的火焰将我搂抱。我的身体被阳光穿透了,似乎正享受着某种馈赠的化学效应。我脱下衣服的同时,也抛下了焦虑、束缚、牵挂,随着我的意念逐渐模糊,我觉得自己像能渗水的蜂巢一样,任由自己的感觉悄悄地提取流入《人间食粮》书页中的蜂蜜。

回法国的路上,我怀揣着一个秘密,一个刚刚爬出坟墓,获得重生的人的秘密。同时我心里也非常不好受,和见证了耶稣的奇迹后拉撒路心里的感受差不多。之前我牵挂的那些事物,现在看起来似乎都不重要了。我想不通,以前的我怎么觉得了沙龙和小团体中的那种令人窒息的氛围,那些活动的参与者们都带着自负的躁动,搅起了充满灰尘的死亡气息。无疑我也深受自负之害,我在自负中看到:我离开之后,各种事物照样正常运转,基本上没有受到影响;在我回来之后,人们也仍然忙着自己的事情,就好像我从来没有回来过一样。我的秘密在心里占的分量太大了,以至于我在发现自己在世人眼中居然微不足道时大吃一惊。我能做的顶多就是原谅别人没有意识到我已经改变了。总之,我感觉自己和以前不一样了。我有一些新的话要说,但还无法对这些不了解我的外人讲。我希望能把我的意思传达给他们，我希望能说服他们把我的话听进去，但是，他们当中没有一个人愿意支起耳朵听我说话。他们继续过自己的日子，仍旧不管不顾地走自己的路，一切能令他们满意的事物在我看来似乎都毫无价值，我几乎快要在绝望中大声呼喊了，因为我无法说服他们，他们听不进我的话。

这种疏远别人的心态（当我和自己人在一起时，这种心态表现得尤为突出），本来很可能令我自寻短见，好在我找到了一个缓解它的方法，那就是在《帕吕德》[①]中用反讽的方式描述它。尽管如此，当年写这本书的初衷反倒不是一时的冲动，是想把那些折磨人的感受从自己身上剥离并投射到这本书里。不过，这种冲动无疑在之后为这本书的写作提供了动力，我早在归国前就在构思这本书，某种我已经在《乌连之旅》中不自觉地流露出来的荒唐感，启发了《帕吕德》中开篇的几句话，整本书便围绕着这几句话逐渐成形，我几乎都没有意识到此书会以这样的方式写成。

我在前往尚佩尔的路上，曾在米兰逗留了几天。其中有一天，我在一座公共花园里正散着步，突然就来了灵感，脑海里冒出了这几句话：

    路边长着马兜铃的小道……
    "天气如此阴晴不定，您为何就只带了把太阳伞？"
    "这是一把万能伞。"她说。

[①] 书名 *Paludes* 在法语中意为"沼泽地"。

很容易理解的是，怀着上述感觉的我又一次渴望外出了。但时候尚早，我还不能前往安德烈亚医生之前推荐的汝拉山区的那座小山村里过冬。（我严格照着他的医嘱行事，取得了明显的成效。）因此便在纳沙泰尔①安顿下来。

我在纳沙泰尔湖边的一座苦修旅馆的三楼，觅得了一间可供出租的房间。一到中午，位于二楼的餐厅里就挤满了形形色色或节俭或贫困的年轻女士，她们坐在一块巨大的标牌对面吃一顿颇为节制的便餐，那标牌上刻着一句经过精心考量过的《圣经》经文，好用来突出令人不适的饥饿造成的疼痛感，同时提醒用餐者这种行为是高尚的。只见那标牌上写道：

耶和华是我的牧者，我必不至缺乏。②

这句经文下方，有更小的字提醒人们：

覆盆子柠檬水

这意味着，除了难以果腹的食物不要指望有其他吃的。但看在窗边能看到美丽景色的分上，就算伙食再逊色，我也会继续住在那里的！后来，一家了不起的旅馆把一大群惹眼的房客圈养在了纳沙泰尔

---

① 瑞士西北部城市，南临纳沙泰尔湖。
② 《圣经·诗篇》第23章第1节。

湖畔的某处。我的双眼偏偏喜欢流连于此,灰绿色的湖面时不时地透过茂密的古椴树或榆树枝叶丛中的缝隙与你的目光不期而遇,秋天给这些树披上了金色的外衣,在它们的映衬下,远方似乎升起了一股轻淡得难以形容的薄雾。

一连几个月,我都任由自己的大脑肆意开动,不去阻止它,也不去约束它。现在我又能驾驭自己的大脑了,我很欣喜地感觉到大脑仍然非常活跃。我对这片平静的土地满怀感激之情,因为在它的帮助下,我得以重整思路、集中思想。在纳沙泰尔湖边安静的环境中,人们仍然能感觉到曾在此居住过的卢梭的影子,几乎不可能想象得到,有什么地方会比这里更加平淡无奇、更加不像瑞士、更加温暖舒适、更富人文关怀了。在这里,四周并没有高耸入云、仿佛不可一世的高峰,在这样的地方,人们不会感觉到人力的卑微与渺小,也不会在更大的诱惑下把目光从亲切迷人的近景上移开。古木低处的枝丫一直下探到水面上,湖岸线在芦苇丛和灯芯草丛中摇摆不定,时进时退。

在纳沙泰尔度过的那段日子,是我能记得的最幸福的时光之一。我恢复了对生活的憧憬,与儿时怯懦的我想象的不同,此时的生活似乎更加丰富充实,令人好奇,我不慌不忙地期待着未来的日子。我尚未受到那个不安的魔鬼的折磨,好奇与欲念养育了这只魔鬼,自从……我漫步在安静的花园走道上,漫步在湖岸边,漫步在纳沙泰尔城外的路上和尽染秋色的森林里,无疑,今天的我也应该这样漫步,只是漫步时的心态会比较平和。我并不去深究自己理解不了的事物。我当时正在研究莱布尼茨的《神义论》,经常在散步时读它。今天的我肯定不会再从这本书中收获当年读它时体会到的极致的快乐了。但是追随并拥护这种与我的思想大相径庭的思想是非常困难的,这样做也要求我付出巨大的努力,我在这样的困难和努力中,预先品尝到了精神进步的美妙滋味。一旦我的思路打开,能够自由自在地思考,就可以经历这样的思想进步。回到屋里,我看到桌子上放着克劳斯[①]的那本厚重的动物学手册,那是我刚买的。令我惊奇和感叹的是,此书为我撩起了遮住另一个世界的神秘帘布,甚至比思想的世界还要精彩纷呈,并且还不那么难以捉摸。

遵照安德烈亚医生的建议,我在拉布雷文[②]度过冬天。此地是一个靠近边境的瑞士小山村,位于汝拉山冰雪最厚的地方。一连数周,温度计上显示的温度都在零摄氏度以下,夜里有时会降到零下30摄氏度。不过我这个素来非常怕冷的人却没有挨过一天冻。我在一家客栈附近找到了几间房子,经常到那里吃饭。这几间房子位于村子尽头的一处类似农场的地方,附近有一个饮水槽,早晨有人带着牛来饮水,我能听到那些牛的叫声。一段独立的楼梯通往三间房间,其中最大的那间被我用作书房。一张书桌(我喜欢站着写作)立在一架钢琴的对面,那架钢琴是我从纳沙泰尔弄来的。一个砌进墙的壁炉给这间屋子和卧室供暖,我睡觉时双脚就冲着这只壁炉,我从头到脚都裹进羊毛毯里,头部尤其裹得严实,因为窗户一直大开着。一位叫奥古斯塔的美丽迷人的瑞士姑娘为我收拾屋子。她常常和我说起她未婚夫的许多故事。一天早晨,当她给我看他的照片时,我为了寻开心,草率地用

[①] 卡尔·克劳斯(1835—1899),德国动物学家。
[②] 拉布雷文,位于瑞士纳沙泰尔州的北部。

羽管笔去挠她的脖子。尴尬的是,奥古斯塔受不了痒,居然突然瘫坐在我怀里。我费了九牛二虎之力才把她拖到沙发上,她抱着我不肯撒手,我被她绊倒了,正好倒在她张开的双腿之间,落在她的乳房上。一种厌恶感立刻袭上我的心头,我假装害怕地喊道:"我听到有人在说话!"像另一个约瑟[①]那样从她的双臂中挣脱,溜出去洗手了。

我在拉布雷文大约待了三个月,其间没有和别人交往。倒不是我没有心情参与社交活动,而是我发现那里的居民是我见过的人中最不礼貌友好的。怀揣着安德烈亚医生写的介绍信,我拜访过那座村子里仅有的一名医生与一位牧师。但初次见面后,我就提不起再次去看他们的兴致了,更别提像我曾希望的那样陪着他们去挨个走访病人和穷人。如果想看懂卢梭的《忏悔录》和《一个孤独漫步者的遐思》中的相关篇章,就必须要在世界的这一角生活一段时间,卢梭曾在这两本书里提过他逗留在特拉维尔斯谷的经历。不怀好意、居心不良的谈话、怒目而视、奚落与嘲弄……不!这些统统不是卢梭发现的,是我亲历了这一切,甚至还因为是陌生人而被村子里的孩子扔石块。可想而知,他这个穿亚美尼亚服装的外乡人会不会引起那些孩子对他的仇视。外乡人错就错在、疯狂就疯狂在把这种敌意当成了阴谋。

我不顾当地丑陋的风土人情,还是强迫自己每天散步,一走就走出去很远。说那个地方丑陋是否有失偏颇?也许吧。我对瑞士开始心生厌恶,也许我并不厌恶瑞士的山地高原,只是厌恶那一带的林地,

---

[①] 《圣经·创世记》第39章记载了约瑟为其主人波提乏之妻色诱而不为所动,后遭其陷害的故事。

那里的冷杉树似乎也感染了当地人特有的坏脾气，这种脾气混合着闷闷不乐和加尔文教派式的不知变通。事实上，我很怀念比斯克拉。早在保罗和我还在意大利游历时，我们就一直在怀旧中憧憬着那一片广袤平坦的土地，向往着那片土地上身着白色宽松长袍的人。我们经常想起那里的歌舞与香料的气味，还有那里的孩童，以及那些恬静美妙、暗藏香艳魅力的床笫之欢。而这里没有什么能令我分心，能打扰我的工作，尽管我极度厌烦瑞士这个国家，我还是坚持在这里住了下来，并且打算一直待到写完《帕吕德》。我打定主意，一写完此书就立刻动身前往阿尔及利亚。

第二章

　　直到一月，我在蒙彼利埃查理·纪德家短暂停留后，才登上了前往非洲的船。我打算在阿尔及尔落脚，彼时的我还没有去过这座城市。动身前我曾激动地期望着春天降临阿尔及尔。可我到了那里才发现，天空阴沉沉的，下着雨。一股不是从阿特拉斯山[1]吹下来的，就是从沙漠深处刮过来的冰凉刺骨的风，让人觉得狂怒而绝望。天空之神朱庇特出卖了我，我郁闷极了。虽说城里还算有趣，阿尔及尔却未能满足我的期望，除了欧洲人的聚居区，别处都找不到住处，这让我十分恼火。如今的我更聪明，也更强壮，可那时由于我养成了贪图舒服的习惯，之前的病也让我心有余悸，于是便表现得保守而挑剔。穆斯塔法[2]本来是适合我暂住的，可那里的旅馆太过奢华，卜利达[3]可能会更好一些。我记得当时我正在读费希特[4]的《知识学》，阅读此书没

---

[1] 阿特拉斯山是北非的一条重要山脉，分布在今摩洛哥、阿尔及利亚、突尼斯三国的沿海地带。
[2] 穆斯塔法是阿尔及尔省的一个地区。
[3] 卜利达，位于阿尔及尔西南方向约45公里的一座省会城市。
[4] 约翰·戈特利布·费希特（1762—1814），德国哲学家、作家。《知识学》一书的全称是《全部知识学的基础》。

有任何乐趣可言，只能硬啃，从中我也无法发现丝毫像《通往被祝福的生活之路》和《学者的使命》①那样吸引我的特征。不过我讨厌放纵自己，无论何事，只要是要求我付出一定努力的，我都心怀感激。至于放松时看的书则有《巴纳比·拉奇》，在那之前，我已经一本接一本囫囵吞枣地看完了《小杜丽》《艰难时世》《老古玩店》《董贝父子》②。

离开法国前，我曾愚蠢到疯狂的地步，居然写信给埃玛努埃莱和母亲，想说服她俩与我一起出远门。不用说，我的这一提议没有得到回应。不过令我震惊的是，母亲拒绝这个提议时，居然没有满不在乎地耸耸肩，我以前就怕她这样。在那之前不久，舅舅在经历了几天（在此期间，埃玛努埃莱和我一起照顾他）非常痛苦的病痛折磨后刚刚去世。舅舅离世之后他的子女们便举目无亲，只剩下几位姑妈（尤其是我母亲）了，这便进一步加强了表姐和我之间的联系。我后来得知，家人当时对我的人生道路似乎要发生的转折深感不安。便开始更加乐观地看待我与埃玛努埃莱的婚事，认为这也许是引导我走上更加正确的人生道路的最佳方法。最后他们没有让我失望，还是被我对埃玛努埃莱的忠贞不渝打动了。

"谁也无法凭自己的感觉断言这桩婚姻会有幸福圆满的结局，"叔叔查理·纪德在一封后来拿给我看的写给母亲的信中这样写道，"促成这样一桩婚姻无异于要承担起极大的责任。尽管如此，如果不

---

① 这两本书也都是费希特的著作。
② 这几本书全部是英国著名作家狄更斯的著作。

让他俩结婚,他俩很可能(我把他的话原封不动地转述在此)得不到幸福。因此只能在一个肯定的不幸和一个可能的不幸之间做出选择。"对我而言,我确信自己会和表姐结婚,之所以非常耐心地等待这桩婚事的到来,是因为我对此拥有绝对的信心。我深爱着埃玛努埃莱,这让我对一件事情深信无疑,那就是我离了她的陪伴照样还能幸福,但无论如何,她得有我的陪伴才能幸福,除了我,还有谁能令她幸福呢?埃玛努埃莱难道没有让我明白,她之前拒绝我的求婚是因为她觉得不该抛下两个妹妹不管,或者说不该在她们之前结婚?我会等下去,我不光能坚持,还有信心,会排除拦在我的路上、我们的路上的一切障碍。尽管我不会把表姐的初次拒绝看成最后的拒绝,那次拒绝还是令我痛苦万分。我需要无比坚忍才能熬过去,也就是在这个时刻,极度乐观的心态也开始远离我,我的这种乐观同样要以上帝对我微笑作为存在的前提,在它之上还有一片被抹去了蓝天色的天空。

  后来,我在春天回到卜利达,那里景色迷人,空气中弥漫着香气,我却觉得那座城市沉闷乏味,毫无魅力可言。我在城里到处转悠,想找个地方安顿下来,却没有找到一处适合居住的地方。我怀念比斯克拉,对一切都提不起兴致。我从未如此沮丧过,因为我在一个之前被我想象成满是惊奇与欢乐的国度里游荡时一直都是失望的。这个国度仍然笼罩在冬日的阴沉天气中,我也和它一起被裹挟在其中。摇摇欲坠的天空令我的灵魂不堪重负,风吹雨打之下,我心中的火星都被扑灭。我尝试着写些东西,却发现毫无灵感,我在一种难以言说的无聊中慢慢混日子。我不光厌恶天空也厌恶自己。我憎恨、鄙视自己,恨不得自残,恨不得把这种懒散迟钝的状态无休止地维持下去,直到令人绝望。

我就这样度过了三天。

当时我正准备离开卜利达,公共马车已经把我的包裹和行李箱带到了车站。我现在还能回想起那天站在旅馆的门厅里等待结算住宿费用时的情形。我的目光无意中落在一块小黑板上,那上面写着住客的名字,我机械地看着。首先是我的名字,然后是几个陌生人的名字。突然,我的心猛地跳了一下,只见最后两个名字赫然是奥斯卡·王尔德和阿尔弗莱德·道格拉斯[①]。

我已经在别处讲述过此事,当时我的第一反应就是拿起海绵黑板擦擦掉了我的名字。然后我结清了账单,步行前往车站。

我说不清楚当时究竟为何要擦掉我的名字。在我第一次描述此事时,我把这一行为归因于一种错乱的羞耻感。也许说到底,我这样做只是在向一种不愿意社交、一心想独处的欲望低头。在我经历过的几次和当时一样的压抑期中(我一不小心就会陷入这种压抑),都会感到否定自己,自暴自弃,就像一只受伤的狗,贴着墙根儿溜出去躲起来。不过我在往车站的路上开始反思,也许王尔德早就看到我的名字了,我的做法实乃懦夫的行为,于是,我将手提箱和行李搬回车上,回到了旅馆。

我在巴黎时经常见到王尔德,也曾在佛罗伦萨见过他。我还在另一本书里详细讲述了这次旅馆偶遇事件的来龙去脉以及之后发生的

---

① 阿尔弗莱德·道格拉斯(1870—1945),英国诗人与记者,与王尔德是一对同性恋人。

事，但我在这里还是要补充一些之前从未提到过的细节。①阿尔弗莱德·道格拉斯的那本臭名远扬的《奥斯卡·王尔德与我》，在我看来太过厚颜无耻，简直是对真相的歪曲，我现在就是要指责它，没什么好顾忌的。既然在命运的安排下，我的道路注定要和他的在这个当口相交，我作为一个见证者，有责任站出来做证。

直到那天为止，我观察到的王尔德都是绝对谨慎、小心的。除了道听途说，我对他名声的好坏一无所知。但在我俩常去的巴黎文学

---

① 1910年3月21日，奥斯卡·王尔德的遗嘱执行人与忠实的朋友罗伯特·罗斯给我写了一封信，全文如下：

得知您重印了您那篇才华横溢的《追忆奥斯卡·王尔德》，我很高兴。自从您的这篇研究性文章首次刊登在《隐修所》上以来，我就跟我的朋友们说，此文不仅是对奥斯卡·王尔德创作生涯各个阶段的最佳描述，也是我读过的对王尔德的唯一真实且准确的传记。因此我只能再次向您转达我对别人不知道说过多少遍的话。

也许有一天，我会公开发表奥斯卡·王尔德写给我的信，这些信将会证实您说过的每一件事情——如果有人对您如此生动地加以描述的事件的真实性表示怀疑的话。

也许，到了必须要反驳阿尔弗莱德·道格拉斯的谎言时，这一天就来到了。您肯定已经听说过了，据报道，在最近的一次诽谤诉讼中，道格拉斯曾在证人席上发誓，说他从未意识到奥斯卡·王尔德是有罪的，还说他是"仍然和奥斯卡·王尔德交往的唯一一位正派的朋友"。您完全清楚，阿尔弗莱德·道格拉斯就是奥斯卡·王尔德入狱前后毁了他的那个罪魁祸首。不过，由于我与道格拉斯素有来往，为了给他留个面子，我宁愿假装自己没看出他是罪魁祸首。此外，尽管我私下里与道格拉斯争吵过，但这不会左右我的行为，我还是决定要让世人都认为，道格拉斯就是那个他总是在力图装扮的王尔德的高贵朋友。但既然道格拉斯已经以他社会与道德改革者的新身份，亲自开始谈论起奥斯卡·王尔德的"罪行"（大多数时候他自己也参与了此类罪行），并且出卖了他所有的老朋友，我也没有理由再保持沉默了……

罗伯特·罗斯

圈中，开始有了很多议论。说实话，人们并没有很认真地看待王尔德的传言，他天性中逐渐被人所知的那一方面似乎显得更加做作。人们感到气愤，更重要的是，他们把他当成一个笑话，嘲笑他。我觉得好奇，法国人（我说的是大多数法国人）究竟有多么不想承认，他们自己体会不到的感受其实也是真诚的。前一年夏天，皮埃尔·路易在伦敦待过几天。他回来后，我见过他。尽管路易不爱打听别人的是非，可他在听说了人们对王尔德的闲言碎语后，大感震惊。

"根本不是这里的人想的那样，"路易说，"他们都是最迷人的小伙子。"（他说的是王尔德的朋友们和那些陪伴在他左右的人，这些人不久也都被怀疑是同性恋。）"你根本想象不到他们的谈吐有多优雅。我只给你讲一个例子，你可以自己想一想：我去参加他们聚会的头一天，一位刚刚经过别人介绍认识的X先生给我递了一支烟。但他不是像我们在这里那样，直接把烟递给我就完事，而是自己先点上并抽了一口。这难道不迷人吗？他们做的每一件事情都如此迷人。他们有办法令一切事物都富有诗意。他们还告诉我，几天前他们曾为他们当中的两个小伙子举办了一场婚礼，一场真正的婚礼，交换了戒指，还进行了其他婚礼上常见的仪式。我跟你说，我们根本无法想象那样的婚礼，我们完全不知道那是什么样的场面。"

但没过多久，王尔德的名声便屡遭打击，由于无法容忍这种情况，路易宣布他要去找王尔德，把事情问个水落石出。他出发前往巴登[①]，我猜王尔德正在那里疗养，借口找王尔德讨个说法，但实际上是

[①] 巴登，位于今德国南部巴登-符腾堡州西部，那里是著名的温泉疗养胜地。

想与他分道扬镳。与王尔德划清界限后,路易回来了。

路易向我了描述那次见面:

"你以为我有朋友,"王尔德这样告诉他,"我只有情人。再见。"

是的,我真的觉得,我在把自己的名字从那块小黑板上擦掉时,更多的是尴尬。彼时与王尔德为伍是不太光彩的,当我再一次迎面遇到他时,并不感到自豪。

王尔德简直像换了个人,不是外表变了,而是行为发生了翻天覆地的变化。他似乎决意要打破自己的保守做派,我想这是因为有阿尔弗雷德·道格拉斯在一旁鼓励,他才敢这么做的。

我并不认识道格拉斯,但王尔德一见我就立刻卖力地为道格拉斯唱赞歌。王尔德管道格拉斯叫波西,因此我起初并未意识到他是在为谁唱赞歌。我没明白他夸的是谁还有一个特别的原因:王尔德似乎特别装腔作势,别的不夸,专门夸奖波希的美丽。

"你会看到他的,"王尔德继续絮絮叨叨地说,"你要告诉我,是否可能想象出一个比他更为迷人的男神。我崇拜他,是的,我真切地崇拜他。"

王尔德会在他最真诚的感受之外,披上一层令许多人觉得难以忍受的矫揉造作的外衣。他永远都不会停止表演,大概也做不到。但他扮演的那些人物都带有他自己的影子,在他那永不消失的心魔的驱使下,王尔德饰演的角色本身都是真实的。

"你在看什么书?"他指着我手中的书问道。

我知道王尔德不喜欢狄更斯,至少是假装不喜欢。不过由于我当时正感觉非常烦躁,便带着几分得意地把我的法译本《巴纳比·拉奇》递给他(彼时我连一个英文单词都不认识)。王尔德接过书后,把脸拉得老长,他先是说"读狄更斯的书没啥好处"。然后令我开心的是,我可以公开承认,那天我无比兴奋地对王尔德产生了崇拜,这种崇拜感是完全真实的,直到今天我还能回忆起这种感觉,他似乎不再固执己见,而是巧舌如簧地开始谈及"神一样的博兹"①,这表明尽管他公开承认不喜欢狄更斯,但还是相当尊重他的。但是,由于王尔德念念不忘地想成为艺术家,故而不能原谅甘为凡人的狄更斯。

那天晚上,一个猥琐的皮条客带着我们穿街过巷、寻花问柳,王尔德并不满足于告诉对方,自己想见几个阿拉伯小伙子,还补充说"(他们)要像青铜雕像那样漂亮",说这几个字时,王尔德带着诗人般的戏谑,用略带英语或爱尔兰语的口音,才让这几个字听上去不显得特别滑稽可笑。至于阿尔弗莱德·道格拉斯,就我能回忆起的情况而言,那天直到晚饭后他才现身。王尔德和道格拉斯在他们的房间里吃饭,我想王尔德曾邀请我与他们共进晚餐,同样,我应该是拒绝了。因为在那些天里,我一受到邀请就会把自己封闭起来⋯⋯那天晚餐时的情形我记不起来了,索性就不去回忆。我曾发过誓,不会在诱使之下试图填补记忆中的空缺。但我记得,我同意晚餐后与他俩一起外出。还有一件事情我也记得非常清楚:我们刚走到街上没多久,阿尔弗莱德勋爵就非常激动地拉住我的胳膊喊道:"这些向导愚不可及,没什么好解释的!他们只会带你去那些满是娘们儿的咖啡馆。我

---

① 狄更斯使用过的笔名。

希望你和我一样。我厌恶女人,只喜欢少年。既然你今晚跟我们一起来了,我觉得最好现在就告诉你……"

这番鲁莽的直言不讳令我震惊,我尽最大努力没有表现出来,而是未发一言地跟着道格拉斯齐步前行。在我看来,波西并没有王尔德认为的那么美。尽管他言行霸道、举止专横,像个被宠坏的男孩,但他却能非常优雅地把这些坏毛病结合在一起。因此不久我便开始理解,为何王尔德总是向道格拉斯妥协,被他牵着鼻子走了。

向导把我们领进了一家咖啡馆,虽然那家咖啡馆也不太正经,但还是不能提供我的同伴们想要的那种服务。刚坐下没几分钟,咖啡馆最里面就爆发了斗殴,打架的一方是西班牙人,另一方是阿拉伯人。西班牙人立刻拔出了刀子。看到打斗有升级的迹象,屋里的每个人便要么支持其中的一方,要么试图劝架、把打斗的双方分开。已经有人流血了,我们认为先行避开比较明智。关于那天晚上我想不起来还有什么可说的了,总之,那晚很令人沮丧。次日早晨,我动身回到阿尔及尔,几天后,王尔德在那里与我会合。

在给一位大人物画肖像时,画家似乎总是有套路,能够通过歪曲模特长相的方式来炫耀自己。我本想小心翼翼地避免犯下相反的错误,过于夸赞模特的长相,可却做不到。在王尔德显而易见的缺点背后,我主要感受到的是他的卓尔不凡。出于一种永不止息的想卖弄风趣的欲望,王尔德不断搬出一些悖论。无疑,没有什么能比他的这些似是而非的说法更加令人恼怒。但有些人在听到王尔德看到一条做帷幕的锦缎时就说"我宁愿用这锦缎做一个背心"时,或者在听到他看到做背心的面料时就说"我宁愿把它挂在我的客厅里"时,会很容易忘记在他的这副自负的面具之下,掩藏着许多真相和智慧,用一种更加微妙的说法来说就是对隐私的披露。然而我说过,和我在一起时,王尔德把他的面具扔到一旁了,我最终看到的那个王尔德就是他本人,因为他已经认识到,在我面前他没必要伪装,他身上那些令旁人退避三舍的东西恰恰吸引着我。道格拉斯和王尔德一起回到了阿尔及尔,可王尔德却似乎想躲开他。

我清楚地记得,一天傍晚,我去一家酒吧找他。我走进那间酒吧时,他正坐在一张桌子旁,面前放着一杯冰雪利酒,支着双肘,桌子上铺满了纸片。

"抱歉,"他说,"这些都是刚到的信。"

他又打开了几个信封,很快扫了一眼信上的内容,脸上露出微笑,鼓起双颊,咕咕咕地轻笑道:"有意思啊!"王尔德说,"哦,太有意思了!"然后抬起眼睛直视着我:"我必须告诉你,我在伦敦有个朋友专门替我打理来往的信件。他把无聊的信件都扣下不发,比如商务信函、商人的账单等,只把那些要紧的信和情书给我寄来。哦!这封信来自一位年轻的……你们管这种人叫什么来着?杂技演员?是的,杂技演员,绝对太赞了。"(他夸张地强调了"演员"两个字,直到现在,我仿佛还能听到他的声音。)然后王尔德开怀大笑,傲慢地吐出口气,似乎很是得意。"这是他第一次给我写信,他不喜欢循规蹈矩地拼写单词。你这个可怜虫居然不懂英语!否则就会晓得……"

王尔德继续嬉皮笑脸地说笑着,此时道格拉斯突然走了进来,只见他裹着一件毛皮大衣,竖起衣领,因此只能看到他的鼻子和眼神。道格拉斯目中无人地从我身边走过,仿佛没有认出我一样,径直来到王尔德面前。然后直挺挺地杵在那里,用愤愤不平、咄咄逼人、恶狠狠的声音,噼里啪啦地蹦出几句我一个字都听不懂的话,然后扭头便走了。王尔德一言未发,听任道格拉斯风暴一般来了又走。波西走后,王尔德的脸色变得极为惨白,我俩沉默了好一会儿。

"他不会别的,只会这样争吵,"王尔德终于开口道,"他很可怕,难道不是吗?前不久还在伦敦时,我们在萨伏伊旅馆①住了一段时间。我们常常在旅馆里吃饭,我们入住的是一间极好的小套间,可以俯瞰泰晤士河……你知道,萨伏伊旅馆是一家非常豪华的旅馆,在伦敦只有最优秀的人才会去那里。我们挥金如土,那儿的每一个人都对我们义愤填膺,认为我们是在享乐,伦敦这座城市憎恨那些只顾自己享乐的人。但我想说的其实是这件事:我们经常在旅馆的餐厅里吃饭,那是一间很大的餐厅,有很多我认识的人去那里吃饭。但是,认识我、我却不认识的食客更多。因为当时我的一部剧作正被搬上舞台,那部戏大获成功,所有的报纸都刊登了评论我的文章和我的照片。因此为了能够安静地与波西吃饭,我选择坐在餐厅距离正门很远的一张桌子上,但这张桌子非常靠近一扇通往旅馆内部的小门。每当在那里等我的波西看到我从这扇小门走进餐厅,就会和我争吵。哦,那可真是可怕、骇人的争吵!'我不想再看到你从那扇侧门进来了,'他说,'我受不了你这样做。我坚持要求你和我一起从正门进

---

① 伦敦市的一家豪华旅馆,位于泰晤士河的西岸(左岸),威斯特敏斯特官附近。

来，我想让餐厅里的每个人都看到我们，我想让他们说：看哪，奥斯卡·王尔德和他的爱人来了！'哦！这难道不可怕吗？"

但在讲述这段往事的过程中，甚至在最后的几个字里，王尔德对道格拉斯的崇拜，以及一种爱人才会有的从被控制中感受到的痴迷快感毕露无遗。确实，道格拉斯的个性似乎要比王尔德的强得多，也更加鲜明。没错，道格拉斯是个傲慢自大的人，他深受某种宿命论的影响，有时几乎不负责任。他从来都不尝试着去抵抗命运，也无法容忍任何人或事物抵抗他。说实话，波西勾起了我对他极为浓厚的兴趣。但他确实很"可怕"，我想，他应该对王尔德创作生涯中的灾难性事件负责。在他身边的王尔德则似乎显得温柔和善、犹豫不决、意志薄弱。道格拉斯天生就具有令孩童毁掉自己最好玩具的那种任性，永远没有什么能令他满足，他总是想得到更好的。下面这个例子能说明道格拉斯厚颜无耻到了什么地步：一天，我向他打听王尔德的两个儿子，他却刻意强调西里尔（我觉得是西里尔）长得有多好看，那时的西里尔还很小。然后，道格拉斯带着自我满足的笑容向我耳语道："他以后会是我的。"除了这些个性，道格拉斯还具有一种出众的诗人般的天赋，在他那音乐般的声音中，在他的手势、眼神以及面部表情中，这一天赋都得到了明显的体现。同时，他浑身上下还明显带有生理学家们所谓的"一种糟糕的遗传特征"。

次日或是第三天，道格拉斯回到了卜利达，他在那里安排筹备，打算和一个年轻的咖啡弟[①]私奔，他想带着这位咖啡弟去比斯克拉。

[①] 在阿拉伯国家的咖啡馆里制作和端送咖啡的小伙子。

因为我对那片绿洲的描述令他着迷,我自己也打算旧地重游。不过带着阿拉伯人私奔可没那么容易,没有道格拉斯起初想象得那么简单。他得征得人家父母的同意,还得到阿拉伯人的管理机构、警察局等部门签署相关文件,这些事情够他忙的了,因此他还得在卜利达逗留几天。在此期间,王尔德更加自由,能够比之前更加亲密地和我聊天。我已经在别处记下了我们当时最重要的几段对话,我描述过王尔德过分的自信、沙哑的笑声和狂热的欢乐。

我还说过,王尔德在这些极度强烈的情绪中,有时会透露出越发明显的不安。他的一些朋友坚持认为,此时的他根本不知道伦敦有什么事情正在等着他,他和我在阿尔及尔见面后没过几天就回到了伦敦。这些朋友说王尔德颇为自信,他们还宣称,直到那件诽谤案给了他致命一击前,他的信心都没有动摇过。在此请允许我对这一说法提出反对意见,不是基于我的个人印象反对这一说法,我是有证据的,那就是王尔德的原话,我绝对忠实地记下了这些话。这些话足以证明,当时的王尔德模模糊糊地意识到了什么,他预感到有某种他害怕的悲剧性事件将会发生,但与此同时,他又巴不得早点儿发生。

"我已经沿着自己铺下的路走了很远了,能走多远就走了多远,"王尔德重述道,"我再也走不下去了,有些事情现在必须要发生了。"

王尔德总是流露出特别喜欢皮埃尔·路易的样子,并且对路易弃他而去这件事表现得非常在意。王尔德问过我,路易与他分道扬镳后我可曾见过路易,他还固执地想知道,关于他们之间最后的争吵路易是怎么说的。我便把我从路易那里了解到的情况告诉了他,并且重述了前文中我引用过的那些话。

"他真是这样说的？"王尔德嚷道，"你确定这是他的原话？"

在我向他保证我一字未改地照搬了路易的原话，同时表示我在听到路易那么说时深表遗憾后，王尔德继续说道："不知道你注意到了没有，"他说，"最背信弃义的谎言往往是最接近真相的。不过路易肯定不是诚心要撒谎，他不认为那是说谎。他只是极大地误会了我那天说的话。不，我不会认为他撒了谎，但他却误会了，可怕地误会了我的言中之意。你想知道我其实说了什么吗？我们当时在一家旅馆的一个房间里，他开始说一些令人很不愉快的话，开始指责我，因为我拒绝就我的行为向他做任何解释。我告诉他，我不认可他有任何权利如此不公正地批评我。不过如果他高兴的话，可以相信别人对我的一切评论。然后路易就回道，要是那样的话，他就只好离开我了。听闻此言，我哀伤地看着他，因为我非常喜欢皮埃尔·路易，这就是为何他的责备会令我如此伤心的原因，而且是唯一的原因。但由于我觉得，我俩之间的关系已经走到了尽头，便说道：'再见，皮埃尔·路易。我曾想交一位朋友，现在，除了爱人，其他人我都不想交往了。'他是听到这句话后才走的，我也不想再看到他了。但是你明白的，这和他说的不是一回事，对不对？"

就在同一天晚上，王尔德向我敞开心扉，他说他把自己的天分融入了生活，而融入写作中的只有才能。这句富有启发性的话自那以后就经常会被人暗暗提及，后来我在我的那本小书《奥斯卡·王尔德》里第一次引用了它。

就在道格拉斯刚刚动身前往卜利达后的另一个晚上，王尔德喊我一起去一家摩尔人①咖啡馆,说那里可以听音乐。我同意了,晚饭后便去他住的那家旅馆接他。那家咖啡馆不算太远,但由于王尔德走起路来比较吃力,我们便乘马车至蒙彭西尔街上,在甘贝塔大道的第四排房屋处下了车,他让车夫待在原地等我们。一位向导从车夫身旁站起来,一路领着我们穿过马车无法通行的迷宫般的羊肠小道,来到那座咖啡馆所在的一条深深的小巷。我们边走边听王尔德阐述他选向导的那套理论,他说选向导就要选最丑陋的,这一点很重要,因为最丑陋的向导往往也最聪明。如果说卜利达的那位向导未能带我们见识有趣的事物,那是因为他还不够丑。我们当晚雇的向导是个让人害怕的丑八怪。

咖啡馆外面没有招牌或标志,门和其他建筑的门没有区别,虚掩着,进屋无须敲门。王尔德是这里的常客,我曾在《阿曼塔斯》里描述过这间咖啡馆,那晚之后我便经常光顾那里。几位阿拉伯老者盘腿坐在小垫子上,抽着"至福"烟。我们在他们当中找空地坐下来时,他们连动都没动一下。起初,我并未发现这家咖啡馆有什么东西能吸引王尔德。但过了一会儿,我就清楚地看到在满是灰烬的壁炉旁,一位咖啡弟站在阴影中为我们准备两杯薄荷茶;比起咖啡,王尔德更喜欢喝薄荷茶。这里笼罩着一股陌生的懒散气氛,令我昏昏欲睡,就在我快要陷入半睡半醒中时,虚掩着的房门处突然出现了一个英俊少年。他在那里站了一会儿,高高抬起的手肘抵着门的侧柱,整个人的

---

① "摩尔人"一词源于西班牙语,是中世纪的西班牙基督徒对生活在欧洲和北非的穆斯林的称呼。

轮廓在黑暗的衬托下让人眼前一亮。他似乎正在犹豫自己该不该进来，我却已经开始担心他会离开。只见他对王尔德抛给他的一个眼色报以微笑，然后便走了进来，坐在我们对面的一张椅子上。那是一张阿拉伯式样的椅子，比我们屁股下面铺着垫子的加高地台略低一点儿。少年从他突尼斯式样的马甲中掏出一支芦笛，优雅地吹奏起来。王尔德稍后告诉我，这个小伙子叫作穆罕默德，"他是波西的。"如果说起初他曾犹豫不决，不知道是否应该进来，那是因为他没有看到阿尔弗莱德勋爵。他那黑色的大眼睛黯淡无神，那是吸食大麻者特有的眼神，他的面色是橄榄色的。我很羡慕他那按在芦笛上的修长手指，还有那稚嫩的苗条身材，细长的裸露的双腿从白色的内裤中伸出来，其中一条腿跷起来搭在另一条腿的膝盖上。那位咖啡弟走到他身边坐下，与他一块儿吹奏《达布卡舞曲》。悠扬的笛声在宁静的屋里回荡着，像缓缓流淌的清澈水流，听着这笛声，你会忘记今夕何夕，此地何地，甚至忘记自己是何人，忘记世上的纷扰愁闷。我们就这样忘我地坐着，坐着……坐了很久很久，本来可以坐得更久一些，可王尔德偏偏突然抓住我的胳膊，打破了我着魔的状态。

"来。"他对我说。

我们起身出了咖啡馆，往巷子里走去，丑向导跟在我们身后。起初我以为当晚的活动就要结束了，但拐了一个弯，王尔德突然停了下来，把他的一只大手搭在我肩上，俯下身子（他比我高得多）对我耳语道："亲爱的，你想要那个小乐师吗？"

哦，那条巷子多么黑暗啊！我觉得自己的心脏都快停止跳动了，不知道费了多大的力气才鼓起勇气回了一句"想"，我哽咽着从喉咙里挤出这个字!

王尔德听了,立刻转过头去对已经来到我们身边的向导说了几句话,我没有听到他说了什么。只见向导撇下我们离去,我们则继续前行,走到马车停放的地方。

我们刚上车,王尔德就爆笑起来,那是爽朗的大笑,更像是因为赢得胜利而非是感到开心才笑的,那是没完没了、无法控制、肆意无礼的大笑,我越是流露出被他的大笑搞得尴尬的样子,他就笑得越厉害。我该交代一下,如果说当时王尔德已经发现我知道了他的秘密,那么,他对我的秘密还一无所知。因为我一直都小心翼翼的,不让他从我的言行中看出什么端倪来。他刚刚向我提出的那个建议很大胆,令他如此开怀大笑的是这个建议并没有遭到拒绝,这种乐趣是孩子和魔鬼才会有的。放荡者的最大快乐就是引诱别人放荡。自从那次我在苏塞斗胆与阿里偷尝禁果之后,我就没有给我的魔鬼留下多大的胜算,以免他完胜我。但王尔德并不知道这件事情,再者说,我此前也未尝败绩,或者如果你愿意相信的话(毕竟,一个人还如此趾高气扬地昂着头时就谈论失败合适吗?),我已经在想象中获胜了,我的意念胜过了顾虑。说实话,我当时并未认识到这一点。我觉得只是在我回答"想"的那一刻,才突然意识到这一点。

王尔德时不时地止住笑声,好向我表示歉意。

"请您原谅我笑成这样,可我不是故意的,忍不住。"然后,他又继续笑了起来。

当我们的马车停在剧院对面广场上的一间咖啡馆门前时,王尔德还在笑。我们在那里结算了车夫的费用,打发走了马车。

"现在还太早了。"王尔德说。不过我不敢问他,他和向导是怎么商量的,我也不敢打听小乐师会在何时何地以何种方式和我见面。我甚至怀疑,事情是否会像他提议的那样发展下去,但又不敢问,生怕他看出来我已经迫不及待了。

我们只在这间简陋的咖啡馆里待了一会儿,我猜王尔德没有让马车停到我们下一站要去的绿洲旅馆,是因为他不想让那间旅馆里认识他的人对摩尔人咖啡馆留下印象,他设计这么一个过渡的桥段是为了掩人耳目,好更加方便从容地从光明正大的地上转移到偷偷摸摸的地下。

在绿洲旅馆的酒吧里,王尔德让我喝了一杯鸡尾酒,他自己也喝了几杯,我们逗留了约半个小时。可在我的印象里,时间过得好慢好慢!王尔德还在继续笑,但没那么不受控制了,我们偶尔说一两句话,聊的都是些琐事。最后,他掏出表看了看:"时间到了。"他说,随后站了起来。

我们直奔城里一处人烟更加稠密的地段,那里比城里的那座大清真寺(我忘记它的名字了)还要远,大清真寺就在那座小山的脚下,若是有人去邮局,路上会经过那里。那一带现在是城里最丑陋破烂的一角,不过在当时那里想必是全城最美丽的街区之一。王尔德带我进了一间有两个入口的建筑,我们刚一进门,面前就出现了两名异常魁梧高大的警察,他们是从另一个门进来的,可把我给吓坏了。王尔德看到我怕成这副样子,开心得不得了。

"哦,不,亲爱的,不要害怕。与你想的恰恰相反,这说明这家旅馆非常安全。他们来这里是为了保护外国人,我和他们很熟。他们都是些很棒的伙计，非常喜欢抽我的香烟，非常通情达理。"

我们让那两位警察走在前面，领着我们到了三楼后，他们继续上楼，我们则停下了。王尔德从口袋里掏出一把钥匙，带我走进一间双室套间，不久，丑向导也来了，身后跟着那两个小伙子，双双裹着宽松长袍，把脸藏在袍子里。向导退了出去，王尔德把我和小穆罕默德送进里面的那个房间，他则把自己和那个吹《达布卡舞曲》的小伙子锁在另一个房间里。

从此以后，每次我寻求快乐的感觉时，回想起的都是那一晚我寻得的乐趣。自从那次在苏塞放纵之后，我旧病复发，再一次可耻地堕落了。如果说在这两次放纵之间我还曾贪恋过一次肉欲的快感，那么那也算是一次名副其实的偷欢。记得那是一个宜人的夜晚，我在科莫湖①的一条船上与一位年轻的船夫发生了关系（那是在我动身前往拉布雷文之前）。那一晚，月光闪烁，湖上升腾起神秘的雾气，湖岸边飘来湿润的香气，我就在这样的环境中达到了极乐。狂喜过后便是虚无，心中空无一物，只剩下一片令人害怕的荒芜，其中遍布着得不到回应的绝望呼号、漫无目标的努力、不安、挣扎、令人精疲力竭的梦想、不当的激动以及令人极其厌恶的压抑。而前一年夏天在拉罗克时，我还曾害怕自己会疯掉。那段时间我几乎足不出户，本该是要一直在屋里写作的，我试图在漫无目的中写作（我当时正在写《乌连之旅》），试图沉迷在写作中。我当时在想，也许我能在这种过度工作

---

① 科莫湖位于意大利北部的伦巴第大区境内，靠近意大利—瑞士边境，为欧洲最深的湖泊、意大利第三大湖，是著名的景区。

的状态中找到某种出路。另外,我也希望能走到户外呼吸一下新鲜空气,拖垮我的心魔(我认得他的花招)。可到头来我却发现,只有自己被拖垮了。我疯狂地耗费着自己的精力,几乎到了灯枯油尽的地步,变得又傻又疯。

啊!我经历过的那段日子多么暗无天日啊!连一个可以说话的朋友都没有,连一个字的建议也听不到。我当时已经相信,这些折中的方法都行不通,我已经开始拒绝投降,快要一败涂地……可我为什么要回忆这些令人极度伤感的日子呢?这段回忆难道可以解释王尔德带我放纵的那一夜我为何会那样欣喜若狂吗?我与梅利耶姆的初试云雨,我在"重新恢复正常"后所做的努力,统统未能继续下去,因为这两件事都不符合我的本性。只有到了那一夜,我才找回了正常的自己。那一夜什么拘束都没有,一点儿也不仓促,也完全没有疑虑,我对那一夜保有的记忆中没有丝毫的灰色。那一夜我体会到了无边无际的快乐,我想象不出还有什么样的事情能令我更加快乐,哪怕那件事情有爱情的加持。那种场合我怎么可能考虑爱情呢?我又是怎么让肉欲战胜内心的想法的?我只顾着享乐,无所顾忌,纵乐过后一点儿都不懊悔。可是,我用赤裸着的双臂紧紧抱住那个完美、野性、狂热、淫荡到无可救药的小伙子时,所体会到的那种狂喜,我要如何形容它才好呢?

那一夜,穆罕默德和我分手之后很久,我仍然沉浸在极度欢乐的状态中不能自拔。尽管我已经和他一起体验过五次高潮的快感,仍然一次次地冲上内心至乐的顶点。回到自己的房间后,我意犹未尽,一直兴奋到早晨。

我完全清楚,此类事情中任何一个细节都可能会博得一笑。为了能令这样的事情更加逼真,省略或篡改一个细节对我而言易如反掌。但我探求的并不是逼真,而是真相。而真实,难道不是恰恰在它最不逼真的时候,最值得讲出来吗?如果无心求真相,我为何还要说出它呢?

由于我评判事物的方式比较简单,还由于我当时一直在读薄伽丘的《夜莺》,我居然一直没有意识到自己有什么不对劲儿的地方,直到穆罕默德感到震惊时,我才第一次怀疑自己怕是有哪里不对劲儿了。

接下来发生的事情超出了我的判断能力,在我看来似乎真的很不对劲儿。尽管精力过剩且筋疲力尽,我却既没有休息也没有喘息,直到更加筋疲力尽方才作罢。之后我常常体验到,试图表现得温和平静对我而言是多么可遇不可求,哪怕我有足够的理由和出于谨慎必须这样做也无济于事。每当我力求表现得温和平静,必定会被迫独自在完全筋疲力尽后继续卖力。可筋疲力尽本身就足以让我喘息了,何况我在不温和平静时也会筋疲力尽,付出的代价也不见得更小。就其他方面而言,我现在并不打算做任何解释。我知道,我会在完全或几乎不了解自己身体机能的情况下走完这一生。

天边透出第一缕晨光时我起床了,双脚套上凉鞋就跑了起来。是的,我真的跑了起来,一直跑到穆斯塔法甚至更远的地方。那夜过后,我不光没有感觉疲惫,反而倍感愉悦,身心轻盈,这种感觉伴随了我一整天。

两年后我又见到了穆罕默德。他的面容并未发生多大的变化。看上去很难说他更加年轻了，他的体态依然优雅，但眼中那种黯淡的神色消失不见。我觉得他眼神中流露出坚毅、焦虑和堕落的味道。

"你不再吸食大麻了吗？"我明知故问。

"不吸了，"他说，"我现在喝苦艾酒。"

他仍然很有魅力，哦！甚至比以前更有魅力了。但如今的他看上去厚颜无耻多过淫荡好色。

当时，达尼埃尔和我在一起。穆罕默德把我们领上了一家声名狼藉的旅馆的五楼，一楼有一间酒吧，几个水手正在那里喝酒。酒吧的老板询问我们的姓名，我在登记簿上写上了塞萨尔·布罗克。丹尼尔点了啤酒和柠檬水。"假装是那么回事。"他说。那时已经入夜，我们的房间里没有灯，只能靠蜡烛照明，蜡烛是给我们上楼梯时用的。一个侍者给我们拿来了酒瓶和酒杯，把它们放在点着蜡烛的桌子上。屋里只有两把椅子。丹尼尔和我一人坐了一把，穆罕默德坐在我们之间的桌子上。他脱掉了白布大罩衣，他现在不穿突尼斯式样的服装了。他朝我们伸出裸露着的腿。

"你们一人一条。"他笑着对我们说。我坐在半空的酒杯旁没动，达尼埃尔突然一把抱起穆罕默德，把他放到屋子另一头的床上。他将穆罕默德仰面斜放在床边，不久我就看不到穆罕默德的人了，只见两条修长的腿垂在达尼埃尔身体的两侧晃荡着，达尼埃尔正埋头苦干、气喘吁吁。他甚至连披风都没脱。昏暗的烛光中，达尼埃尔站在床边，只能模糊地看见他的背部，脸被卷曲的黑色长发遮住，披风一直垂到脚上，整个人魁梧高大。当他朝身下的那具小小的身体俯下身时，仿佛一头享受尸体盛宴的巨型吸血鬼。我几乎要在恐惧中尖叫起来……

人们要想理解别人的爱以及他们实践爱的方式，总是非常困难的。甚至也包括动物的爱以及它们实践爱的方式（这里的"甚至也"后面，应当同样可以加上"人类的爱以及他们实践爱的方式"）。人们可以羡慕鸟儿，因为它们会歌唱，会飞翔，有位诗人是这样写道：

哦，如果你知道做一条小鱼是什么感觉就好了，
地上真是好舒服啊。

我甚至能给正在啃骨头的狗以某种兽性的赞同。但是再没有什么能比每个人用来获取其快乐的行为更加令人困惑了，每个物种（每一类人）的这种行为都不尽相同。尽管德·古尔蒙先生①试图就这一方面在人与动物之间找出令人不安的类比，我却坚持认为，这种类比只存在于肉欲方面。我还认为，也许在德·古尔蒙先生的"爱的物理学"②中，最明显的反而不是类比，而是对照。而且，这种对照不仅存在于人和动物之间，甚至也经常存在于人和人之间。这种对照格外鲜明，如果我们能够看到邻居实践爱的方式，就会发现那些方式似乎显得很陌生、颇为另类，而且不得不承认，还很不文明，就像是两栖动物在交配、昆虫在交尾。不过，何必要用这么不贴切的类比呢？就像猫狗

---

① 雷米·德·古尔蒙（1858—1915），法国象征主义诗人、小说家与评论家。
② 这里指雷米·德·古尔蒙的作品《爱的物理学》。

交媾或鱼儿自慰。这就是为何想正确地理解这一点堪称难于上青天，而对这一点的偏见却又令人咋舌。

就我自己而言，我是个只有面对面时才能获取快乐的人，而且和沃尔特·惠特曼一样，往往满足于最偷偷摸摸的接触。我对达尼埃尔的行为以及穆罕默德居然心满意足地任凭他那样摆布，都感到惊惧。

记得王尔德和我是同一天离开阿尔及尔的，当时那个令人难忘的夜晚刚刚过去不久。王尔德毅然决然地赶回英国，决定设法终结波西的父亲昆斯伯里侯爵对他的指控。而我则打算赶在波西之前到达比斯克拉。波西已经决定要带着阿里，也就是那个他已经爱上的来自卜利达的阿拉伯小伙子一起去那里。他给我写信说正打算回到阿尔及尔，希望我能等等他，那样我们三个人就可以共赴旅程了。因为倘若只有阿里做伴，两天的旅程会沉闷得令人无法忍受，因为阿里懂的法语或英语似乎还没有波西会的阿拉伯语多。不过我却有一副自相矛盾的脾气，这封信起到的唯一作用就是让我加快了出发的准备工作。这或许是因为我无意向他们的冒险施以援手，不想为一个自以为是、认为别人为他做任何事情都天经地义的家伙铺平道路；或许是因为蛰伏在我心中的卫道士认为，把玫瑰上的刺都拔了是不合时宜的；或许只是因为，收到波西来信的那一天我正好闷闷不乐，出于这些原因之一或是再几个原因的叠加，我出发了。但是，到了我停留过夜的塞提夫①时，我收到了一份加急电报。

对打乱我计划的事情，不管是何事，我总是以一种不合情理的爽

---

① 阿尔及利亚东北部的一座城市，今塞提夫省省会，西距阿尔及尔约270公里。

快劲儿予以欢迎。我不会试图解释自己性格中的这一特点，反正我也弄不明白……简言之，收到电报后我便中止了行程，心甘情愿地等着道格拉斯，宛如我逃离他时那般真心实意。事实上，真正的原因是我发现从阿尔及尔到塞提夫的这段旅程长得可怕。但是不久我又发现，等待道格拉斯的时间更长，那一天显得无比漫长！那么横亘在我和比斯克拉之间的下一段旅程会是什么样的呢？我在塞提夫这座丑陋的军事与殖民小城的那些令人厌烦的规整街道上走来走去时，心里不免这样思量起来。我不能想象人们会来这里做生意，或者奉命住在这里。在这里碰到的寥寥几个阿拉伯人看上去都是流亡者，与当地环境格格不入、十分悲惨。

我迫不及待地想看到阿里。我原本以为他是一个谦逊的穿着打扮与穆罕默德差不多的咖啡小弟。可走下火车的却是个年轻的王子，他穿着华美的服装，系着丝制的腰带，缠着金色的头巾。阿里当时还未满16岁，可他的举止却是那样高贵，目光又是那样自豪！当旅馆的侍者们向他鞠躬时，他赏给他们的微笑是那么的富有优越感啊！不久之后阿里便认识到，尽管在那一天之前他还是卑微的，可从那一天开始，就轮到他率先登堂入室，率先落座了……道格拉斯可算是找到他的主人了，尽管他自己也穿着高档的衣服，可看上去却像个侍者，随时听候吩咐，准备提供周到的服务。无论多么贫穷，每一个阿拉伯人心中都有一个阿拉丁，随时准备改头换面。只要命运之手一碰到他，再看他时，已经成了国王。

阿里无疑非常漂亮，他面容姣好、额头平滑、下巴有形、嘴巴小巧，面颊丰满，长着一双妖妇才有的美目。但他的美对我却没有震撼力。他的鼻孔略显方正，太过完美的眉目曲线中流露出一丝漠然，不屑噘起的双唇中吐出一丝冷意，种种这些都让我打消了任何想与他有肌肤之亲的念头。阿里整个人看上去脂粉气十足，可能有人认为这副长相相当诱人，可在我看来，没有什么比他这副模样更让我敬而远之。我交代这些是为了向读者表明，在我生活在阿里那个族群中的那段相当长的时间里，完全没有觉得自己遇到过麻烦。甚至正如往往会发生的那样，我在看到道格拉斯幸福得乐不可支（我并不因此羡慕他）后，反而更加坚守自己的贞操了。在他走后以及在我逗留比斯克拉期间，我一直坚守着自己的贞操。

绿洲旅馆已经整理好了拉韦格利大主教曾预订过的那个套间，也就是我们前一年住过的那个套间。不过，彼时皇家旅馆刚刚开张，我们在那里发现了一个套房，其舒适度和宜居性丝毫不亚于前者。这间套房位于一楼，由三个房间组成，其中两间相互连通，位于一条走廊的尽头，那里有一道门通往户外。我们可以在不用穿过旅馆的情况下经由外边走廊的门进入房间，我们有这扇门的钥匙，那扇门只供我们出入，但我一般都从窗户进出。我的房间里放着一架我特意让人放进去的钢琴，它与道格拉斯以及阿里各自住的房间之间隔着一条走廊。和道格拉斯的房间一样，我的房间也朝着那座新建的娱乐场，前面有好大一块空地。放学后，一群阿拉伯男孩会把它当作操场，就是前一年我们住在绿洲旅馆时在屋前的露天阳台上玩耍的那群孩子。

我之前说过阿里听不懂法语，因此我建议，应当让阿斯曼充当道格拉斯和阿里的翻译。阿斯曼一听我说到他，加速完成了手头的工作，希望能继续为我服务。可我却不知道该怎么雇佣他。后来，我为自己居然敢为阿斯曼出那么一个馊主意，让他去担任那样的工作而自责，好在道格拉斯和阿里之间的那种关系并不会令一个阿拉伯人感到特别惊讶，此外，彼时的我尚未和阿斯曼建立起后来那种伟大的友谊。后来，这份友谊在我的人生中占据了极其重要的地位。不久之后，阿斯曼的表现也说明他完全值得拥有这份友谊。我刚一向他提出担任翻译的工作，阿斯曼就仿佛已经期待了很久似的接受了。但没过多久我便意识到，那是因为他希望和我相处得更久一些。当发现我决意不和道格拉斯一起外出时，阿斯曼这个可怜的家伙便拉长了脸，因为这样一来他看到我的机会就很少了。每天，道格拉斯都驾着马车带阿斯曼和阿里前往附近的一座绿洲，不是切特马就是德罗或西迪奥克巴绿洲，从旅馆的阳台上就能看到这些绿洲，它们就像是沙漠这件栗色罩袍上闪闪发亮的墨绿色翡翠。道格拉斯曾试图说服我和他们一起出游，可总是劝不动。夹在两位少年侍从之间的道格拉斯想必感觉很无聊，可我却一点儿都不因此同情他，这正是对贪图享乐的公正惩罚。他是在自作自受，谁让他故意大惊小怪地把我武装得严严实实的，而他这样做要防范的其实正是我随时都准备接受的。作为对自己的惩罚，我把自己埋在工作中，并且自鸣得意地认为这是在弥补什么。如今饱经世故的我异常温顺，于是琢磨起当时的种种顾忌。它们其实是一种已经被淘汰的伦理准则残存的印记，我当时已经不再认同这样的准则了，但仍然本能地以它为参照做出道德反应。在企图发现令我这台机器具备如此反冲方式（就好比它是不受控制的）的那根隐秘弹簧的过程中，我必须承认，最大的发现无疑是我有着一股不想与人方便的怪脾气。事实上真正的原因在于我不喜欢波西，或者说得更客观一些，我对他感兴趣，而不是喜欢他。尽管波西殷勤、友善，或许正是因为他对我这样，我始终对他持有戒心。我和波西交谈时总是很快就感到无聊，我敢说，如果和我聊天的是一个比我略懂英国事务的英国人或法国人，我们聊天的主题会更多样，内容也会更丰富。

可是和道格拉斯聊天，每当寻常话题聊完后，他总是会回到那些我一提起便感觉非常尴尬的话题，因为他不尴尬，我便越发尴尬，并且还恶心地抓住这些话题不放。我在没完没了的旅馆用餐或品茶时间遇到道格拉斯，受够了这种尴尬。（当道格拉斯嚷嚷道"我不来点儿香槟真的吃不下饭"时，他看上去格外地优雅、调皮、迷人，而我为何会闷闷不乐地不去接他递给我的酒杯呢？）和我们一起吃饭喝茶的还有阿斯曼和阿里。（我差不多第一百次听到道格拉斯重复这句话了，重复这句话比这句话本身更令他开心："阿斯曼，告诉阿里，他有一双羚羊般的眼睛。"）他每天都在一点点拉低自己无聊的底线。

这种日常的调情在某一天戛然而止。尽管当波西看到阿里开始与热泉的一个年轻牧羊人暗通款曲时，还感觉很有意思，可当他发觉阿里也完全能被乌拉德女人，尤其是梅利耶姆的迷人魅力打动时，不由得勃然大怒。波西一想到阿里可能会和梅利耶姆上床就受不了，他并不确定他俩是否已经上过床（对此我一点儿也不怀疑，他俩肯定早就勾搭上了），波西怒气冲冲地要求阿里一次次地坦白、悔过、保证，还发誓说，一旦发现阿里不守承诺就当场甩了他。我觉得道格拉斯动怒，与其说是吃醋，不如说是恼怒。"男孩子，"道格拉斯宣称，"是的，只要是男孩子，他爱怎么喜欢都行；但他去搞女人，我绝不能忍受。"此外我同样不相信，阿里真的对梅利耶姆的身体有欲望。我想很可能是另一回事：阿里觉得这样很受用，他想用这种方式来终结他听到的别人私下里说他阳痿的那些流言蜚语。阿里喜欢装腔作势，喜欢模仿比他大的人以显示他长大了。阿里假装听话，可道格拉斯却对他失去了信任，整天疑神疑鬼。一天道格拉斯突袭了阿里的行李箱，在一堆衣服下发现了一张梅利耶姆的照片，他把它撕成了碎片……一场悲剧就这样开始了。阿里被结结实实地鞭打了一顿，他的惨叫声在旅馆的住客间引发了一阵骚乱。我也听到了，但我认为不介入才是明智之举，便一直待在屋子里。

那天晚上出现在餐桌旁的道格拉斯脸色苍白，目光冷酷。他宣布，让阿里坐第一班火车回卜利达，也就是说次日早晨阿里就要走了。两天后，道格拉斯也离开了比斯克拉。

我不得不承认，道格拉斯还在比斯克拉时，我看到他花天酒地就有了工作下去的动力，因为我把工作看成对他那种生活方式的抗议。现在，已经不需要回绝那些喊我驾车出游的迫切邀请了，我便经常外出，有时天刚亮就出门。我会在沙漠中长距离地步行，一直走到筋疲力尽，有时也会沿着干涸的河床行走，或是走上高大的沙丘，我常常会在沙丘上一直待到夜幕降临，陶醉在空旷、陌生与独处环境中的我，心比鸟儿还要轻盈。

一天的工作结束后，阿斯曼会在晚上来找我。阿里和道格拉斯走后，他便再次干起了向导这个有辱尊严的行当，阿斯曼性情随和，极易受别人左右，这种性格恰恰适合当向导。就像当初不假思索、毫不脸红地同意道格拉斯转述甜言蜜语给阿里时一样，阿斯曼同样心地单纯地同意把外国游客介绍给乌拉德妓女。他常常跟我讲白天的经历,随着我越发地喜爱他,我对他卑躬屈膝的打杂行为也越发感到恶心。阿斯曼在我面前也越来越放得开,因此每天跟我讲的事情也越来越多。

一天晚上,他来的时候非常高兴:"哦,今天真是太棒了!"阿斯曼嚷道,随即便向我娓娓道来他是如何挣到30法郎的:先是给一位乌拉德妓女带去了一个英国人,由此挣得了10法郎的佣金;然后又虚报了那位乌拉德妓女的嫖宿费用,又多挣了10法郎;最后,那个英国人又给了他10法郎作为他跑腿的酬劳。我听完后很不高兴,我并不反对拉皮条,但我无法容忍不诚实。阿斯曼吃了一惊,以为我是心情不好才发脾气。我让他承认错误,他勉强表示后悔如此口无遮拦地和我说话。我认为每个阿拉伯人都有尊严感,而且都能被我发现。我想唤醒阿斯曼这种感情,庆幸的是,他似乎理解了:"好吧,"他嗫嚅道,"我会把多要的钱还回去的。"

"我没有要求你那么做,"我表示不满,"只要你还想做我的朋友,就不要再从事这种可耻的非法交易了。"

"那样的话,"阿斯曼笑着回道,他又恢复了之前我认识的那个温驯男孩的模样,我越发喜欢他这副模样,"我觉得最好放弃把旅客介绍给妓女这项业务,女人嘛,赚钱的机会太多了。"

"你知道,"我继续说了一些鼓励的话,"我对你提这样的要求,是因为我想让你在巴黎见到我的朋友们时能够与他们相媲美。"

带阿斯曼回巴黎这个念头是在我心中慢慢成形的。我开始在写给母亲的信中提到这个想法,起初还稍显犹豫,后来却越发坚定,与此同时,母亲的反对也越发强烈。不错,我的确是太不听话了,对母亲的告诫充耳不闻。不过，必须承认的是，母亲的告诫太过啰唆。她的信往往是长长的诉苦书，一个抱怨接着一个抱怨，偶尔信里也会流露出轻松的氛围，但只出现在亲切的套话中，比如，"我没有在提建议，只是在提醒你，要注意……"可这种话偏偏最能激怒我。因为我知道，母亲以这种方式提醒我注意某些事情我却不听话，她就会故技重施，不厌其烦地指责我，因为我俩都决意不向对方妥协。就拿带阿斯曼回法国这件事来说吧，我明明不抱希望却还是试图说服母亲，就像我成功地说服了自己一样。我告诉她此事关系到道德拯救，要想救赎阿斯曼就得把他带到巴黎来，我几乎已经接纳他……母亲已经对我前几封信里流露出的情感引起了警觉，此时便认为沙漠环境与遗世独居给我洗了脑。当我突然告知母亲，我用从外祖母那里继承来的那一小笔钱在比斯克拉买了一块地（我现在也拥有这块地）后，她真正感到了害怕。为了能让我在一时兴起下做出的这个决定看上去比较合情合理，我给出了一个说法：如果比斯克拉变成了一个时兴的过冬胜地，那我就不用担心了，因为它会"身价上涨"，我可以卖掉它大赚一笔；如果比斯克拉仍然维持现状，也就是仍然是这世上我最想生活的地方，我就在那块地上建一栋房子，每年冬天住在那里。

我的梦想是把这间房子的一楼打造成一间摩尔人咖啡馆，交给阿斯曼打理，我在想象中邀请了所有的朋友（来咖啡馆做客）。我没有把最后这个计划透露给母亲，抛开这一点不谈，我的其他想法足以令她以为我疯了。

母亲千方百计地试图说服我，她搬来阿尔伯特做说客，还向她能使唤得动的我的所有其他朋友求援。我看她居然针对我组织起这么一个联盟,不免感到恼怒。母亲的来信都是什么语气啊:恳求、谴责、威胁!倘若我把阿斯曼带回巴黎,必定会饱受奚落;埃玛努埃莱会怎么想我呢……尽管如此,我还是固执己见,但最终,老保姆玛丽的一封疯狂来信迫使我放弃了自己的执念。玛丽发誓,我的那位"黑鬼朋友"踏入家门的那一天就是她离开我家之时。要是没有了玛丽,母亲怎么办呢?我只好放弃,我别无选择。

可怜的阿斯曼!我不忍心一下子砸垮那座用梦想铸就的建筑,过去的日子里,每一天都有新的希望在不断地加固它。我不常放弃一件已经决心要做的事情,遇到阻力时顶多会推迟相关事项的落实。从表面上看,我放弃了,最终我还是克服万难,实现了这个美好的计划,不过,那已经是四年之后的事情了。

这时,阿斯曼也意识到我带他赴法一事遇到了阻力。倒不是说我跟他提过什么,因为我仍然自信地认为我的决心牢不可撼。但阿斯曼从我的沉默中略有所悟,他亲眼看着我的眉头日益紧锁。收到玛丽的信后,我又等了两天。最终,我决定向阿斯曼说明实情。

我们当时已经养成了一个习惯,每天晚上火车进站时散步到火车站。那时阿斯曼已经知道我的朋友都叫什么名字了,因为我不断地向他谈起他们。我们常常玩小孩子过家家式的游戏,假装是去车站接一位朋友,这位朋友正在旅客当中。我们仿佛真的看到他从火车上下来,猛地扑到我怀里喊道:"哦!此行真远!我还以为我永远到不了这里呢。真棒!终于到了!"可事实上,唯有陌生的人流与我们擦肩而过。最后只剩下我们二人,回家的路上我们都觉得我们之间的关系由于这位想象中的朋友并没有出现反而更近了。

之前说过，我的房间在一楼。图古尔路在我房间的附近，阿拉伯人常常在夜间经由这条路回到村里。大约九点时，我听到关上的百叶窗上传来轻微的抓挠声。这是阿斯曼的大哥萨迪克和其他一两个人在掀起百叶窗。他们翻过窗台爬进来，屋里有为他们准备好的糖水与甜食。我们围成一圈听萨迪克吹笛子，听得都忘记了时间，除了在那里，我记不得还在哪里体验过这种忘记时间的感觉。

萨迪克只会讲几个法语单词，我也只知道几个阿拉伯语单词。但即便我们说的是同一种语言，恐怕也说不了更多的话，因为我们用眼神交流、用手势沟通就足够了。我们还有一种重要的、亲切的沟通方式：萨迪克会把我的手握在他的手中，他的右手握住我的右手，我们就这样手臂交缠地走着，像影子一样默不作声。临行前的最后一晚，萨迪克和我就这样一起走了好久。我们走过了遍布咖啡馆的街道，走过了乌拉德妓女云集的那条街，在这里留下一抹笑，朝那里投去一个笑，对着安·巴尔卡笑一下，冲着梅利耶姆笑一下。我们还在经常被阿斯曼叫作"我的小赌场"的那家摩尔人咖啡馆留下了微笑。阿斯曼这么叫那家咖啡馆是因为前一年，当保罗与D医生的妻子一起去那家刚刚开张的赌场玩时，我和巴希尔、穆罕默德和拉尔比一道跑去那家黑乎乎的肮脏的咖啡馆玩过牌。然后，我们离开乌拉德妓女云集的那条街，告别了那里的灯影与喧嚣，来到那座我曾时常来坐坐的水池旁……

离开的时候到了，为了不至于觉得一下子抛下了一切，我提出至少带上阿斯曼同行一两天,并且想一直走到埃尔坎塔拉①。彼时,春天正在棕榈树下复苏,杏树开花了,蜜蜂围着杏花嗡嗡飞舞。一股股渠水漫出地面,灌溉着大麦田地。再也想象不出什么事物能比高大的棕榈树遮蔽下的白色杏花更加可爱了,这些杏花又庇护着更加娇嫩的亮绿色的庄稼幼苗。我们在这个伊甸园里度过了两天,宛如在天堂中度日,我对那里的记忆无一不是纯洁和带着微笑的。

到了第三天早上,我到处寻找阿斯曼,想和他说声再见,却怎么都找不到他,于是,我只好不辞而别。我不知道他为什么要躲起来。但是当我乘坐的那趟飞驰的火车驶离埃尔坎塔拉很远后,突然看到远处身着白色宽松长袍的阿斯曼。我看见他坐在那里,头埋入双手之中。火车开过时,他并没有抬起头来,也没有看一眼我朝他挥出的手。火车把我带向远方,我盯着他看了好久,看着他那小小的深陷在痛苦中的身形逐渐消失在了沙漠之中,这是我内心绝望的写照。

我回到了阿尔及尔,打算从那里坐船回法国。但一连开走了四五艘蒸汽轮船,我却借口海上风浪太大一直没有上船。事实上,我一想到即将离开阿尔及利亚这片土地,心就像撕裂了一样难受。皮埃尔·路易前来与我会合,他刚从一场病痛中恢复过来,从前一年的过冬地塞维利亚②赶过来。我依稀记得,过分友好的路易急不可耐地匆匆赶来见我,离阿尔及尔还有几站地,我就出乎意料地在车窗外看到了他的身影。哦,天哪!我们相处了还不到一刻钟(我只记得这一点,

---

① 埃尔坎塔拉是今阿尔及利亚比斯克拉省的一个地方。
② 塞维利亚是西班牙文化历史名城,南方的第一大城市,安达卢西亚自治区的首府。

因为印象实在太深刻了）就争吵起来了。我承认这在一定程度上怪我不好，从我所说的话中可以看出，我那时的性格算不上随和。不过我仍然知道，路易是唯一会和我以这种方式争吵的人，同时我也非常清楚，我并不是路易争吵的唯一对象。他遇到任何事或者什么事都没有，也能跟人吵起来。如果有一天路易的通信集能够出版，人们就能看到此类争吵不胜枚举。路易不断试图令他的观点或气焰盖过你的，但我并不认为他特别渴望你会认输，或者至少不希望你很快认输，与其说他喜欢按照自己的方式行事，不如说他喜欢试探自己的力量究竟有多大，更不用说渴望与你争斗了。他成天都这么争强好斗，每件事都成为冲突的理由。如果你喜欢在阳光下散步，他就会立刻喜欢在阴凉处走路。他固执己见，直到你作出让步。当你和他说话时，他要么像石头一样一声不吭，要么哼着令人不快的小调。要是你想安静一些，他就会哼唱得更加大声，如此总总，令我大受其扰、苦不堪言。

路易是不会让我自行方便的，除非拉我去妓院。从这样的说话方式上判断，人们可能以为我给他带来了不便。可事实并非如此。彼时的我特意表现得百无禁忌，因此颇有风度地跟随路易参加了"安达卢西亚之星"，这是一种既缺乏阿拉伯元素，也不带西班牙风格的舞会，很下流，立刻招致了我的反感。然后当皮埃尔·路易扬言说正是由于下流低俗他才喜欢这种舞会的，我便把他也纳入了憎恶的对象当中。不过，我却无心让自己在这种强烈的反感中失去自控能力。一种想看看我究竟能走多远的邪恶愿望，还有某种令人费解的百感交集，说实话，这当中除了肉欲，其他感情都有了，共同驱使着我再一次尝试勾搭安·巴尔卡，就在前一年，我初次尝试勾搭她，以令人惋惜的失败告终。这一年，我的勾搭进展得顺利多了，因此除了厌恶，我生怕自己会在这一棵树上吊死。路易倒是很会自寻开心，他在一旁煽风点火，令我的这种害怕发展成恐慌。路易含沙射影地说，我选择的这颗被我金屋藏娇的安达卢西亚之星，肯定是群星中最夺目的那颗（我该说，是最不狰狞的一颗），因此也最危险，这正是她没有引起别人关注的唯一原因。路易还说，一定得是我这样的傻瓜才会选她，而且本应当引起我的警惕，她残留的青春和优雅，足以使她从群芳中脱颖而出。还有我选择她时遭到了其他人的笑话，这一切我全然没有注意到。当我惊呼他可能及时地警示了我时，路易又宣称，我马上就要遭其折磨的那种病痛其实没那么可怕。反正一个人想获得快乐，就得付出代价，试图逃避它就是试图逃避普通人的命运。为了能让我彻底地心悦诚服，他又列举了好多伟人，说他们四分之三的才能无疑都来自梅毒！

这丧钟般的警钟在今天的我听来非常可笑，当我回想起当时的我是什么样子时，当我明白那只是一个虚假的警示时，这声警钟便显得格外可笑。但我当时一点儿都不觉得好笑，在厌恶和害怕之外，我对路易又平添了一份恼怒。

我俩断然是无法理解对方，也无法容忍对方的。我认为，此次重拾昔日友情的尝试是我们作出的最后几次尝试之一了。

皮埃尔·路易走了之后，我在阿尔及尔又逗留了几天，那几天是我最想重新来过的日子之一。我对那几天并没有留下什么明确的回忆，只记得我产生出格外热诚、欣喜、狂热的感觉。每天，这种感觉会在黎明时分把我唤醒，它让每一个时刻都变成永恒，将我关注的一切事物都变得透明或缥缈。

我那时写给母亲的信令她深感不安,她相信那些信中透露出的扬扬得意的背后,不可能没有一个具体的起因或对象,因此认为我在非洲不是遇到了爱情就是陷入了私通。母亲暂时还不敢把她的担忧挑明,可她信中充满了暗示,我从中读出了她害怕的那个幻景。她恳求我回去,"做个了断"。

如果她知道了事实真相,会更加害怕。因为和外界断绝关系比回避自己的本性更容易。想切实地做到这一点,一个人首先得愿意这么做。而我在开始正确认识自己,同时发现自己身上有一套新的法版[①]的那一刻,不大可能产生这样的欲念。因为仅仅脱离常规的束缚不能令我满意,我大胆地宣称要为我的愚蠢正名,要把我的疯狂建立在理性的基础之上。

以上最后几行话的语气,肯定会让人以为我把对我的谴责都归结到这几行话里。不过,人们应该能从这几行话里读出一种谨慎的态度,读出我对自己心知肚明可能会遭到的一切反对的回应。因为我认为,并不存在一种能用来设想在我人生中的某些时刻并不属于我的宗教或道德问题的方法。事实上,我恨不得调解最水火不容的观点,我无法做到袖手旁观,并且时刻准备着将酒神狄俄尼索斯和太阳神阿波罗之间的争端交给基督去解决。在爱的万千姿态和感受中,在我的信仰指引着我百折千回地穿过沙漠之后,在我百折不挠地追求自己渴求的事物之后,我再一次回归到上帝的《福音书》中。关于这个回归的

---

① 伊斯兰教概念。

过程，我暂时不方便说。

此外，我也暂时不方便讲述我以新鲜视角重读《福音书》受到的教益，无论是在字面意思还是在精神意义方面，我重读它时都领会到眼前突然一亮的感觉。我在看到教会对这一富有教益的神谕典籍的分析讲解时，感觉既痛苦又气愤，因为在他们对《福音书》的诠释中，我几乎认识不到它的教育意义。我对自己说，我们西方人的世界正在走向灭亡，证据就是我们无法或者说拒绝以正确的方式去解读《福音书》。这个看法成了我深信不疑的观点，我的责任就是要揭发这只魔鬼。于是我计划写一本书，拟定的题名是"反基督的基督教"。此书已经写好很多页了，本来早就应该面世的，可惜时局不太平，此外我还担心，出版此书会令一些朋友感到不安，而且会严重危及我的自由思考，我可是最最珍惜自由思考的。

不久之后，这些严肃的问题将成为我主要关心的问题，但当时我还没有重视它们，直到后来才开始真正地认真对待它们。尽管我尚未清楚地阐述过这些问题，但这并不妨碍它们滞留在我的脑海中，并阻止我慢慢陷入在自鸣得意中享乐和随随便便默认的状态中。就当下来说，言至此处足矣。

我最终还是向母亲低头了，在她动身前往拉罗克之前，我赶去巴黎和她一起度过了两周的时光。我们商定，七月时我到拉罗克与她会合，可是，后来我只在拉罗克见过一次母亲，就是在她弥留之际。在和母亲一起生活的最后的那些日子里（我指的是我们一起在巴黎度过的那些日子），我们母子间的紧张关系得到了缓解，得以享受了一段休战的日子。那段日子对我们母子间的争议和吵闹而言无异于一种抵消，从这个意义上来说，我每每忆起都获得些许安慰。必须承认，我们母子间最常见的就是争吵。其实，我在这里使用"停战"这个词，是因为我们从来就不可能形成持久的和平。能让我们之间的剑拔弩张稍微缓和的让步只是暂时的，并且只可能建立在双方都接受的误解之上。除此之外，我并不认为母亲有什么错，即便在她烦扰我最严重的时候，她也是在尽她的本分。事实上，我无法想象，有哪一个意识到自身责任的母亲，不会坚持让自己的儿子听话。

但同时我也认为，儿子拒绝听从母亲也是很自然的现象，在我看来这似乎是理所应当的。因此有时候，当我遇到父母和孩子之间完全一致的情况（比如，保罗·劳伦和他母亲就是这样）时，会感到吃惊。

帕斯卡曾说过，我们爱的不是他们的自身，而是他们的品质。我想母亲爱的品质并不是她感情所依托的、实际拥有的，而是她希望他们能养成的。总之我用这种理论试图解释母亲为何会不遗余力地在别人，尤其在我身上下功夫。我被母亲的这种做法搞得不堪其扰，甚至不确定毁掉我对母亲的所有的爱之后，我的烦恼是不是就可以消失了。母亲爱我的方式有时几乎令我记恨她，让我的神经紧绷。想象一下，你们这些被我这番评价震惊到的人，请你们想象一下，若是你母亲对你这样你会有什么感觉：不间断地被她盯着、监视着，无论你是行动、思考还是开销，都会不停地收到骚扰一般的建议，细致到告诉你应该穿什么衣服，应该读什么书，或是书名应该叫什么。比如她不喜欢《人间食粮》这个书名，因为还来得及更换，她便不厌其烦地说服我改掉它。

在过去的几个月里，经济方面的糟心问题成了我们母子关系恶化的另一个起因：母亲常常每个月给我一笔零花钱，她认为那些钱足够我用了，如果我没记错的话，是300法郎，我通常用其中的三分之二来买书和乐谱。母亲认为把我继承自父亲的那笔钱，留给我自行支配是不慎重的。我不知道这笔钱有多少，她非常小心地不让我知道。我是有权任意支配父亲留给我的这笔钱的。但大家不要误解，母亲这样做并没有掺杂任何个人利益，她唯一的动力就是保护我，让我洁身自好，不乱来。而最让我恼怒的是，这一动力其实是母亲觉得我适合拥有什么，也就是说我配拥有什么，而这种感觉的判断依据就是她对我需要什么做出的估计。当我开始意识到我有权支配自己分得的那一部分遗产时，母亲便搬出一些说辞，试图让我明白她做的一切都是为我好。人们常说"父母之言胜过能言善辩"，对母亲而言，每句话都是她为自己辩解的说辞。

母亲想证明倘若采取其他任何分配方式我都不会捞到更大的好处，此外，我每个月的零花钱已经很多了，或是比我应得的收入更高。由于我自己承担住宿费和伙食费，因此我认为摆脱这一困境的最好方式反而是我提议以后只要和母亲一起生活，就支付给她一笔吃住补贴。我做出了这个让步后，母子间的分歧才得到解决。

不过我说过，分别了很久之后，我们母子二人一起度过的那两周是相安无事、不吵不闹的。就我而言，我非常想好好度过这段日子，我们母子二人仿佛都得到了警示，预感到那是我们一起度过的最后时光；就母亲而言，她也摆出了我从未见过的和解姿态。母亲发现我的情况并没有像她从我的信中推测的那般糟糕，感到欣慰，也就不那么剑拔弩张了。我从她那里体会到的别无他物,只有母爱。能够做她的儿子,我感觉很幸福。

现在,我开始期盼着我们能重新在一起生活了,之前我曾打消过这个念头,认为这是不可能实现的,并且计划在拉罗克和母亲一起度过整个夏天。我们商定母亲先行一步,去拉罗克启用闲置已久的屋宅,此外,埃玛努埃莱有可能前来与我们会合。因为仿佛是要为我们之间更加完美的相互理解锦上添花似的,母亲最终向我坦言,她最期盼的就是能看到我娶表姐为妻,很久之前母亲就已经把她当儿媳看待了。也许母亲感觉到体力越发衰弱,害怕留我一人孤零零在这世上。

我当时正和朋友E.R.在圣诺姆-拉-布雷泰什①,等约定的时间到了,再出发去和母亲会合。老保姆玛丽突然发来一封电报,让我立刻动身,说母亲中风了。我赶到拉罗克时,母亲躺在夏天里被我用作书房的那间屋子的床上。她非常喜欢这个房间,夏天她在拉罗克小住时,甚至不用启用整栋住宅。我觉得母亲肯定认出了我,但她对时间、空间、自己以及身边的人已经没有清晰的意识了,她看到我时既没有表现出惊讶,也没有流露出欣喜。她的面容没有多大改变,可她眼神迷离、面无表情,身体似乎已经不属于她了,她失去了对身体的控制能力。看到母亲这副模样后,我居然更多的是感到惊讶而非怜惜,这真是太奇怪了。

母亲半坐着,背后垫着枕头,她的胳膊伸到床外面,吃力地在一本打开的大号记账簿上写着什么。即便到了现在,母亲想干涉、

---

① 法国法兰西岛大区伊夫林省的一个地方,东距巴黎不远。

提醒、规劝别人的躁动着的欲望仍在烦扰着她,她似乎陷入了精神极为焦虑的状况,手中握着的铅笔在空白的纸页上画来画去,却未能写下一个字。母亲这种竭尽全力也无济于事的样子,看上去有种难以形容的沮丧。我试图和她说话,可她却听不到我在说什么;轮到她自己试图说话时,我又根本听不清她想说什么。我把账簿拿走,希望她能休息一下,可她却继续在床单上写了起来。最后,母亲终于打起了瞌睡,表情逐渐松弛下来,手也不再动了……我看着母亲那双虚弱无力的手,刚刚还在卖力写字,突然想起它们搭在钢琴琴键上的样子。一想到这双手曾以笨拙的方式尝试做出富有诗意、音乐感和美感的动作,我的心中便涌起了敬意与崇拜,我双膝着地,跪在床尾,把头埋入床单里,强忍着没有哭泣。

让我流泪的并不是我的悲痛,无论我心中多么悲痛,眼中都照样没有眼泪。总有一个我会止步不前、面带奚落之色看着另一个我说道:"得了!得了!你其实并没有不开心到那种地步!"然而,我在看到别人受苦受难时却会泪如泉涌,和自己的苦难相比,我能够更加真切地感受到别人的苦难。不过,我在看到任何美丽、高贵、克己、奉献、感激、勇敢的表现时,或是有时在看到格外天真、酷似孩童般的感情流露时,都会流下更多的泪水。倘若我正好在一家美术馆或音乐厅中体验到非常鲜明的艺术情感,眼眶也会立刻湿润,这常常令我身边的人大感震惊。我还记得在佛罗伦萨参观圣马可教堂时,两个英国女孩看到我在弗拉·安杰利科①的伟大壁画前泪如泉涌时笑得无法自

---

① 弗拉·安杰利科(1395—1455),文艺复兴早期的意大利佛罗伦萨派画家。

持。当时陪我参观的朋友纪昂①也哭了，我承认，人们看到我俩哭得稀里哗啦必定会觉得可笑。同样，一度一提到"阿伽门农"这个名字，我心中的某一道隐秘的情感闸门就会打开。

这位尊贵的万王之王令我无比崇敬，心中充满敬畏与神秘。因此现在令我心烦意乱的并不是我即将失去亲人（说实话我不得不承认，失去亲人对我的打击其实是微乎其微的。或许应该这么说，我是看到母亲正在遭受病痛的折磨，而不是想到她就要永远离开我时才痛苦的）。不，令我哭泣的并不是悲痛，而是对母亲心灵的崇拜。母亲从来不允许自己的心灵被任何邪恶有害的事物玷污，她的心只为他人跳动，从来都尽心尽力承担起连天生的美德都承担不起的极为重大的责任。与此同时母亲又极为谦逊，她完全有资格像马尔赫布②那样语气更加诚恳地说一句：我在做礼拜时举行的献祭仪式总是非常寒酸，不管在哪个祭坛上，我献祭时总是心存惭愧，双手颤抖。我尤其敬佩母亲一辈子不断努力，一点点接近自认为可爱或值得被爱的事物。

我陪着母亲待在那间大房间里，看着死神庄重地走向母亲，感觉着母亲那骚动不安、持久不衰的心跳声回响在自己心中。此时，母亲的心脏居然还在极其卖力地跳动着！我也曾陪伴过处在弥留之际的其他人，但我却从未觉得他们像母亲这般令人怜悯。这要么是因为他们以更加毫无悬念的自然的方式结束了生命，要么是因为我看待他们的方式原本就没那么认真。毫无疑问，母亲绝无可能苏醒过来了，因

---

① 亨利·纪昂（1875—1944），法国剧作家、小说家、诗人与评论家。
② 弗朗索瓦·德·马尔赫布（1555—1628），法国诗人、评论家与翻译家。